Hunter S. Thompson – Kingdom of Gonzo

Hunter S. Thompson, am 18. Juli 1937 geboren, wächst in der Zeit des Rock'n'Roll und James Dean in Louisville auf. 1966 erscheint sein Buch über die Hells Angels, das ihn schlagartig berühmt macht. Sein größter Erfolg »Fear and Loathing in Las Vegas« wird später mit Johnny Depp verfilmt. Er prägt in grandiosen Reportagen den Gonzo-Stil. Von den Folgen eines reichlich erfüllten Trinkerlebens erschöpft, erschießt er sich am 20. Februar 2005.
Das vorliegende Buch enthält eine Auswahl der Interviews, die enthalten sind in der Originalausgabe:
»Ancient Gonzo Wisdom. Interviews with Hunter S. Thompson«, edited by Anita Thompson, Da Capo Press, Cambridge 2009.
Copyright © 2009, The Estate of Hunter S. Thompson.

Edition
TIAMAT
Deutsche Erstveröffentlichung
1. Auflage: Berlin 2011
© Verlag Klaus Bittermann
www.edition-tiamat.de
Umschlaggestaltung unter Verwendung von Fotos von
David Hiser
ISBN: 978-3-89320-158-7

Hunter S. Thompson

Kingdom of Gonzo

Interviews

Aus dem Amerikanischen von
Carl-Ludwig Reichert

**Critica
Diabolis
189**

**Edition
TIAMAT**

INHALT

ABC News, 20. Februar 1967
Mit einem Reporter
– 7 –

Playboy, November 1974
Mit Craig Vetter
– 13 –

New Times, 10. Dezember 1976
Mit Robert Sam Anson
– 53 –

High Times, September 1977
Mit Ron Rosenbaum
– 58 –

Washington Journalism Review, November/Dezember 1979
Mit Jane Perlez
– 79 –

Rolling Stone, 25. November 1987
Mit P.J. O'Rourke
– 93 –

Spin Magazine, Mai 1993
Mit Kevin P. Simonson
– 102 –

Vanity Fair, September 1994
Der Proust-Fragebogen
– 114 –

Rolling Stone, 28. November 1996
Mit P.J. O'Rourke
– 116 –

Atlantic Unbound, 26. August 1997
Mit Matthew Hahn
– 140 –

Esquire Magazine (London), November 1998
Mit Bill Dunn
– 159 –

The Paris Review, Herbst 2000
Mit Douglas Brinkley u.a.
– 164 –

Yahoo! Internet Life, August 2001
Mit Hugo Perez
– 188 –

Razor Magazine, Januar 2003
Mit J. Rentilly
– 194 –

Salon.com, 3. Februar 2003
Mit John Glassie
– 208 –

3. Februar 2003
Mit Marty Beckerman
– 218 –

High Times, 2. September 2003
Mit Matt Higgins
– 225 –

Playboy, Mai 2005
Mit Tim Mohr
– 234 –

ABC NEWS – 20. Februar 1967

Interview über die Hells Angels

Reporter: Sie haben über ein Jahr lang mit den Hells Angels verbracht. Welchen Eindruck haben die einzelnen Typen auf Sie gemacht?

HST: Diese Leute suchen nach Anerkennung, nach Kameradschaft, Gruppenloyalität und Macht. Sie tun sich zusammen und sie können Leuten Angst einjagen, die normalerweise ihnen selbst Angst machen würden. Vor allem jetzt, seit der Generalstaatsanwalt von Kalifornien[*] einen offiziellen Bericht über sie veröffentlicht hat, haben sie massive Aufmerksamkeit und nationale Publizität erhalten. Sie waren auf dem Titel der *Saturday Evening Post*, es gab Filme, mein Buch ... Diese Leute hätten keine Aussicht, das zu erreichen, außer sie würden losgehen und etwas in der Art des »Würgers von Boston« oder des »Verrückten Bombenlegers« veranstalten. Es ist eine einfache Masche, das zu bekommen, was sie in der normalen Welt nicht erreichen können. Das ist eine ganze Subkultur von Aussteigern und kaputten Typen und

---

[*] Im März 1965 veröffentlichte der Generalstaatsanwalt von Kalifornien, Thomas C. Lynch eine 15-seitige Studie über die kriminellen Aktivitäten des Hells Angels Motorrad Clubs und verteilte sie an Polizeistationen und Stadtverwaltungen im ganzen Staat. Der sogenannte »Lynch Report« basierte auf einer Zehnjahresstudie über die Bräuche und Straftaten der Hells Angels, darunter Details über Verhaftungen wegen Schwerverbrechen, Verurteilungen und kleineren Vergehen durch Mitglieder der Motorrad-Gang.

Leuten, die es in dieser automatisierten und technisierten Gesellschaft einfach nicht schaffen.

Reporter: Wie würden Sie eine typische Hells-Angels-Party beschreiben?

HST: Das variiert von den großen Partys – den *runs* – bis zu den Bier-Partys, die hier und dort stattfinden. Bei einem *run* können sie 150 bis 200 Motorräder, sogar bis zu 300 in irgendeinem staatlichen Park aufbieten. Sie kaufen dann für gut 100 Dollars Bier als Aufwärmer für den Nachmittag. Und in den nächsten zwei oder drei Tagen trinken sie für weitere Hunderte von Dollars Bier. Sie haben tatsächlich die Biervorräte einer ganzen Stadt vertilgt. Gleichzeitig nehmen sie noch Amphetamine...

Reporter: LSD?

HST: Das kommt ein wenig später. Sie fangen mit Pillen an, mit Barbituraten und Amphetaminen. Sie mixen alles durcheinander, dann kommt das Bier, dann der Wein und später gibt es etwas LSD. Die nehmen alles total durcheinander.

Reporter: Herr Thompson, was wollen Sie mit Ihrem Buch erreichen?

HST: Ich versuche zu zeigen, daß sie so sind wie andere Leute auch – Leute, die den Hells Angels gleichen, aber nicht ihre Farben tragen. Es gibt Tausende von Verlierern und Schlägern, Dieben und Kleinkriminellen, die auch gern diese Aufmerksamkeit hätten, sie aber nicht bekommen.

Reporter: Wie würden Sie einen Hells Angel definieren?

HST: Na ja, er ist zwischen 20 und 40, wahrscheinlich eher Ende 20. Er hat die High School nicht fertig gemacht. Es hat eine schmale Polizei-Akte – viele Verhaftungen und wenige Verurteilungen, aber nichts Ernsthaftes. War vielleicht wegen ein paar Kleinigkeiten öfter mal im Gefängnis, vielleicht insgesamt ein Jahr. Er ist ein Motorradnarr, eine Art lebenslänglicher Motorradfahrer. Das bringt ihn schließlich zu den Hells Angels. Danach wird er sowas wie ein Geschöpf des Clubs. Und es wird immer bizarrer. Seine Polizeiakte wird immer dicker, weil er viel auffälliger geworden ist.

Reporter: Sie haben ein gutes Jahr lang mit ihnen verbracht, um sie kennen zu lernen und um mit ihnen zu leben. Was waren ihre lebendigsten Eindrücke?

HST: Lebendige Eindrücke? Was die Optik betrifft, fällt mir nichts ein, was diese *runs* am Labor Day toppen würde, wenn da mehrere hundert Maschinen auf der Straße fahren.

Reporter: Was genau ist so ein *run*?

HST: Ein *run* ist eine Art gigantisches Picknick oder Ausflug. Sie treffen sich an einem Punkt in der Stadt und fahren dann alle zusammen zu einer Art Urlaub in die Berge oder an den Strand oder sonstwohin und machen eine Drei- oder Vier-Tage-Party. Dabei erschrecken sie ziemlich andere Leute, weil sie alle zusammen auftreten und sich auf die wildeste Art anziehen. Und alle sind sie sinnlos betrunken und schlucken Pillen. Es ist, als ob eine Armee von Hunnen deine Stadt heimgesucht hätte. Sie haben nicht unbedingt die Absicht, den Ort auseinander zu nehmen, aber sie putschen sich selbst unglaublich auf, und sie sind eben sehr viele. Die Einwohner sind natürlich besorgt und verängstigt und tragen Waffen und verschließen ihre Türen und sperren ihre Töchter in den Keller. Solche Sachen. Das erzeugt eine sehr angespannte Situation. Der kleinste Anlaß kann zu einem Aufruhr oder zu einem Angriff führen und die Polizei kann ohne Verstärkung zwei- oder dreihundert von ihnen, die durchdrehen, nicht bändigen.

Reporter: In Ihrem Buch habe ich manchmal fast den Eindruck bekommen, daß Sie deren schlechten Ruf für übertrieben halten.

HST: Ja. Die Hells Angels selbst sind bei weitem nicht so gefährlich oder so verkommen, wie es den Anschein hat. Aber wenn man es einfach dabei beläßt und behauptet: »Die sind nicht so gefährlich, also kann man sie ignorieren«, dann verfehlt man das, worauf ich hinaus wollte, nämlich daß die Hells Angels Tausende von Verlierern sind, die bloß unter einem anderen Namen laufen. Ich sehe das inzwischen nach diesen Erfahrungen viel genauer. Ich sehe Hells Angels überall und sie tragen nicht deren Abzeichen und Farben. Sogar in Chicago ist das so.

Reporter: Sind diese Leute ohne Hoffnung? Ich meine, nachdem Sie sie ein Jahr lang beobachtet haben und behaupten, daß sie es in dieser automatisierten Gesellschaft nicht schaffen. Ist das eine hoffnungslose Angelegenheit?

HST: Nun, sie sind hoffnungslos, so lange sie sich dafür entscheiden, Hells Angels zu bleiben, und auch hoffnungslos in Ihrem Sinn. Aber sie sind nicht ohne Hoffnung für sich selbst, so lange sie darauf bestehen, als Mitglied der Hells Angels sichtbar zu bleiben. Warum auch würde man jemand anstellen wollen, einen mit einem golden Ohrring, mit schulterlangen Haaren, der nach altem Fett und Abfall stinkt und eine Polizeiakte hat, die einen halben Meter lang ist? Die sind nicht wirklich brauchbar für gute Jobs. Andererseits, falls sie sich entscheiden würden, das aufzugeben und sich zu rasieren ...

Reporter: Entscheiden sich viele dafür, auszusteigen?

HST: Ja. Ich kenne den Prozentsatz nicht genau. Es gibt drei Arten, die Hells Angels zu verlassen: Eine davon ist zu sterben, und das machen viele; eine andere ist, im Gefängnis zu landen, und das machen auch viele; die dritte ist, auszusteigen. Ich schätze, daß mehr aussteigen als ins Gefängnis gehen und daß wiederum mehr im Gefängnis sind als auf dem Friedhof. Aber das sind die drei Ausstiegsmöglichkeiten, die es gibt.

Reporter: Ist es schwierig, auszusteigen? Gibt es Vergeltungsakte von Seiten der Gruppe, wenn man geht?

HST: Tja, das hängt davon ab, warum man aussteigt. Manchmal gibt es Vergeltungsakte. Und es hängt davon ab, wann man aussteigt. Es wird immer schwerer, je älter man wird, weil dann die Polizeiakte angewachsen ist und die Freunde immer mehr zu einer geschlossenen Gruppe werden, zu Gesetzlosen. Ich erinnere mich an einen, der sagte, er wolle gern aussteigen, aber er hatte nirgendwo mehr Freunde. Er wußte gar nicht mehr, wie.

Reporter: Was veranlaßt einen Mann, auszusteigen?

HST: Das hängt von seiner Intelligenz ab. Wenn er mit etwa 21 einsteigt und wenn er durchblickt; aber die wenigsten von ihnen haben genug Durchblick, um ihre Situation zu verstehen. Sie wissen nicht, wie man damit umgeht. Doch diejenigen, die noch ihre Möglichkeiten erkennen, merken allmählich, sobald sie auf die 30 zugehen, daß ihre Möglichkeiten schwinden. Es wird schwerer, einen Job zu finden; es wird schwer, neue Freunde zu finden, fast alles wird schwerer. Wenn man älter ist als 30, dann heißt das fast mit Sicherheit entweder Gefängnis, ein fetter Sturz mit der Maschine oder von irgendwem erschossen werden. Jüngere steigen aus.

Reporter: Wie sieht die Beziehung zwischen dem Motorrad und der Persönlichkeit der Hells Angels aus? Glauben Sie, daß sie existiert?

HST: Ja doch, die ist offensichtlich. Es ist, wie wenn man eine schwere Waffe, eine Bazooka, durch die Straße trägt. Es gibt ihnen ein gewaltiges Gefühl von Macht und Freiheit. Es macht sie extrem auffällig. Man kann einen Hells Angel auf einem seiner »Feuerstühle« nicht ignorieren, wenn er die Straße rauf und runterbrettert, weil dieses Ding die Fenster klirren läßt und die Fußgänger ängstigt. Ohne die Maschine wäre er bloß irgendein Punk. Also die Maschine ist das, was ich einen »Equalizer« nenne.

Reporter: Sie haben in ihrem Buch hervorgehoben, daß die Angels manchmal ein fast perverses Vergnügen daran finden, außerordentlich freundlich zu sein, um ihr Image zu entkräften.

HST: Ja, wenn sie in eine Situation geraten, wo Leute offensichtlich Angst vor ihnen haben. Sie haben dann sowieso schon die Aufmerksamkeit, die sie bekommen wollen und deshalb ist es nicht nötig, einen Ort auseinander zu nehmen, auch, weil es unangenehm ist, wenn jemand gefangen genommen oder angestochen wird. So lange sie die Aufmerksamkeit haben, hinter der sie her sind, sind sie zufrieden. Sie haben Spaß daran, eine angespannte Situation herzustellen, wo sie die Leute zittern sehen und sagen hören: »Ja, mein Herr, möchten Sie noch etwas Kaffee?« So in der Art. Sie nutzen diese Situationen aus.

Reporter: Sie sprachen über die Intelligenz der Hells Angels und sagten, daß einige von ihnen echten Gemeinschaftssinn hatten. Würden Sie sagen, Sie hätten einige Genies unter ihnen gefunden?

HST: Nein, außer die waren so gut getarnt, daß ich sie nicht bemerkt habe. Man findet Leute, die viel heller sind als der Durchschnitt. Es sind sehr wenige, aber immerhin. Einer der hellsten der San Francisco Angels, Kent Reed, beispielsweise, ging bis zur dritten Klasse nicht zur Schule. Es gibt einige, die einen sehr ausgeprägten Instinkt für die Vorgänge haben, aber sie können sich einfach nicht gut ausdrücken. Die meisten von ihnen sind nicht wirklich klug.

Reporter: Kann man überhaupt eine irgendwie geartete Schlußfolgerung ziehen?

HST: Über die Hells Angels? Nur, daß sie eine wachsende Bedrohung darstellen, die man »Hells Angels« nennt oder auch nicht. Diese Leute werden landesweit immer mehr, und je komplizierter die Job-Bürokratie wird und je qualifizierter man sein muß, um einen Job zu bekommen, desto mehr Leute werden aus dem Jobmarkt gewaltsam verdrängt. Motorrad-Clubs werden überall gegründet oder existieren schon. All die Leute fahren gar nicht Motorrad und sie tragen auch keine Jacken, auf denen »Hells Angels« steht, aber es gibt sie überall. Und es gibt noch viel mehr von ihnen. Sie können ihre eigenen Schlüsse ziehen, wohin das führen wird, wenn ein bestimmtes Level erreicht ist. Und ich weiß nicht genau, wie hoch das Level ist.

Playboy – November 1974

Hunter Thompson spricht

Craig Vetter

Dieses Interview wurde im Lauf von sieben Monaten zusammengeschustert, das meiste davon unterwegs in Mexiko und Washington, San Clemente und Colorado, und zur Zeit der Niederschrift sind wir in Chicago. Es gibt Tornado-Warnungen und wir sind mit einer höllischen Deadline konfrontiert, was dazu führt, daß ich Geister sehe und Dr. Thompson in einem Penthouse voller Spiegel im 20. Stock eines Astor Street Hochhauses eingesperrt ist. Er hat die schweren Stahlfenster-Jalousien heruntergekurbelt, hinter ihm steht eine Lampe, deren Gelenk abgebrochen ist und er beugt sich fluchend über einen Kaffeetisch. Wir versuchen, dieses Interview zu retten, wir ändern, korrigieren, fügen hinzu – alles unnötig, bis vor neun Tagen, als Richard Nixon zurücktrat. Thompson murmelt, daß er die motorische Kontrolle über seine Schreibhand verloren hat, und das ist kein Witz. Man kann seine R nicht mehr lesen und bald werden wohl auch alle fünf Vokale unleserlich sein. Wir hätten diese Sache wie Gentlemen beenden können, außer natürlich Richard Nixon, der seinerseits die Klempner-Crew hätte schicken können, um die komplette zweite Hälfte, die politische Hälfte des Manuskripts abzufackeln, an dem wir so lang gearbeitet haben. All das hatten wir in den wenigen schlaflosen Tagen zuvor nochmal überarbeiten müssen, und das hat so ungefähr jeden fertig gemacht, auch wenn er nur am Rand beteiligt war.

Wir sind jetzt gut 30 Stunden dran und recht viel mehr wird nicht gehen, egal was passiert. Thompson überarbeitet seine letzten Antworten, wobei er immer noch mit sich selbst redet, und ich glaube, ich hörte ihn gerade sagen »Den Rest soll Gott selbst machen«, was bedeuten könnte, daß er damit durch ist.

Und wiewohl dieses lange und tödliche Projekt hier endet, in Verzweiflung, Schuldgefühlen und nerviger Häßlichkeit, fing es vor vielen Monaten an, weit weg von diesem Garten der Qualen, auf einer sonnigen Insel in der Karibik, wo Thompson und Sandy und ich angefangen hatten, das Gespräch auf Band aufzunehmen.

Als ich zum ersten Mal das Tonbandgerät anschaltete, saßen wir auf einer Strandmauer unter Palmen, in feuchten, salzigen Badeanzügen. Es war warm, Nixon war immer noch unser Präsident und Thompson schlürfte Bloody Marys samt dem Gemüse und allem, und er hatte gerade einem jungen Zeitungsverkäufer fast einen Dollar bezahlt für ein Blatt, das ihm 24 Cents gekostet hätte, wenn er nüchtern gewesen wäre.[*]

Playboy: Sie haben gerade für ihre Morgenzeitung so viel bezahlt wie für einen guten Schuß Meskalin. Sind Sie auch noch ein Nachrichten-Junkie?

HST: Ja, ich brauche die Nachrichten. Eines schönen Morgens werde ich eine Zeitung kaufen mit einer dicken schwarzen Schlagzeile: Richard Nixon hat letzte Nacht Selbstmord begangen. Jesus ... können Sie sich diesen Kick vorstellen?

Playboy: Werden Sie von Politik genauso high wie von Drogen?

HST: Manchmal. Das hängt von der Politik ab und von

---

[*] Da ich das Gefühl hatte, daß Craig Vetters einleitender Text für das Interview wichtig ist, wurde er hier abgedruckt, der Umfang aber aus Platzgründen etwas gekürzt – *Anita Thompson.*

den Drogen ... es gibt verschiedene Arten von Highs. Ich hatte die gleiche Diskussion eines Nachts in Mexico City. Ein Typ wollte mit mir nach Zihuantanejo fahren und circa zehn Tage lang stoned sein von den besten Blüten-Spitzen von ganz Mexiko. Aber ich sagte ihm, ich könne das nicht machen; ich mußte zurück nach Washington.

Playboy: Das paßt nicht so ganz zu Ihrem Image als drogenverrückter Outlaw-Journalist. Wollen Sie behaupten, Sie wären lieber in der Hauptstadt gewesen, um über die Watergate-Hearings im Senat zu berichten oder über die Debatte des House Judiciary Committees wegen Nixons Amtsenthebung, als stoned an einem Strand in Mexiko mit einem Haufen Freaks?

HST: Na ja – es hängt vom timing ab. Am Mittwoch möchte ich vielleicht nach Washington gehen; am Donnerstag lieber nach Zihuatanejo.

Playboy: Heute muß Donnerstag sein, denn Sie hatten heute morgen schon zwei Bloody Marys, drei Bier und ungefähr vier Löffel einer weißen Substanz und Sie sind erst vor einer Stunde aufgestanden. Sie streiten doch nicht ab, daß sie schwer auf Drogen stehen, oder?

HST: Nein, warum sollte ich das abstreiten? Ich liebe Drogen. Jemand gab mir letzte Nacht dieses weiße Pulver. Ich vermute, es ist Kokain, aber es gibt nur einen Weg, das herauszufinden – schau dieses Scheißzeug an! Es ist schon kristallisiert in dieser gottverdammten Feuchtigkeit. Ich kann es nicht einmal mit der Klinge meines Schweizer Armeemessers schneiden. Genau genommen ist Coke sowieso eine wertlose Droge. Sie hat keinen Biß. Dollar um Dollar, und wahrscheinlich die wirkungsloseste Droge auf dem Markt. Es ist den Aufwand nicht wert und nicht das Risiko und nicht das Geld – zumindest nicht für mich. Es ist eine soziale Droge; es ist wichtiger, daß man sie anbietet als konsumiert. Aber in diesen Tagen ist die Welt voller Koka-Maniaks und sie werfen gern mit dem Stoff um sich, und heute morgen bin ich ein bißchen müde und ich hab den Stoff, also ...

Playboy: Was mögen Sie am liebsten?
HST: Wahrscheinlich Meskalin und Pilze: Das ist ein echtes High. Es ist nicht nur ein Up – wie etwa Speed, das nur ein motorisches High ist. Wenn man Psychedelika nimmt wie Meskalin und Pilze, dann gibt das ein sehr klares High, ein inneres High. Doch wenn man in die Psychedelik einsteigt, dann gibt es nur eine Königsdroge und das ist Acid. Zweimal im Jahr ungefähr sollte man seine verdammten Rohre mit einer satten Portion echt guten Acids durchpusten. Nimm dir 72 Stunden Zeit und lauf total Amok, reiß alles nieder.
Playboy: Wann haben Sie Ihren ersten Acid-Trip genommen?
HST: Das war, als ich an dem Hells-Angels-Buch gearbeitet habe. Ken Kesey wollte einige von den Angels treffen, also stellte ich ihn vor und er lud alle zu sich nach La Honda ein. Es war ein schreckliches spontanes Treffen und ich dachte, ich sollte besser dabei sein, um zu sehen, was passieren würde, wenn diese ganze unglaubliche Chemie aufeinander stieße. Und Scheiße nochmal, klar rollten die Angels an – so 40 oder 50 Maschinen – und Kesey und die anderen boten ihnen Acid an. Und ich dachte »Großmächtiger kriechender Jesus, was wird jetzt passieren?«
Playboy: Hatten die Angels jemals zuvor Acid genommen?
HST: Nein. Das war der größte Angstfaktor dabei. Da waren all diese bösartigen Biker, abgefüllt mit Wein und Bennies, und die Leute von Kesey fingen an, ihnen LSD zu geben. Die hatten keine Ahnung, mit was für einer gewalttätigen Gruppe sie es zu tun hatten. Ich war mir sicher, es würde ein schreckliches Blutbad geben, Vergewaltigungen und Plünderungen inklusive. Die Angels würden den Platz auseinander nehmen. Und ich stand da und dachte »Jesus, ich bin der Verantwortliche, ich hab das angezettelt«. Ich sah, wie diese Irren das Acid schluckten, und ich dachte »Scheiße, wenn das so heftig

wird, dann möchte ich so abgefuckt wie möglich sein.« Also ging ich zu einem von Keseys Freunden und sagte: »Gib mir was von dem Zeug; das kann eine ziemlich harte Nacht werden. Vielleicht sogar eine häßliche.« Also nahm ich eine Dosis von ungefähr 800 Mikrogramm, wie er mir sagte, und das haute mir damals fast die Birne weg ... aber auf eine sehr angenehme Art. Es war hübsch. Überraschte mich wirklich. Als ich früher einmal ein paar Jahre lang in Big Sur wohnte, da hatte ich diese Geschichten gehört von dem Psychiater, der das Zeug genommen hatte und schließlich nackt durch die Straßen von Palo Alto rannte und schrie, er wolle für seine Verbrechen bestraft werden. Er wußte nicht, was seine Verbrechen waren und sonst auch niemand, also brachten sie ihn fort und er saß lange Zeit in irgendeiner Klapse und ich dachte: »Das ist nichts für mich.« Denn wenn schon ein eigentlich vernünftiger Typ wie der so ausflippt und sich die Kleider vom Leib reißt und seine Mitbürger um Bestrafung bittet, was verdammt noch mal würde ich tun?

Playboy: Sie haben nicht darum gebeten, gegeißelt und ausgepeitscht zu werden?

HST: Nein ... und ich habe auch andere nicht gegeißelt, und als ich fertig war, dachte ich: »Jesus, alles in allem bist du doch nicht so verrückt; du bist doch keine so gewalttätige oder bösartige Person, wie man behauptet.« Davor hatte ich diese dunkle Angst, all diese schrecklichen Psycho-Würmer und -Ratten würden herauskommen, falls ich die Kontrolle verlöre. Aber ich tauchte zum Boden der Quelle hinab und fand heraus, daß da unten nichts war, worüber ich mir Sorgen machen mußte, keine geheimnisvollen häßlichen Dinger, die nur darauf warteten, heraus zu kommen.

Playboy: Sie trinken auch ein wenig, oder?

HST: Ja ... offensichtlich. Aber ich trinke dieses Zeug so wie ich Zigaretten rauche; ich bemerke es gar nicht. Es ist halt so – ein Vogel fliegt, ein Fisch schwimmt, ich trinke. Aber ich setze mich nur ganz selten hin und sage:

»Jetzt will ich mich zudröhnen.« Ich esse auch nie große Mengen. Ich bin selten betrunken und ich nehme Drogen auf dieselbe Art.

Playboy: Mögen Sie Marihuana?

HST: Nicht besonders. Es verträgt sich nicht gut mit Alkohol. Ich mag nicht stoned und dazu noch blöde sein.

Playboy: Wieviel geben Sie Ihrer Schätzung nach pro Jahr für Drogen aus?

HST: Oh, Jesus ...

Playboy: Vielleicht soviel, wie eine durchschnittliche amerikanische Familie für ein Automobil ausgibt?

HST: Ja, mindestens. Ich weiß nicht genau wieviel; ich will es gar nicht wissen. Es ist furchterregend, aber ich habe für ein Kapitel einer Story, die ich gerade geschrieben habe, 17 Tage für Recherche gebraucht und 1400 Dollar für Kokain. Das hab ich dafür ausgegeben. Für ein einziges Kapitel der Story.

Playboy: Welchen Einfluß haben die Drogen Ihrer Meinung nach auf Ihren Körper?

HST: Also, ich hatte gerade eine Vorsorgeuntersuchung, die erste in meinem Leben. Einige Leute bekamen Angst wegen meiner Gesundheit, deshalb ging ich zu einem seriösen Doktor und sagte ihm, ich wollte jeden verdammten Test, den es gibt: EEG, Herz, alles. Und er fragte mich am Anfang drei Stunden lang aus und ich dachte »Was soll's, verflucht nochmal, erzähl die Wahrheit, deswegen bist du hier.« Also erzählte ich ihm genau, was ich in den letzten zehn Jahren getrieben hatte. Er sagte:»Jesus, Hunter, du bist eine gottverdammte Ruine« – das ist ein exaktes Zitat. Dann machte er alle Tests und stellte fest, daß ich bei bester Gesundheit war. Er nannte es ein »genetisches Wunder«.

Playboy: Und wie steht's mit Ihrem Verstand?

HST: Ich glaube, der ist ziemlich gesund. Ich denke, ich bin lockerer als damals, bevor ich anfing, Drogen zu nehmen. Ich bin zufriedener mit mir selbst. Oder hat es den Anschein, daß ich abgefuckt bin? Ich sitze hier an einem schönen Strand in Mexiko; ich habe drei Bücher geschrieben; ich habe eine klasse 100-Morgen-Festung in Colorado. Vor diesem Hintergrund müßte ich eigentlich den Gebrauch von Drogen propagieren ... Aber ich würde das selbstverständlich nie tun, nicht in Dreiteufelsnamen – oder wenigstens nicht alle Drogen für alle Leute. Es gibt zum Beispiel Leute, denen sollte man nie erlauben, Acid zu nehmen. Man kann sie nach ungefähr zehn Minuten ausmachen: Leute mit allem möglichen miesen psychischen Gepäck, Dinge, die sie noch nicht ausgeräumt haben, bizarre Feindbilder, unterdrückte Scheiße – die gleiche Art von Leuten, die zu üblen Trunkenbolden werden.

Playboy: Verbinden Sie Drogen mit religiösen Dingen?
HST: Nein, das habe ich nie getan. Das ist mein wichtigster Streitpunkt mit der Drogenkultur. Ich habe nie an diesen Guru-Trip geglaubt; also Gott, Nirvana, diese Art von unterdrückerischem Hipper-als-du-Scheißdreck. Ich mag den Stoff einfach schlucken, gleich auf der Straße und schauen was passiert. Ich laß' es darauf ankommen, ich trete auf mein eigenes Gaspedal. Das ist, wie wenn man auf ein Rennmotorrad steigt und auf einmal fährt man mit 120 Meilen pro Stunde in eine Kurve voller Sand und man denkt: »Heiliger Jesus, jetzt geht's dahin«, und man legt sich hinein, bis die Stoßdämpfer die Straße berühren und das Metall anfängt Funken zu sprühen. Wenn man gut genug ist, kann man es durchziehen, aber manchmal endet man in der Notaufnahme und so ein Bastard in weißer Kluft näht dir deinen Skalp wieder an.

Playboy: Ist das Ihre sogenannte »Randarbeit«?
HST: Ja, das ist ein Aspekt davon, schätze ich – insofern als man gut sein muß, wenn man häßliche Risiken eingeht oder versagt, und dann ist man in ernsten Schwierigkeiten.

Playboy: Warum lächeln Sie?
HST: Ich lächle? Ja, ich lächle ... na ja, manchmal macht es Spaß zu verlieren.

Playboy: Was für ein Image bekommen Sie, wenn sie so ehrlich über die Drogen reden, die sie einnehmen?
HST: Ich passe nicht besonders darauf auf, was ich sage. Aber ich bin auf andere Art vorsichtig. Ich verkaufe zum Beispiel niemals Drogen; ich bin niemals am Drogentransport oder -handel beteiligt. Ich will davon dezidiert auch nichts wissen. Ich bin sehr daran interessiert, meine Fähigkeit zum Dementieren zu wahren – genauso wie Nixon. Ich deale nie. Einfacher Konsum ist eine Sache – wie Alkohol in den Zwanzigern –, aber verkaufen ist etwas anderes: da sind sie hinter dir her. Ich würde nicht mal meiner Mutter Drogen verkaufen, egal warum ... nein, die einzige Person, der ich Drogen verkaufen würde wäre Richard Nixon. Ich würde ihm verkaufen, was immer er wollte, diesem Arschloch ... aber er müßte schwer dafür blechen und würde sich verdammt gut an den Tag erinnern, an dem er es versuchte.
Playboy: Sind Sie der einzige Journalist in Amerika, der sowohl mit Richard Nixon als auch den Hells Angels zugange war?
HST: Das muß wohl so sein. Wer sonst würde so etwas behaupten? Und wer, verflucht nochmal, würde es zugeben?
Playboy: Was hat mehr Angst gemacht?
HST: Die Angels. Niemand kann einem so eine höllische Angst durch die Eingeweide jagen wie ein Angel, der ein Paar Zangen am Gürtel hängen hat, mit denen er Leuten die Zähne zieht, in Schnell-Imbissen um Mitternacht. Manche tragen auch noch die Zähne an ihrem Gürtel.
Playboy: Warum haben Sie sich entschlossen, ein Buch über die Hells Angels zu schreiben?
HST: Geld. Ich hatte gerade bei *The National Observer* gekündigt und war fast gleichzeitig gefeuert worden. Sie wollten mich nicht über die Free Speech Bewegung in Berkeley berichten lassen und ich hatte das Gefühl, das wäre eine der größten Storys, über die ich je gestolpert

bin. Also beschloß ich: »Scheiß auf den Journalismus«, und schrieb wieder Romane. Ich versuchte mich als Taxifahrer in San Francisco, ich versuchte alles mögliche. Ich ging jeden Morgen um fünf Uhr früh los und stellte mich mit den Weinsäufern an der Mission Street an und suchte Arbeit, Prospekte verteilen für Lebensmittelgeschäfte und ähnlichen Scheiß. Ich war der Jüngste und der Gesündeste dort, aber nie fiel die Wahl auf mich. Ich versuchte bizarr und verrottet auszusehen; also zog ich eine alte Armee-Jacke an, ließ mir einen Fusselbart stehen, versuchte auszusehen wie ein übler Penner. Aber selbst dann fiel nie die Wahl auf mich.

Playboy: Sie bekamen nicht mal eine Aushilfsarbeit?

HST: Nein, und zu diesem Zeitpunkt war ich total pleite, schrieb Fiction, wohnte in einem echt netten kleinen Appartment in San Francisco – schaute runter auf den Golden Gate Park, genau oberhalb von Haight Street. Die Miete betrug nur 100 $ pro Monat – das war 1965, etwa ein Jahr, bevor der Haight-Ashbury-Wahnsinn anfing – und ich bekam einen Brief von Carey McWilliams, Redakteur von *The Nation,* und darin stand »Können Sie für uns einen Artikel über die Hells Angels schreiben. Honorar 100 $?« Das war die Miete und ich war willens, wieder zum Journalismus zurückzukehren. Also sagte ich: »Klar, für 100 $ mach ich alles.«

Playboy: Wie lang brauchten Sie für den Artikel?

HST: Ich arbeitete etwa einen Monat daran, hatte einen Aufwand von ungefähr 3000 $, bekam keine Spesen – und ungefähr sechs Wochen, nachdem der Scheiß erschienen war, quoll mein Briefkasten mit Buchangeboten über. Ich faßte es nicht: Redakteure, Verleger, Leute, von denen ich noch nie gehört hatte. Einer bot mir 1500 $, nur damit ich einen Schrieb unterzeichnete des Inhalts, daß ich, falls ich mich entschlösse, das Buch zu schreiben, es für sie täte. Scheiße, an diesem Punkt hätte ich für die Kohle den definitiven Text über Hammer-Haie geschrieben – und hätte ein Jahr mit ihnen im Wasser verbracht.

Playboy: Wie haben Sie die Angels zum ersten Mal getroffen?

HST: Ich ging einfach hin und sagte: »He, Leute, ihr kennt mich nicht und ich kenne euch nicht. Ich habe schlimme Sachen gehört über euch, stimmen die?« Ich hatte ein scheiß kariertes Sakko an und Oxford-Treter, so Zeug, aber ich glaube, die merkten, daß ich ein bißchen seltsam war – und wenn es bloß deshalb war, weil ich der erste Schriftsteller war, der je zu ihnen gekommen war und mit ihnen auf ihrem eigenen Terrain redete. Bis dahin stammten alle Hells-Angels-Geschichten von den Cops. Sie waren wohl ein wenig verblüfft, daß ein korrekt gekleideter Schreiber für eine New Yorker Literaturzeitschrift sie in einem obskuren Getriebeladen in den Industrieslums im Süden von San Francisco aufsuchen würde. Sie waren anfangs ein bißchen verunsichert, aber nach 50 oder 60 Bieren fanden wir eine gemeinsame Basis, sozusagen ... Irre erkennen einander immer. Ich glaube, Melville hat das mal gesagt, allerdings in einem etwas anderen Kontext: »Genies stehen weltweit Hand in Hand und ein einziger Schock des Erkennens geht durch die ganze Runde.«[*] Klar, wir reden hier nicht über Genie, wir reden über Verrückte – aber das ist im Wesentlichen dasselbe. Sie erkannten mich, sie sahen über meine Klamotten hinweg und es gab diesen plötzlich einschlagenden Karma-Blitz. Sie merkten gleich, was ihnen da zugelaufen war.

Playboy: Haben Sie sich vorher schon für Motorräder interessiert?

HST: Ein bißchen, nicht viel. Aber als ich den Vorschuß für das Buch bekam, kaufte ich die schnellste Maschine, die je von der Zeitschrift *Hot Rod* getestet wurde: eine BSA 650 Lightning. Ich dachte mir: »Wenn ich mit

---

[*] Im August 1850 benutzte Herman Melville ursprünglich diese Worte, um seinem Schriftstellerkollegen Nathaniel Hawthorne in einem Essay mit dem Titel »Hawthorne and His Mosses« zu huldigen.

diesen Arschgeigen fahre, dann will ich die schnellste Maschine aller Zeiten haben.
Playboy: Die fuhren alle Harley-Davidson, richtig?
HST: Ja, und es gefiel ihnen nicht, daß ich eine BSA fuhr. Sie boten mir dauernd heiße Öfen an. Sie wissen schon – eine nagelneue Harley Sportster für 400 $, so Sachen. Natürlich ohne Papiere und ohne Motornummern – also sagte ich nein. Ich hatte sowieso schon genug Ärger. Ich wurde die ganze Zeit übers Ohr gehauen. Jesus, die strichen mir meine Autoversicherung wegen dem verdammten Motorrad. Sie hätten mir fast den Führerschein weggenommen. Ich hatte nie Probleme mit meinem Auto gehabt. Ich fuhr es volle Kanne die ganze Zeit über in San Francisco. Es war ein gutes Auto, ein kleiner englischer Ford. Als es schließlich in einem der vier Zylinder einen Riß bekam, fuhr ich es zu einer Klippe in Big Sur und tränkte den ganzen Innenraum mit zehn Gallonen Benzin und exekutierte das Arschloch mit sechs Schüssen aus einer 44er Magnum in den Motorblock aus nächster Nähe. Danach rollten wir es über die Klippe – mit laufendem Radio, Lichter an, alles – und in letzter Minute warfen wir noch ein brennendes Handtuch hinein. Die Explosion war unchristlich; sie hätte uns fast in den Ozean geblasen. Ich hatte keine Ahnung, was zehn Gallonen Benzin in einem englischen Ford anrichten konnten. Der Wagen war eine Masse verbogenes, brennendes Metall. Er schlug auf dem Weg nach unten ungefähr sechs Mal auf – echte Film-Stunt-Scheiße, ehrlich. Einen solchen Anblick war das Auto wert: es war wunderbar.
Playboy: Es scheint ziemlich klar, daß Sie Gemeinsamkeiten mit den Angels hatten. Wie lange sind Sie mit ihnen herumgezogen?
HST: Etwa ein Jahr lang.
Playboy: Haben die Angels Ihnen jemals angeboten, Mitglied zu werden?
HST: Einige haben es getan, aber da gab es eine feine Linie, die ich ziehen mußte. Wenn ich etwa mit ihnen zu

runs fuhr, dann zog ich mich nicht als Angel an. Ich trug Levis und Stiefel, aber immer etwas anderes als sie; eine braune Lederjacke statt einer schwarzen, so kleine Dinge halt. Ich sagte ihnen von Anfang an, ich sei ein Schriftsteller, ich wollte ein Buch schreiben, nicht mehr und nicht weniger. Wäre ich Mitglied geworden, hätte ich nicht ehrlich über sie schreiben können, denn sie haben ja dieses »Bruderschafts«-Ding am laufen ...

Playboy: Gab es in diesem Jahr Augenblicke, wo Sie sich fragten, wie Sie jemals dazu gekommen waren, mit den wildesten Motorrad-Gesetzlosen der Welt zu fahren?

HST: Na ja, ich dachte, es sei ein hart verdienter Dollar – vielleicht der härteste überhaupt –, aber als ich dann wirklich eingestiegen war, mochte ich es allmählich. Meine Frau Sandy war anfangs erschrocken. Es gab fünf oder sechs Typen aus den Oakland- und Frisco-Chapters, mit denen ich sehr gut bekannt wurde, und das ging so weit, daß sie zu jeder Tages- und Nachtzeit in mein Appartment kamen. Sie brachten ihre Freunde mit, drei Kästen gestohlenes Bier, ein paar Bennies. Aber ich mochte das dann; es war mein Leben, es war nicht bloß Arbeit.

Playboy: War das ein Problem, als Sie schließlich mit dem Schreiben anfingen?

HST: Nicht wirklich. Wenn man für seinen Lebensunterhalt schreibt und nichts anderes kann, dann weiß man, daß über kurz oder lang die Deadline sich kreischend auf einen herabstürzt wie eine gottverdammte Furie. Man kann sie nicht vermeiden – nicht einmal, wenn man eine fette Story hat wie die Angels, die immer noch weiter läuft ... also kommst du eines Tages nicht mehr in die El Adobe Bar; du machst die Tür zu, malst die Fenster schwarz an, mietest eine elektrische Schreibmaschine und wirst zu dem Monster, das du immer warst – dem Schriftsteller. Ich hatte sie davor gewarnt. Ich hatte gesagt: »Es wird so kommen, ich bin nicht aus Spaß da, es wird passieren.« Und als die Zeit gekommen war, tat ich es einfach. Ab und zu kam nachts noch jemand vorbei, wie

Frenchy oder Terry, mit einigen Mädels oder ein paar anderen, aber sogar wenn ich ihnen ein paar Seiten, die ich geschrieben hatte, zu lesen gab, glaubten sie nicht recht daran, daß ich tatsächlich an einem Buch arbeitete.

Playboy: Wie lange hat das gedauert?

HST: Ungefähr sechs Monate. Genau gesagt dauerte es sechs Monate, die erste Hälfte des Buchs zu schreiben, und dann brauchte ich vier Tage für die zweite Hälfte. Ich kriegte Panik wegen der Deadline; ich glaubte wirklich, die würden den Vertrag annullieren, falls ich das Buch nicht absolut pünktlich fertig haben würde. Ich war verzweifelt. Also nahm ich die elektrische Schreibmaschine und ungefähr vier Flaschen Wild Turkey und fuhr auf der 101 nach Norden, bis ich ein Motel fand, das friedlich aussah. Ich checkte ein und blieb vier Tage. Ich schlief nicht, nahm jede Menge Speed, holte mir jeden Morgen einen Hamburger bei McDonald's und schrieb vier Tage lang durch – und das wurde dann der beste Teil des Buches.

Playboy: In einem der letzten Kapitel beschrieben Sie eine Szene, in der die Angels sie schließlich zusammenschlugen, aber Sie machten es sehr kurz. Was passierte da?

HST: Es ging ziemlich schnell ... Ich war ungefähr sechs Monate aus ihrem Gesichtsfeld verschwunden. Ich hatte den Großteil des Buches geschrieben und der Verleger schickte mir eine Kopie des vorgeschlagenen Umschlags und ich sagte: »Das ist ja Scheiße. Das ist der beschissenste Buchumschlag, den ich je gesehen habe.« Also sagte ich denen, ich würde ein anderes Umschlagfoto machen, wenn sie mir die Auslagen ersetzen würden. Ich rief Sonny Barger an, den Chef der Angels, und sagte: »Ich würde gern mit euch zum Labor-Day-Run kommen; ich habe das Buch fertig, aber ich möchte noch ein Foto für den Titel machen.« Ich kriegte einige schlechte Vibes von ihm durchs Telefon, und ich wußte, da stimmt etwas nicht, aber diesmal war ich unvorsichtig.

Playboy: War das ein großer *run* am Labor Day?

HST: Scheiße, ja. Das war eine dieser furchtbaren Angelegenheiten, wo jeder sich vor Angst bepißt – 200 Maschinen. Ein massenhafter *run* von Hells Angels ist eine der furchterregendsten Sachen, die man je zu Gesicht bekommen kann. Wenn diese Bastarde auf der Straße auf dich zufahren ... das ist hart. Und wenn du dabei bist, bekommst du dieses immense Gefühl von Humor und Wahnsinn. Du siehst den Terror und den Schock auf allen Seiten und du lachst die ganze Zeit. Das ist wie in einer Art Horrorfilm, wo du weißt, daß früher oder später die Darsteller von der Leinwand herunterkommen und das Kino niederbrennen.

Playboy: Hatten die Angels auch einen Sinn für diese Art Humor?

HST: Einige von ihnen ja. Die verarschten jeden. Ich meine jedenfalls, niemand trägt Zangen mit sich rum und zieht Leuten die Zähne und trägt sie am Gürtel, ohne die Absicht, jemanden zu verarschen. Aber an diesem Labor Day fuhren wir an einen Strand bei Mendocino und ich verletzte alle Regeln: Erstens, niemals stoned werden mit ihnen. Zweitens, niemals betrunken werden mit ihnen. Drittens, niemals mit ihnen diskutieren, wenn man stoned und betrunken ist. Und viertens, abhauen, wenn sie anfangen, aufeinander einzuprügeln. Ein Jahr lang befolgte ich diese Regeln. Aber die fingen an sich zu prügeln und ich stand dabei und redete mit jemand, und ich sagte, meine Maschine sei schneller als seine, was stimmte – noch ein böses Vergehen – und auf einmal hatte ich eine in der Fresse, einen höllischen Hammer; ich sah nicht einmal, woher der kam, keine Ahnung. Ich packte den Kerl. Er war schmächtig genug, daß ich ihn herumdrehen, seine Arme umklammern und ihn festhalten konnte. Und ich wandte mich an den Typ, mit dem ich geredet hatte und sagte sowas wie: »Jesus Christus, schau dir diesen Verrückten an, er hat mir gerade ins Gesicht geschlagen, schaff ihn weg von hier.« Und der Kerl, den ich festhielt, fing an, mit einer hohen und wilden Stimme zu plärren, weil er hilflos war. Aber anstatt ihm zu sagen, er solle sich einkriegen, haute mir der andere Typ eine seitlich auf den Schädel – und da wußte ich, ich war in Schwierigkeiten. Denn das Motto der Angels lautet: Einer für alle, alle für einen.

Playboy: War Polizei da oder andere Hilfe?

HST: Nein, ich war der einzige Nicht-Angel. Die Cops hatten verkündet: »Um Mitternacht wird der Platz dicht gemacht und jeder, der nicht zu diesen Typen gehört, sollte schleunigst abhauen oder Gott sei mit ihm.« Da war ich also und rollte auf einmal auf den Felsen dieses gottverlassenen Strands herum inmitten eines Haufens vollgedröhnter, total besoffener Biker. Ich hatte den Kerl, der mich geschlagen hatte, inzwischen in einer tödlichen Umklammerung. Einige traten mir in die Brust und einer dieser Bastarde versuchte mit einem riesigen Felsen meinen Schädel zu zerschmettern ... aber ich hatte diesen plärrenden Angel-Kopf direkt neben meinem im Griff und deshalb mußte er ein wenig vorsichtig sein. Ich weiß nicht, wie lang das ging, aber ziemlich genau zu dem Zeitpunkt als mir klar wurde, ich würde jetzt bald sterben, kam Tiny daher und sagte »Das war's. Aufhören.« Und sie hörten so schnell auf, wie sie angefangen hatten, völlig grundlos.

Playboy: Wer war Tiny?

HST: Er war der Waffen-Sergeant und einer von den Typen, die ich sehr gut kannte. Ich kannte keinen von den Bastarden, mit denen ich mich prügelte. Alle Angels, die mir hätten helfen können – diejenigen, die ich damals für meine Freunde hielt –, waren längst mit ihren alten Damen in den Büschen verschwunden.

Playboy: Wie schwer waren Sie verletzt?

HST: Die haben mein Gesicht ziemlich zugerichtet. Ich fuhr zu Polizeiwache und die sagten: »Verschwinden Sie schleunigst, Sie bluten uns das Klo voll.« Ich war fertig, blutüberströmt und mußte noch circa 60 Meilen nach

Santa Rosa fahren, wo ich einen Doktor kannte. Ich rief ihn an, aber er war in Arizona und sein Partner war am Telefon und sagte so was wie: »Spuck' drauf und weiter geht's.« Sie wissen schon, der alte Football-Trainer-Quark. Ich werde ihm das nie verzeihen. Also fuhr ich zur Notaufnahme des Santa Rosa Hospitals, und das war eine der übelsten Szenen, die ich in meinem ganzen Leben gesehen hatte. Eine Motorradgang namens Gypsy Jokers war am Labor Day nach Norden gefahren und mit diesem schrecklichen Schwarm Angels irgendwo in der Nähe von Santa Rosa zusammengestoßen und diese Arschlöcher lagen überall herum. Sie schrien und jammerten, betasteten ihre Kiefer und versuchten, sie wieder einzurenken, Blut überall und die Mädels kreischten: »Er stirbt, bitte helfen Sie uns! Doktor, Doktor, ich kann das Blut nicht stoppen!« Es war, als ob gerade eine Bombe eingeschlagen hätte.

Playboy: Sind Sie behandelt worden?

HST: Nein. Ich hatte ein schlechtes Gewissen, daß ich überhaupt dort war. Ich war ja bloß vermöbelt worden. Diese Bastarde waren mit Bleirohren zusammengeschlagen worden, man hatte sie überfahren, mit den Bikes an Mauern eingequetscht – total durch die Mangel gedreht. Also ging ich hinaus, versuchte in meinem Zustand weiter zu fahren, aber schließlich hielt ich doch am Straßenrand und dachte mir »Ich sollte lieber meine verfluchte Nase richten. Morgen könnte es hart werden.« Ich fühlte mich wie ein Sack Bohnen. Ich konnte hören, wie sich die Knochensplitter aneinander rieben. Da saß ich also, trank ein Bier und war mein eigener Chirurg. Ich benutzte den vorderen Scheinwerfer und den Rückspiegel und versuchte mich daran zu erinnern, wie meine Nase ausgesehen hatte. Ich konnte ungefähr ein Jahr lang nicht durch die Nase atmen und die Leute hielten mich für einen Kokser, lang bevor ich einer wurde, aber ich glaube, ich habe es ziemlich gut hingekriegt.

Playboy: Wer sind die Angels, was sind das für Leute?

HST: Das sind Ausgestoßene, Verlierer – aber Verlierer, die bösartig und rachsüchtig werden, statt einfach aufzugeben. Es gibt mehr Hells Angels als man sich vorstellen kann. Aber die meisten von denen tragen keine Kluft. Es sind Leute, die übrig geblieben sind – wie bei der Reise nach Jerusalem – und verloren haben. Einige Leute legen sich einfach flach, wenn sie verlieren; aber diese Ärsche kommen zurück und mischen das ganze Spiel auf. In meinem Kopf war ich lange Zeit ein Hells Angel. Ich war 10 Jahre lang ein erfolgloser Schriftsteller und ich war immer in Schlägereien verwickelt. Ich ging beispielsweise in eine Bar mit einem 50-Pfund-Sack voll Kalk, machte alles schön weiß und nahm es dann mit jedem auf, der daher kam. Ich wurde immer verprügelt, ich gewann keinen Kampf. Aber ich bin jetzt nicht mehr so drauf. Ich verlor eine Menge körperlicher Aggressivität als ich anfing, das, was ich schrieb, zu verkaufen. Da brauchte ich diesen Trip nicht mehr.

Playboy: Einige Leute würden sagen, Sie haben ihre Aggressivität nicht ganz verloren, sondern Sie führen sich auf wie ein Hells Angel des Journalismus.

HST: Also, ich halte mich nicht für besonders aggressiv oder gefährlich. Ich benehme mich ab und zu seltsam, was Leute, die mich nicht kennen, nervös macht, aber ich glaube, das sind Nachwehen aus den alten Tagen ... und ich vermute, ich kriege das eine oder andere private Lächeln, wenn ich es ab und zu schaffe, daß Leute die Augen aufreißen. Man kann das einen Hells-Angels-Charakterzug nennen, aber ansonsten ist der Vergleich häßlich und rätselhaft. Ich lehne ihn ab, wiewohl ich mich selbst durchaus als eine Art Außenseiter empfinde. Kein Gesetzloser, mehr ein natürlicher Freak ... was mir gar nichts ausmacht. Als ich auf dem Freakticket für den Posten des Sheriffs von Aspen kandidierte, war das der springende Punkt. In dem verkommenen faschistischen Kontext der Vorgänge im Jahr 1966 in Amerika war es ehrenhaft, als Freak aufzutreten.

Playboy: Warum haben sie als Sheriff kandidiert?
HST: Ich war gerade vom Parteitag der Demokraten in Chicago zurück und von brutalen Bullen grundlos verprügelt worden. Mir wurde ein Schlagstock in den Magen gerammt und ich hatte gesehen, wie unschuldige Leute bewußtlos geschlagen wurden, und das trieb mich echt um. Ein paar Monate später gab es eine Bürgermeisterwahl in Aspen, und da war ein Rechtsanwalt in der Stadt, der im Rahmen örtlicher Bürgerrechtsfälle viel Gutes getan hatte. Sein Name ist Joe Edwards, und ich rief ihn einmal um Mitternacht an und sagte: »Sie kennen mich nicht und umgekehrt ist es auch so, aber sie sollten als Bürgermeister kandidieren. Das ganze gottverdammte System gerät außer Kontrolle. Wenn es so weitergeht, dann werden sie uns alle einbuchten. Wir müssen in die Politik gehen – und wenn es nur zur Selbstverteidigung ist.« Der Typ war Motorradfahrer, ein Head und ein Freak, genau wie ich selbst. Er sagte: »Wir treffen uns morgen und reden darüber.« Am nächsten Tag schauten wir uns »Die Schlacht um Algier« an, und als wir aus dem Kino kamen, sagte er: »Ich mach's. Wir werden es diesen Bastarden zeigen.«
Playboy: Wie weit sind Sie gekommen?
HST: Edward verlor mit sechs Stimmen Unterschied. Und vergessen Sie nicht, wir reden über eine unpolitische Stadt, und das Schwierigste war, unsere Leute dazu zu bringen, sich als Wähler registrieren zu lassen. Einer der Anmachersprüche, die ich anwandte, um die Leute dazu zu bringen, war: »Wenn ihr euch eintragt und für Edwards stimmt und wenn er gewinnt, dann werde ich im nächsten Jahr als Sheriff kandidieren.« Er gewann nicht, aber als die nächsten County-Wahlen anstanden, war ich auf einmal Sheriffkandidat. Ich nahm das anfangs nicht ernst, aber als es dann so aussah, als ob ich gewinnen könnte, nahm es jeder ernst.
Playboy: Stimmt es, daß Sie ankündigten, Sie würden im Falle eines Sieges im Sheriffbüro Drogen nehmen?

HST: Ja, das stimmt, und das verschreckte viele Leute. Aber ich hatte im Jahr zuvor die ignorante Haß-Abstimmung gesehen, die die Edwards-Kampagne hervorgerufen hatte. Es ist ja so, wenn die Freaks sich organisieren, dann bekommt es die andere Seite mit der Angst zu tun und sie zerren Leute ans Licht, die halb tot sind und seit 25 Jahren nicht mehr gewählt haben. Und ich dachte: »Wenn sie jemand brauchen, den sie hassen können, dann werde ich ihnen ein richtiges Haßobjekt liefern.« Auf dieselbe Art, so mein Gedanke, könnten wir eine ernsthafte Kandidatur für das Amt des County Commissioners anmelden. Das war das Amt, das wir wirklich wollten. Zum Teufel, ich wollte nicht Sheriff werden. Ich wollte den Krakeelern und den Gierschlünden eine Scheißangst einjagen und unseren County Commissioner Kandidaten wie einen Konservativen aussehen lassen. So machten wir es, aber dann kam diese abscheuliche, gottverdammte weltweite Presse und wir konnten die beiden Kandidaturen nicht mehr auseinander halten.

Playboy: Es gab ein ganzes Freak-Power-Kandidaten-Team, nicht wahr?

HST: Ja, ein Freund, der damals nebenan wohnte, kandidierte als Leichenbeschauer, weil wir herausfanden, daß der Leichenbeschauer der einzige war, der den Sheriff feuern konnte. Und wir kamen überein, daß wir einen County Clerk brauchten, also ließen wir jemand dafür kandidieren. Aber letztendlich fiel meine Blitzschlag- und Haß-Kandidatur-Strategie auch auf sie zurück. Es wurde ziemlich hart. Ich kündigte an, daß die neue Mannschaft des Sheriffs am Tag nach der Wahl die Straßen aufreißen würde – jede Straße in Aspen mit Preßlufthämmern aufbrechen und den Asphalt durch Grassoden ersetzen würde. Ich verkündete, wir würden das Sheriffbüro hauptsächlich dazu benutzen, den Immobilienspekulanten die Hölle heiß zu machen.

Playboy: Das klingt nach einer verschärften politischen Auseinandersetzung.

HST: So ist es. Die Gierschlünde hatten Angst. Es gab eine Reihe von öffentlichen Debatten, die ziemlich brutal wurden. Die erste war in einem Kino, weil das der einzige Platz in der Stadt war, der die Menge fassen konnte. Und sogar dann kam ich nicht hinein, obwohl ich eine halbe Stunde früher da war. Die Gänge waren verstopft. Ich mußte über Leute hinwegsteigen, um auf die Bühne zu kommen. Ich trug Shorts und hatte eine Vollglatze. Das hielten die Krakeeler nicht aus. Sie waren überzeugt, daß der Antichrist erschienen sei – hier und jetzt in Aspen. So eine Glatze hat etwas Ominöses an sich. Wir ließen uns Fragen aus der Menge stellen und stellten unser Programm vor. Ich war nicht besonders locker, als ich da oben neben dem amtierenden Sheriff saß und sagte: »Wenn ich diesen korrupten Schläger aus dem Amt gejagt habe, dann gehe ich in sein Büro und esse vielleicht in ereignislosen Nächten ein wenig Meskalin ...« Von da an wußte ich, daß ich gewinnen mußte, denn eine Niederlage würde der Hammer für mich werden. Man kann sowas einfach nicht vor einer Kamera zugeben, noch dazu vor einer riesigen Menge. Da stand ein Reporter der *New York Times* in der ersten Reihe, NBC, ein Acht-Mann-Team von der BBC filmte das ganze Ereignis, die *Los Angels Times*, die *Washington Post* – unglaublich.

Playboy: Sie haben dann gegen Ende leisere Töne angeschlagen, nicht wahr?

HST: Ja, ich wurde eine Kreatur meiner eigenen Kampagne. Ich war echt überrascht von der Energie, die wir für so eine Sache entfesseln konnten, indem wir einfach herumsaßen, eine latente politische Energie.

Playboy: Wohin entwickelte sich Ihre Kampagne schließlich?

HST: Ich sagte, ich wolle als Ombudsmann arbeiten, ein neues Amt einführen – ohne Bezahlung – und dann mein Sheriffgehalt einem guten erfahrenen Gesetzeshüter überschreiben und ihn den Job machen lassen. Ich dachte, wenn man einmal das Büro des Sheriffs kontrolliert, dann

könnte man einen anderen Abzeichen und Knarre tragen lassen – unter Kontrolle, klar. Es hätte fast geklappt.
Playboy: Wie lautete das Endergebnis der Wahl?
HST: Es gab sechs Bezirke, die entscheidend waren, und ich gewann die drei in der Stadt, kam auf ein Unentschieden in Nummer vier und wurde dann in den beiden Bezirken, wo die meisten Immobilienspekulanten und Subunternehmer wohnten, brutal niedergemacht.
Playboy: Tut es Ihnen leid, verloren zu haben?
HST: Die Leute, die so hart für die Kampagne gearbeitet hatten, taten mir leid. Aber den Job habe ich nicht vermißt. Eine Zeitlang dachte ich, ich würde gewinnen, und das machte mir Angst.
Playboy: Es gab Gerüchte, Sie wollten als Senator von Colorado kandidieren. Ist das ein Witz?
HST: Nein. Ich überlegte mir das eine Zeitlang, aber dieses letzte Jahr hat meinen Appetit auf Politik verdorben. Vielleicht denke ich nach einer angemessenen Pause nochmal darüber nach. Irgendjemand muß die Politik in diesem Land ändern.
Playboy: Würden Sie für den Senat genauso kandidieren wie für den Sheriffposten?
HST: Na ja, ich würde wohl die Meskalingeschichte sein lassen müssen. Ich glaube, das ist absolut unnötig – zu versprechen, im Senat Meskalin zu essen. Ich weiß noch vom letzten Mal, daß man es für die Leute zu weit treiben kann. Der Rückschlag ist heftig.
Playboy: Was, wenn das Undenkbare geschähe und Hunter Thompson ginge als Senator aus Colorado nach Washington? Glauben Sie, Sie könnten irgend etwas Gutes bewirken?
HST: Nicht viel, aber man bewirkt immer etwas Gutes, indem man ein Beispiel gibt, indem man einfach beweist, daß etwas möglich ist, wissen Sie.
Playboy: Glauben Sie nicht, es würde in Washingten eine heftige Reaktion geben auf einige der Dinge, die Sie über die Politiker dort geschrieben haben?

HST: Sicher. Sie würden sich auf mich stürzen wie Vielfraße. Ich hätte keine Wahl. Ich müßte meine Geheim-Dokumente rausholen – all das grobe Schweinefutter, das mir Ed Hoover* gab, bevor er starb. Wir waren gute Freunde. Ich bin oft mit ihm ausgegangen.

Playboy: Sie lachen wieder, aber das ruft eine legitime Frage hervor: Wollen Sie behaupten, Sie wüßten Dinge über Leute in Washington, die Sie nicht veröffentlicht haben?

HST: Ja, bis zu einem gewissen Grad. Als ich nach Washington ging, um »Fear and Loathing im Wahlkampf« zu schreiben, ging ich das mit derselben Haltung an, die ich als Journalist immer habe: Mit Hammer und Zange – und Gott gnade jedem, der mir in den Weg kommt. Nichts bleibt geheim, so war ich drauf. Aber ich merkte schließlich, daß einige Dinge geheim bleiben müssen. Ich weiß immer noch nicht genau, wo die Grenze ist. Aber wenn man ein indiskretes Plappermaul ist und ein Trottel, dann redet keiner mit dir – nicht einmal Freunde.

Playboy: Wie war das, als Sie 1971 zum ersten Mal in Washington einritten?

HST: Na ja, vor allem hatte keiner je etwas vom *Rolling Stone* gehört. »Rolling was? ... Stones? Ich hab die mal gehört: Lärmige Bastarde, oder?« Anfangs war es ein Alptraum, keiner rief je zurück. Washington ist eine schreckliche Stadt, eine Mischung aus Rom, Georgia und Toledo, Ohio – so eine Mentalität. Im wesentlichen ist es eine Stadt voller bösartiger mächtiger Bauerntölpel.

Playboy: Wurden Ihre Anrufe denn beantwortet, als Sie Sachen schrieben wie »Hubert Humphrey sollte kastriert werden«, damit seine Gene sich nicht weiter verbreiten könnten?

HST: Gut, das war ein bißchen heftig, denk ich – aus

---

* J. Edgar Hoover war der erste Direktor des United States Federal Bureau of Investigation (FBI).

Gründen, auf die ich momentan nicht eingehen möchte. Egal, es dauerte jedenfalls nicht allzu lange, bis ich merkte, die einzige Zeit, um Politiker anzurufen, ist sehr spät in der Nacht. Sehr spät. In Washington erzählt einem keiner tagsüber oder an einem Büroschreibtisch die Wahrheit. Sobald man Leute erwischt, wenn sie sehr müde sind oder betrunken oder schwach, dann kriegt man im allgemeinen Antworten. Also schlief ich am Tag, wartete, bis diese Leute ihre Lügen und Verrätereien hinter sich hatten, ließ sie entspannen und attackierte sie dann mit Volldampf um zwei oder drei Uhr morgens am Telefon. Man muß diese Bastarde niedermachen, damit sie einem was erzählen.

Playboy: Ihr journalistischer Stil ist von einigen Kritiker angegriffen worden – insbesondere von der *Columbia Journalism Review* – als teils kommentierend, teils phantasierend und teilweise als das irre Geschwätz eines Mannes, der zu lang auf Drogen war.

HST: Ja, scheiß auf die *Columbia Journalism Review*. Die zahlen nicht meine Miete. Diese Art von senilem Kauderwelsch erinnert mich an die Leute damals in den sechziger Jahren, die sagten: »Dieser Typ da, dieser Dylan, ist eine Schande für Tin-Pan Alley, zum Teufel, der ist kein Musiker. Er kann nicht mal eine Melodie spielen.« Es ist ein Kompliment, wenn solche Leute so viel Energie aufwenden, um jemand anzugreifen.

Playboy: Nun ja, aber Sie sagten auch einige extrem heftige Dinge in Ihrem Buch über den Präsidenten-Wahlkampf von 1972; zum Beispiel, daß Edmund Muskie Ibogain nähme, eine exotische Form von südamerikanischem Speed oder ein Psychedelikum oder beides zusammen. Das war doch nicht wahr, oder?

HST: Nicht daß ich wüßte, aber wenn man sorgfältig liest, was ich schrieb, dann behauptete ich nicht, er habe es genommen. Ich schrieb, es gäbe ein Gerücht im Umfeld seines Hauptquartiers in Milwaukee, daß ein berühmter brasilianischer Arzt mit einem Notfall-Paket

Ibogain für ihn eingeflogen worden sei. Wer hätte diesen Quatsch glauben wollen?
Playboy: Eine Menge Leute taten es.
HST: Offensichtlich. Aber ich merkte das erst, als die Kampagne schon zur Hälfte vorbei war – und ich erschrak. Sogar einige Reporter, die drei oder vier Monate lang über Muskee berichtet hatten, nahmen es ernst. Das kommt davon, daß sie keine Ahnung von Drogen haben. Jesus, niemand, der für die Präsidentschaft kandidiert, würde es wagen, etwas wie Ibogain anzufassen. Ich vielleicht schon, aber kein normaler Politiker. Es würde sein Hirn zu Marmelade machen. Man müßte ihn einsperren.
Playboy: Sie behaupteten auch, daß John Chancellor[*] große Mengen von Black Acid einwarf.
HST: Teufel, das war so ein offensichtlich ungeschickter Witz, daß ich immer noch nicht begreife, wie jemand, der bei Sinnen ist, den ernst nehmen konnte. Ich hatte während des Parteikongresses der Republikaner eine Kundgebung der Nixon-Jugend infiltriert und machte mir einen kleinen Spaß daraus, ihnen all die gruseligen Details zu erzählen aus der Zeit, als John Chancellor versuchte mich umzubringen, indem er Acid in meinen Drink schüttete. Ich schrieb auch, daß ich – wenn ich mehr Zeit gehabt hätte – diesen armen Jojos die Story über Walter Cronkite[**] und seine Sklavenhandelsorganisation mit vietnamesischen Waisenmädchen erzählt hätte – wie er sie über eine Ranch in Quebec ins Land brachte und sie dann an Bordelle die ganze Ostküste entlang verkaufte ... was natürlich wahr ist; die Zeitschrift *Colliers* bringt diesen Monat eine große Story darüber, mit vielen Photos als Beweismaterial ... Was? Sie glauben das nicht? Warum nicht? All die anderen Wasserköpfe

---

[*] Amerikanischer Fernsehjournalist und Nachrichtensprecher der NBC Nightly News von 1970 bis 1982.
[**] Amerikanischer Fernsehjournalist und Nachrichtensprecher der CBS Evening News von 1962 bis 1981.

glaubten es. Jesus, über Politik zu schreiben würde mein Hirn paralysieren, wenn ich nicht ab und an einen Funken bizarren Humors aufblitzen lassen kann. Und ich bin wirklich sehr vorsichtig mit diesen Sachen. Wenn nicht, dann hätte man mich schon lange vor den Kadi gezerrt. Das ist eine der Gefahren des Gonzo-Journalismus.

Playboy: Was ist Gonzo-Journalismus?

HST: Der entstand letztlich aus einer Story für *Scanlan's*. Es war eines dieser schrecklichen Deadlinegerangel und mir rannte die Zeit davon. Ich war verzweifelt. Ralph Staedman hatte die Illustrationen fertig, das Cover war gedruckt und da war dieses schreckliche Loch in den Interviews. Ich war überzeugt, daß ich am Ende war. Ich war total zugedröhnt, konnte nicht arbeiten. Also fing ich schließlich an, Seiten aus meinem Notizbuch herauszureißen, zu nummerieren und sie an den Drucker zu schikken. Ich war mir sicher, das würde der letzte Artikel sein, den ich jemals für jemand schreiben würde. Aber als er herauskam, gab es einen Haufen Briefe, Anrufe, Gratulationen, manche Leute nannten es »einen großen Durchbruch im Journalismus«. Und ich dachte: »Heilige Scheiße, wenn ich damit durchkomme, warum soll ich dann weiter versuchen zu schreiben wie die *New York Times*?« Es war als ob ich einen Fahrstuhlschacht hinunter gefallen und in einem Schwimmbecken voller Meerjungfrauen gelandet wäre.

Playboy: Gibt es einen Unterschied zwischen Gonzo und dem New Journalism?

HST: Ja, ich denke doch. Anders als Tom Wolfe oder Gay Talese zum Beispiel versuche ich fast nie, eine Geschichte zu rekonstruieren. Sie sind beide bessere Reporter als ich, aber andererseits halte ich mich auch nicht für einen Reporter. Gonzo ist bloß ein Wort, das ich gewählt habe, weil ich den Klang mag – was freilich nicht bedeutet, daß es keinen gravierenden Unterschied zwischen meiner Schreibe und dem Wolfe/Talese-Stil gibt. Sie tendieren dazu, rückwärts zu schauen und Geschichten, die bereits geschehen sind, wieder zu erfinden, während ich gern mitten drin stecke, worüber ich gerade schreibe – so persönlich involviert wie nur möglich. Es gäbe noch viel mehr dazu zu sagen, aber wenn wir einen Unterschied markieren wollen, dann danke ich, ist das ein guter und sicherer Anfang.

Playboy: Sind die Phantasien und wilden Abschweifungen ein notwendiger Bestandteil Ihres Schreibens?

HST: Unbedingt. Laß deinen Verstand wandern, laß ihn hingehen, wohin er will. Wie etwa bei diesem Muskie-Ding; ich hatte gerade einen Drogen-Artikel eines kalifornischen Labors über die Symptome einer Ibogain-Vergiftung gelesen und dachte »ich habe das schon gesehen und zwar nicht in Westafrika oder am Amazonas; ich habe diese Symptome erst neulich gesehen.« Und dann dachte ich: »Klar: Wutausbrüche, Benommenheit, die Fähigkeit, tagelang zu sitzen, ohne sich zu bewegen – das ist Ed Muskie.«

Playboy: Kommt Ihnen das bei seriösen politischen Reportagen nicht in die Quere?

HST: Wahrscheinlich – aber es hält mich auch gesund. Ich schätze, das Hauptproblem besteht darin, daß man bereit ist, jede noch so verdrehte Story über Politiker oder über Washington zu glauben. Aber da kann ich nichts machen. Einige Wahrheiten, über die nicht geschrieben wird, sind noch viel abgedrehter als meine Phantasien.

Playboy: Sie waren der erste Journalist während der Kampagne, der merkte, daß McGovern die Nominierung gewinnen würde. Was war der Anlaß?

HST: Es war die Energie; ich konnte sie fühlen. Muskie, Humphrey, Jackson, Lindsay[*] – alle anderen waren erschöpft, brachen zusammen. Aber wenn man nahe ge-

---

[*] Henry M. Jackson, demokratischer Senator aus Washington. John Lindsay, der frühere republikanische Bürgermeister von New York von 1966 bis 1973 und demokratischer Präsidentschaftskandidat von 1972.

nug an McGoverns Wahlkampfmaschine stand, konnte man das Energielevel fast schon von einer Woche zu andern wachsen sehen. Es war wie bei Profi-Teams im Football gegen Ende der Saison. Einige brechen zusammen, andere nehmen Fahrt auf; ihr Timing wird genauer, ihre Third-down-Spiele funktionieren. Sie bringen jetzt ihre Spitzenleistung.

Playboy: Der Football-Vergleich war in Washington ziemlich populär, oder?

HST: Ja, weil Nixon sehr ernsthaft auf Football stand. Er benutzte ständig den Jargon; er sprach über Politik und Diplomatie in Begriffen wie *power slants, end sweeps, mousetrap blocks*. Wenn man in Football-Begriffen denkt, kann man vielleicht am Besten verstehen, was schließlich bei der ganzen Watergate-Geschichte abging: Coach Nixons Team ist »fourth and 32 on their own ten« und er findet heraus, daß sein Punter ein Junkie ist. Ein kranker Junkie. Er schaut hinunter auf die Bank: »Okay, Großer – wir brauchen dich jetzt!« Und dieser Kerl ist schneeweiß und kotzt, kann nicht mal aufstehen, geschweige denn kicken. Als das Spiel mit einer Katastrophe für die Heimmannschaft endet, rennen die Fans auf das Feld und schlagen die Spieler mit Steinen, Bierflaschen und den Trümmern der Holzsitze tot. Der Coach macht einen verzweifelten Versuch, sich in der Umkleidekabine in Sicherheit zu bringen, aber drei Auftragskiller, die von notorischen Spielern angeheuert wurden, erwischen ihn, bevor er dort ankommt.

Playboy: Sie haben einmal mit Nixon auf dem Rücksitz seiner Limousine über Football geredet, oder?

HST: Ja, das war 1968 in New Hampshire; er war damals gerade am Anfang seines Comebacks und ich nahm ihn nicht ernst. Er wirkte wie ein republikanisches Echo von Hubert Humphrey: wieder so ein trauriger alter Sack, der wieder in die Politik zurückhinkte, um erneut geschlagen zu werden. Es war mir nicht klar, daß er Präsident werden könnte. Johnson war zu diesem Zeitpunkt noch nicht zurückgetreten, aber ich hatte das Gefühl, er würde es tun und Bobby Kennedy würde kandidieren, so daß Nixon, wenn er von den Republikanern nominiert werden würde, eine weitere Klatsche von einem anderen Kennedy bekäme. Also dachte ich, es wäre nett, nach New Hampshire zu fahren, ein paar Wochen im Umfeld von Nixon zu verbringen und dann seinen politischen Nachruf zu schreiben.

Playboy: Sie können bei Nixons Partei nicht sonderlich beliebt gewesen sein.

HST: Es war mir egal, was die von mir hielten. Ich hinterließ nachts seltsame Zettel im Presseraum, bizarre und geheimnisvolle Drohbriefe, die sie am Morgen fanden. Ich hatte einen Abfalleimer voll mit kaltem Bier in meinem Zimmer im Manchester Holiday Inn. Seltsamerweise kam ich mit einigen der Nixon-Leute prima aus – Ray Price, Pat Buchanan, Nick Ruwe[*] –, aber ich fühlte mich in Gene McCarthys Hauptquartier im Wayfarer, auf der anderen Seite der Stadt, viel wohler. Also verbrachte ich den Großteil meiner Freizeit dort.

Playboy: Warum ließ Nixon Sie dann alleine mitfahren?

HST: Naja, es war die Nacht vor der Abstimmung und Romney hatte aufgegeben. Rockefeller stellte sich nicht zur Wahl, also war auf einmal der Druck weg. Nixon wußte, er würde spielend leicht gewinnen. Wir waren in dieser American-Legion-Halle irgendwo in der Nähe von Boston. Nixon hatte dort gerade eine Rede gehalten und

---

[*] Ray Price, ehemaliger amerikanischer Journalist und Hauptredenschreiber für Nixon.
Patrick Buchanan, amerikanischer Politstratege, Autor und Journalist, diente Richard Nixon und Ronald Reagan als Berater. Buchanan kandidierte für die republikanische Nominierung zum Präsidentschaftskandidaten 1992 und 1996.
Nick Ruwe, hochrangiger Unterstützer der Republikaner und altgedientes Stabsmitglied im Wahlkampf von Richard Nixon und Ronald Reagan. 1984 bis 1989 war er amerikanischer Botschafter in Island.

wir waren ungefähr anderthalb Stunden von Manchester entfernt, wo sein Learjet wartete, und Price kam plötzlich auf mich zu und sagte: »Du wolltest mit dem Boss reden? Okay, dann komm.« Und ich sagte: »Was? Was?« Zu dieser Zeit hatte ich es aufgegeben; ich wußte, er würde in dieser Nacht nach Key Biscayne fliegen und ich war sturzbesoffen. Auf dem Weg zum Auto sagte Price: »Der Boss will sich entspannen und über Football reden; du bist die einzige Person hier, die damit angibt, ein Experte auf diesem Gebiet zu sein, also bist du jetzt dran. Aber falls du über irgendetwas anderes sprichst, bist du raus. Dann kannst du per Anhalter nach Manchester fahren. Kein Wort über Vietnam, Studenten-Revolten – nichts Politisches. Der Boss will über Football reden. Punkt.«

Playboy: Gab es dabei unangenehme Momente?

HST: Nein, er schien sehr entspannt zu sein. Ich habe ihn weder davor noch danach jemals so gesehen. Wir hatten ein gutes lockeres Gespräch. Das war das einzige Mal in 20 Jahren, wo ich dem heimtückischen Bastard zuhörte und wußte, daß er nicht log.

Playboy: Haben Sie irgendein Gefühl von Sympathie, als Sie Nixon schließlich untergehen sahen?

HST: Sympathie? Nein. Sie müssen sich daran erinnern, daß Richard Nixon mein ganzes Erwachsenenleben hindurch das nationale Schreckgespenst war. Ich kann mich an keine Zeit erinnern, wo er nicht zugegen war – immer bösartig, immer häßlich. An die 20 Jahre lang hat er die Leute verarscht. Die ganze Watergate Affäre war ein Denkmal für all das, wofür er stand: Er war ein billiger Schlägertyp, ein geborener Lügner ... Was die Angels einen Peinsack nannten, einen Punk, der zu blöd ist, einen Überfall auf einen Schnapsladen durchzuziehen, ohne jemand zu erschießen oder selbst erschossen oder verhaftet zu werden.

Playboy: Glauben Sie, ein smarter Politiker hätte jemanden gehabt, der die Sache nach dem Einbruch vertuscht hätte? Hätte Lyndon Johnson das im Griff gehabt?

HST: Lyndon Johnson hätte die Bänder verbrannt. Er hätte alles verbrannt. Dann wäre dieser riesige Unfall irgendwo auf seiner Ranch passiert – bei dem seltsamerweise alle seine Tontechniker umgekommen wären und auch die beiden einzigen Secret-Service-Leute, die davon wußten, sein Exekutiv-Lakai und die Tonmeister des Präsidenten. Er hätte dafür gesorgt, daß ein Bus mit Höchstgeschwindigkeit über eine Klippe rasen, in Flammen aufgehen und man all die Leichen finden würde, diese sonderbare Ansammlung von Leuten, die niemals einen echten Grund hatten, zusammen zu sein, und die nun in einem Haufen geschmolzenen Zelluloids auf dem Boden der Klippe lagen. Johnson hätte sie dann beweint – all seine vertrauenswürdigen Assistenten – »Verflucht nochmal, wie konnten die bloß alle zur gleichen Zeit im gleichen Bus sein? Ich habe sie noch davor gewarnt.«

Playboy: Glauben Sie, daß wirklich ein für alle Mal Schluß ist und daß Richard Nixon als Prügelknabe ausgedient hat?

HST: Es sieht in der Tat so aus. Aber er sagte etwas Unglaubliches, als er nach dem letzten Flug mit der Air Force One in Kalifornien eintraf. Er stieg aus dem Flugzeug und sagte zu der Menge, die offensichtlich für die Kameras aufgetrieben worden war – also Säufer, Kinder, Marine Sergeanten … sie müssen höllische Probleme gehabt haben, diese Menge zusammen zu bekommen. Zweifelsohne hatte Ziegler[*] versprochen, sie gut zu bezahlen, bevor er sich dann davonmachte, aber sie hatten 2000 oder 3000 Leute da und Nixon sagte: »Vielleicht ist es angemessen, meinerseits ganz einfach folgendes zu sagen: eine Aufgabe erledigt zu haben heißt nicht, daß wir jetzt einfach sitzen bleiben und dieses wunderbare kalifornische Klima genießen und nichts tun.« Jesus Christus! Da ist dieser Mann, den man gerade aus dem Weißen Haus gejagt hat, der nach der umfassendsten und

---

[*] Ron Ziegler war Richard Nixons Pressesprecher und Assistent.

schrecklichsten Schandtat in der Geschichte der amerikanischen Politik aus Washington flieht und der kommt nach Kalifornien und behauptet, er »habe eine Aufgabe erledigt«. Da muß man doch davon ausgehen, daß es einen weiteren Hauptfaktor in der Geschichte seines Niedergangs gegeben haben muß, außer Gier und Dummheit; ich glaube, er bewegte sich in den letzten paar Monaten am Rande des Wahnsinns. Es gab in einigen »Insiderberichten« Hinweise darauf über die letzten Tage; Nixon wollte nicht zurücktreten, er kapierte nicht, warum er es mußte; seine Familie verstand es nie. Er meint vermutlich immer noch, daß er nichts Falsches getan hat, daß er irgendwie zum Opfer gemacht wurde, in der Nacht umzingelt von seinen alten und unerbittlichen Feinden. Ich bin sicher, er betrachtet es einfach nur als eine weitere verlorene Kampagne, einen weiteren grausamen Rückschlag auf dem Weg zur Größe; also heißt es jetzt eine Zeitlang, zurück in den Bunker, die Wunden lecken und dann wieder zurückkommen und kämpfen. Er braucht vielleicht noch eine aufs Dach. Ich glaube, wir sollten jetzt seinen Grabstein meißeln und ihm schicken, mit einer Inschrift in Großbuchstaben, die besagt: Hier liegt Richard Nixon: Er war ein Versager.

Playboy: Glauben Sie, sein Rücktritt beweist, daß das System funktioniert?

HST: Na ja, das hängt davon ab, was man unter »funktionieren« versteht. Wir können insofern etwas beruhigter sein, weil wir wissen, daß das System ursprünglich – vor fast 200 Jahren – so fein eingestellt wurde, daß es immer noch funktioniert, wenn es dazu gezwungen ist. Im Fall Nixon war es nicht das System, das ihn stolpern ließ und schließlich seine Präsidentschaft zerstörte; es war Nixon selbst, zusammen mit einer Handvoll Leuten, die es auf sich nahmen, aus eigener Initiative zu handeln – etwas außerhalb des Systems, in der Tat; vielleicht sogar ein bißchen darüber und darunter. Es gab beispielsweise eine Menge »hoch respektabler« Anwälte – einige davon waren anerkannte Experten auf ihrem Gebiet –, die fast bis zum Schluß argumentierten, Richter Sirica* würde seine juristischen Befugnisse überschreiten, als er seinem Instinkt folgte und extremsten Druck auf die wirklichen Watergate-Einbrecher ausübte, um den Fall nicht als billigen »drittklassigen Einbruch« in die Bücher eingehen zu lassen, wie Nixons, Haldemans und Ehrlichmans** Anweisung an Ziegler lautete, als die Nachricht erstmals herauskam. Wenn Sirica im Rahmen des Systems vorgegangen wäre, wie die Ermittler des Justice Department das ursprünglich taten, hätte McCord*** niemals aufgegeben und diesen Brief geschrieben, der die Tore zum Weißen Haus öffnete. Sirica war das Schwungrad in dieser Angelegenheit, vom Anfang bis zum Ende, als er den letzten Nagel in den Sarg schlug, indem er James St. Clair, Nixons Anwalt und letzte Zuflucht, zwang, diese Weltuntergangsbänder anzuhören, obwohl dieser alles Menschenmögliche getan hatte, eine Anhörung zu verhindern. Aber als er die Stimmen hörte, mußte die Reißleine für Nixon gezogen werden. Sobald St. Clair bezeugen mußte, daß er die Bänder gehört hatte – die bewiesen, daß sein Klient zweifelsfrei schuldig war –, hatte er nur zwei Möglichkeiten: Nixon in der elften Stunde zu verlassen oder weiterzumachen und wahrscheinlich selbst

---

* John Sirica, Richter im Distrikt von Washington D.C., hatte den Vorsitz bei der Untersuchung des Watergate-Skandals inne. Er verfügte von Richard Nixon die Freigabe der Bänder mit den Besprechungen im Weißen Haus.
** H.R. Haldeman, Leiter des Stabs von Richard Nixon. Haldeman wurde wurde wegen Teilnahme an einer Verschwörung und Behinderung der Justiz wegen seiner Rolle im Watergate-Skandal verurteilt.
John Ehrlichman, Berater von Richard Nixon im Weißen Haus. Ehrlichman wurde wegen Verschwörung, eidlicher Falschaussage und Behinderung der Justiz wegen seiner Rolle im Watergate-Skandal verurteilt.
*** James McCord war der Sicherheitsbeauftragte von Richard Nixons »Komitee zur Wiederwahl des Präsidenten« und war einer der Watergate-Einbrecher.

mit in den Strudel hinabgezogen zu werden. Sirica war nicht die einzige Schlüsselfigur bei Nixons Untergang, die vorsichtigerweise das System hätte seinen traditionellen Gang gehen lassen können. Die Herausgeber der *Washington Post*, die Woodward und Bernstein an der Geschichte dranbleiben ließen, hätten die Sache bequem innerhalb des Systems ablaufen lassen können, ohne in einem Duell mit der ganzen Machtstruktur des Weißen Hauses und einem rachsüchtigen Bastard wie Nixon mit dem Rücken zur Wand zu stehen. Leon Jaworski, der Sonderermittler, konnte nicht einmal einen Präzedenzfall im System finden, in dem des Präsidenten Anspruch auf Immunität als Regierungsmitglied am Obersten Gerichtshof bestritten worden wäre.

Zum Teufel, die Liste geht endlos weiter ... aber schließlich wurde die Nixon-Watergate-Saga von Jungspunden geschrieben, die an den einsamsten Ecken und Enden außerhalb des System zugange waren, nicht von Leuten, die auf Nummer sicher gingen und dem Buchstaben des Gesetzes folgten. Wenn in diesem Fall das System funktionierte, dann fast im Widerspruch zu sich selbst. Jesus, was hätte der Kongreß denn tun können? Er sah ja das Spektakel, wie ein Präsident im nationalen Fernsehen ein Kapitalverbrechen zugab. Nixon schaufelte sich sein eigenes Grab und legte dann ein öffentliches Geständnis ab. Wenn dieser Rücktritt in irgendeiner Form beweist, daß das System funktioniert, dann muß man sich fragen, wie gut das System dann funktioniert hätte, wenn wir einen superschlauen Börsenkriminellen im Weißen Haus gehabt hätten statt eines halbirrren Gebrauchtwagenhändlers. Im Zeitraum von zehn Monaten traten die beiden Top-Exekutiv-Leute dieses Landes lieber zurück, als Absetzung und einen Prozess zu riskieren; und sie hätten das nicht einmal tun müssen, wenn ihre Verbrechen nicht zu übel gewesen wären, um sie ignorieren zu können, und wenn die öffentliche Meinung sich nicht so massiv gegen sie gewandt hätte. Es werden ja schließlich sogar die feigen kleinen Politiker im Kongreß handeln, wenn die Leute aufgebracht genug sind. Aber Sie können darauf wetten, Nixon wäre immer noch im Weißen Haus, wenn sich in den Meinungsumfragen nicht über fünfzig Prozent der Leute für ein Absetzungsverfahren ausgesprochen hätten.

Playboy: Wird die Politik jemals wieder besser werden?

HST: Viel schlechter kann sie jedenfalls nicht werden. Nixon war so schlimm, so offensichtlich schuldig und korrupt, daß wir schon anfangen, ihn als eine Art politischen Mutanten abzuschreiben, als eine Art schlimmen und unerklärlichen Unfall. Die Gefahr dabei ist, daß wir sagen: »Gottseidank! Wir haben das Krebsgeschwür herausgeschnitten ... Sehen Sie? ... Da liegt es ... nähen wir die Wunde zu ... sterilisieren sie ... Nein, schauen Sie bloß nicht nach anderen Sachen ... werfen Sie den Tumor weg, verbrennen Sie ihn.« Und dann, ein paar Monate später stirbt der arme Bastard, denn sein ganzer Körper ist vom Krebs zerfressen. Ich glaube, Nixon loszuwerden, beeinflußt das System nicht besonders, außer daß es die Leute vorsichtiger macht. Selbst wenn wir die Idee akzeptieren, daß Nixon selbst ein bösartiger Mutant war, seine Präsidentschaft war kein Unfall. Zum Teufel, Ford ist unser Unfall. Er ist niemals zu etwas gewählt worden außer in den Kongreß ... Aber Richard Nixon ist in jedes nationale Amt gewählt worden, das ein schlauer Mutant anstreben konnte: Kongreßabgeordneter, Senator, Vizepräsident, Präsident. Er sollte abgesetzt, verurteilt und eingesperrt werden, und wenn auch nur zum Zwecke der Staatsbürgerkunde.

Playboy: Glauben Sie, daß im Zuge der Watergate-Untersuchung der Kongreß genau so viel Energie aufgewandt hat, um seine eigenen Sünden zu vertuschen wie um die von Richard Nixon aufzudecken?

HST: Hm, das ist eine ziemlich herbe Aussage; aber ich bin sicher, da wurden eine Menge Bänder und Papiere verbrannt und eine Menge mitternächtlicher Telefonate in der Art von: »Hallo John, erinnerst du dich an den Brief, den ich dir am fünften August schrieb? Ich bin gerade auf eine Kopie davon gestoßen in meinen Aufzeichnungen und ... also, ich verbrenne meinen. Willst du nicht auch deinen verbrennen und wir vergessen die ganze Angelegenheit? Ich schicke dir inzwischen eine Kiste Chivas Regal, und ich hab auch einen Job für deinen Sohn in den Sommerferien, hier in meinem Büro – sobald er mir die Asche dieses verfluchten Scheißbriefs bringt.«

Playboy: Stellt Gerald Ford den Inbegriff eines erfolgreichen Politikers dar?

HST: Das ist doch ziemlich offensichtlich, oder? Irgendwie hat er es geschafft, Präsident der Vereinigten Staaten zu werden, ohne jemals für das Amt zu kandidieren. Nicht nur das, er ernannte auch noch seinen eigenen Vizepräsidenten. Es ist ein bizarres Syndrom, in dem wir uns befinden: sechs Jahre lang wurden wir von Irren und Kriminellen regiert und die nächsten zwei Jahre lang werden wir mit deren Favoriten leben müssen. Nixon wurde aus der Stadt gejagt, aber nicht bevor er seinen eigenen Nachfolger ernannt hatte.

Playboy: Es sieht allmählich so aus, als könne Ford unser populärster Präsident seit Eisenhower werden. Glauben Sie, daß er 1976 schwer zu schlagen sein wird?

HST: Das wird vermutlich von seinem Stab abhängen. Wenn der gut ist, dann wird er schon die zwei Jahre bis zur Wahl dieses Image des Herrn Saubermann, Herrn Gutmensch und Herrn Vernünftig aufrecht erhalten können; und wenn ihm das gelingt, dann wird er schwer zu schlagen sein.

Playboy: Werden Sie über den Wahlkampf 1976 schreiben?

HST: Also, ich nehm mir das nicht vor, aber ich vermute, ja. Momentan aber brauche ich eine lange Auszeit von der Politik – mindestens bis zum Anfang des Wahlkampfs 1976. Jesus, da redet einer wie ein Junkie – »Ich glaub, ich setz mir noch einen Schuß ... das wird der letzte sein, versprochen. Ich werde bloß noch den Rest aufbrauchen und dann ist Schluß.« Nein, ich will kein Wahlkampf-Junkie werden. Ich habe das einmal getan, aber in dem Augenblick, als ich ausstieg, wurde ich zum Watergate-Junkie. Davon kommt man ganz schwer runter. Wissen Sie, ich war tatsächlich im Watergate in der Nacht, als die Bastarde einbrachen. Ich hab natürlich die ganze Sache nicht mitbekommen, aber ich war da. Das verfolgt mich immer noch.

Playboy: Wo im Watergate waren Sie?
HST: Ich war in der Bar.
Playboy: Was sind Sie denn für ein Reporter, der in der Bar rumhängt?
HST: Ich bin kein Reporter. Ich bin Schriftsteller. Niemand pflaumt Norman Mailer in dieser Weise an. Ich habe nie probiert, ein gottverdammter Reporter zu sein. Ich verteidige das, was ich tue, nicht im Kontext eines seriösen Journalismus, und falls einige Leute mich als einen Reporter betrachten, der aus dem Ruder gelaufen ist, und nicht als einen Schriftsteller, der einfach seinen Job macht – von mir aus, das sind vermutlich dieselben Pfeifen, die glauben, John Chancellor sei ein Acid-Freak und Cronkite ein Mädchenhändler.
Playboy: Sie sind mit der Presseabteilung des Weißen Hauses nach San Clemente gefahren, es war der letzte Trip, den Nixon als Präsident machte, und es geht das Gerücht um, Sie wären zu einer der Pressekonferenzen in ziemlich derangierter Form erschienen.
HST: Derangiert? Ja, das kommt als bestmögliche Interpretation hin. Ich war die ganze Nacht wach und ich hatte ein nasses mexikanisches Hemd an, Badehosen, Basketballschuhe, dunkle Sonnenbrille. Ich hatte eine Flasche Bier in der Hand, mein Hirn war schmerzhaft zusammengeschnürt von etwas, das mir jemand in der Nacht zuvor in L.A. in meinen Wein getan hatte. Und als

Rabbi Korff* seinen hirnlosen Vortrag anfing, der besagte, Nixon sei der am meisten verfolgte und schlecht gemachte Präsident der amerikanischen Geschichte, da hörte ich mich schreien: »Warum ist das so, Rabbi? ... Warum? ... Sagen Sie uns warum ...« Und er sagte so was wie: »Ich bin ja bloß ein kleiner Rabbi« und ich sagte: »Das geht in Ordnung, niemand hier ist bigott. Sie können offen reden.« Es wurde ziemlich häßlich, aber häßlich war schließlich sowas wie der gemeinsame Nenner in den letzten Tagen des Nixon-Regimes. Es war wie auf einem sinkenden Schiff, bloß ohne Ratten.

Playboy: Wie hat man ihr Benehmen in der Presseabteilung aufgenommen?

HST: Nicht allzu gut. Aber das macht jetzt nichts mehr. Ich werde längere Zeit keine Trips mehr mit dem Präsidenten machen.

Playboy: Was werden Sie tun? Haben sie irgendwelche anderen Eisen im Feuer statt des politischen Stoffs?

HST: Ich werde mich intensiver um meinen seelischen Zustand kümmern. Das ist eine Sache. Dieses höllische den Politikern Hinterherhetzen hat sehr viel Zeit gekostet, die fehlt nun bei meinen seelsorgerischen Pflichten.

Playboy: Sie sind doch kein echter Geistlicher, oder?

HST: Wie bitte? Natürlich bin ich einer. Ich bin ein ordinierter Doktor der Theologie in der Kirche der Neuen Wahrheit. Ich habe daheim eine Urkunde mit einem großen goldenen Siegel an der Wand hängen. In den letzten Monaten hatten wir mehr Konvertiten als wir bewältigen können. Sogar Ron Ziegler stand während der letzten Woche in San Clemente kurz vor einer Konversion, aber das Gesetz des Karma erwischte ihn, bevor er seine Gelübde ablegen konnte.

Playboy: Wieviel haben Sie für die Ordination bezahlt?

HST: Darüber möchte ich nicht reden. Ich habe jahre-

---

* Baruch Korff, Aktivist der jüdischen Gemeinde und offener Unterstützer Nixons. Wurde als »Nixons Rabbi« bekannt.

lang studiert und einen Haufen Geld hineingesteckt. Ich habe die Macht, Leute zu verheiraten und zu begraben. Ich habe allerdings die Heiraten aufgegeben, weil keine davon funktionierte. Begräbnisse standen nie zur Debatte; ich habe niemals an Begräbnisse geglaubt, außer als Anhängsel der Schwarzen Messe, die ich immer noch ab und an ausübe.

Playboy: Aber Sie haben Ihre Urkunde gekauft, oder?
HST: Selbstverständlich. Aber das hat doch jeder, der jemals zur Schule ging, auch getan. So lange Sie das begreifen ...
Playboy: Wie sehen Ihre schriftstellerischen Pläne aus?
HST: Mein einziges Projekt derzeit ist ein Roman, betitelt »Guts Ball«, der auf Band fast fertig ist, aber noch nicht abgetippt. Ich lag eines Nachts im Bett, der Raum war total schwarz, mein Kopf war voll des exotischen Unkrauts, und auf einmal war es fast so, als ob eine helle Kino-Leinwand vor mir herabgelassen wurde und dieser seltsame Film begann. Ich hatte die Vision, wie Haldeman und Ehrlichman und ein paar andere Watergate-Schädlinge in Schimpf und Schande nach Kalifornien zurück kamen. Sie sind in einer DC-10, in der ersten Klasse; es ist auch ein Secret-Service-Mann an Bord, dessen Boss gerade grundlos in Singapur von Junkies niedergeschossen wurde, und er hat die Leiche im Frachtraum des Flugzeugs, um sie zur Beerdigung heim zu bringen. Er ist in einem gewaltbereiten Geisteszustand, er heult und verflucht die Junkies; und die anderen drückt ihr politisches Desaster, sie sind alle halb verrückt vor lauter Rachsucht – und um das zu kompensieren, fangen sie an, mit einem Football in der Kabine herumzuwerfen. Eine Zeitlang machen die anderen Passagiere mit, aber dann wird es bitterer Ernst. Diese bürstenhaarigen, glutäugigen Scheißkerle fangen an, die Passagiere zum Spielen zu zwingen, benutzen Sitze als Abwehrspieler; manche Leute werden geklatscht, weil sie einen Paß durchgehen lassen, sie werden aus der Aufstellung geworfen und zu Liegestüt-

zen gezwungen, wenn sie den Ball verhauen. Die Passagiere werden total terrorisiert. Sie weinen, ihrer Kleider sind zerrissen ... Und diese Schlägertypen haben immer noch ihre Ausweise vom Weißen Haus und sie stellen zwei Männer unter Arrest, weil sie sich weigern mitzuspielen, und sperren sie zusammen ins Klo. Ein Mann, der kein Englisch spricht, wird in seinem Sitz festgehalten und bekommt eine Spritze mit einer riesigen Nadel verpaßt – ein Tierberuhigungsmittel. Die Stewardessen schlucken Tranquilizer ... Man muß sich vorstellen, wie dieser Film ablief: Ich kam aus dem hysterischen Gelächter gar nicht mehr heraus. Ich nahm ein kleines Tonbandgerät, legte es auf meine Brust und beschrieb eine Szene nach der anderen, so wie ich sie sah. Allein die Anfangssequenz dauerte ungefähr 45 Minuten. Ich weiß nicht, wie das endet, aber mir gefällt es. Wenn ich das Ende wüßte, würde ich das Interesse an der Geschichte verlieren.

Playboy: Wenn Sie ernsthaft schreiben wollen, verwenden Sie dann Drogen wie Pilze oder andere Psychedelika?

HST: Nein. Es ist mir unmöglich, mit Drogen im Kopf zu schreiben. Wild Turkey und Tabak sind die einzigen Drogen, die ich regelmäßg nehme, wenn ich schreibe. Aber ich schreibe gern nachts, und wenn dann die Räder langsamer laufen, dann nehme ich gelegentlich ein wenig Speed – was ich bedauere und nicht empfehle –, aber Sie wissen selbst, wenn das Auto auf Reserve fährt, dann muß man etwas unternehmen. Die einzige Droge, auf die ich mich wirklich verlasse, ist Adrenalin. Ich bin im Wesentlichen ein Adrenalin-Junkie. Ich bin abhängig vom Kick in meinem Blut, den der Stoff verursacht, und ich glaube, es ist die mächtigste aller Drogen, die ich je probiert habe. (Hustet) Muttergottes, jetzt gehts dahin. (Hustet noch mehr). Verschissener Jesus, das ist es dann ... erstickt an einer scheißgottverdammten ... vergifteten Marlboro ...

Playboy: Haben Sie sich jemals gewundert, wie sie so lang überleben konnten?
HST: Ja. Niemand erwartete, daß ich sehr viel älter als 20 werden würde. Vor allem nicht ich selbst. Ich sehe das einfach so: »Heute bin ich durchgekommen, aber morgen könnte das ganz anders ausgehen.« Das ist eine sehr bizarre und verquere Welt; man kann es sich nicht leisten, unvorsichtig zu werden; mach keinen Scheiß. Und krieg deine Angelegenheiten immer und überall geregelt.

New Times – 10. Dezember 1976

Das Hunter S. Thompson Interview

Robert Sam Anson

In Aspen fing es an zu schneien, als der Große Gonzo seinen Auftritt hatte. Sein Timing war hervorragend. Als er durch die Tür der Jerome-Bar hereinrauschte, in Schale geworfen mit Parka, Sonnenbrille und Safarishorts, schlug die Uhr gerade Mitternacht. Geisterstunde. Der beste Zeitpunkt, den König des Irrsinns höchstpersönlich zu treffen.

Er sammelte sein Wettgeld ein (die Cowboys hatten gerade die Bills mit 7 Punkten Vorsprung geschlagen und Hunter hielt einem 14-Punkte-Anteil), bestellte eine doppelte Margarita, brachte seine Zigarettenspitze in eine verwegene Position, wies einen Barmann zurecht, der ihn »Mr. Thompson« genannt hatte (»Das heißt Doktor, vergessen Sie das nicht«), wandte sich mir zu und stieß einen Laut hervor, den ich als Begrüßung auffassen durfte: »Aaarrrrggghhh.«

So begann ein Gespräch, das sich gute sechzehn Stunden hinzog, zu verschiedenen Zeiten, an verschiedenen Orten und in verschiedenen Zuständen der Nüchternheit. Ein Gespräch mit allerlei Einsprengseln und literarischen Anspielungen, Beobachtungen zur Lage der Nation, zum Profi-Football, zum *Rolling Stone* und über den guten Doktor selbst (dem es gut geht, danke der Nachfrage). Einige Auszüge:

ÜBER DEN EINSTIEG BEIM *ROLLING STONE*:

HST: Das beruhte auf gegenseitigem Interesse. Ich kandidierte als Sheriff und ich wollte einen Artikel schreiben, um die Leute darauf aufmerksam zu machen, eine Art Anzeige für mich selbst. Der *Rolling Stone* schien der beste Ort dafür zu sein. Es war dieses gegenseitige Interesse, das für so viele von uns so gut funktionierte. Der *Rolling Stone* war das erste Blatt, bei dem ich schreiben konnte, was ich fühlte. Es war großartig.

ÜBER SEINE SCHREIBWEISE:

HST: Ich fange mit dem Schluß an und dann kommt der Anfang und dann versuche ich, alles zusammenzubasteln, was dazwischen stehen soll. Ich habe manche Leute beim *Rolling Stone* in den Irrsinn getrieben. Da gab es all diese Exzerpte: X, XX, XXX. Sie mußten eine völlig neue Sprache lernen. Sie ahnten nicht, daß es mich verrückt machte. Ich war gerade fertig, da rief Jann Wenner an und sagte: »Wir haben ein paar Seiten Anzeigen verloren – kannst du zwei Seiten mehr schreiben?« So wurden die Sachen dann sehr lang. Ich schrieb darüber, was ich zum Frühstück aß und wie es schmeckte und so weiter und so weiter. Es war eben so. Er bezahlte ja pro Wort. Je mehr man schrieb, desto mehr Geld bekam man dafür.

ÜBER SEIN SPESENKONTO:

HST: Bei weitem nicht so viel, wie man allgemein vermutet, das kann ich Ihnen sagen. Manchmal gab es redaktionelle Notizen über Dinge, die ich kaufte – zum Beispiel Flügelhörner für 6000 $, die gar nicht existierten. Sie trugen bloß zur Legendenbildung bei. Klar, falls ich gedacht hätte, ich bräuchte ein Flügelhorn für 6000 $, um mit Frank Mankiewicz zu kommunizieren, dann hätte ich keinen Augenblick gezögert. Spesen waren für mich ein Weg, mit Jann gleichzuziehen. Man hatte zwei Möglichkeiten. Man konnte entweder betrügen oder ehrlich bleiben. Ich entschied mich für den Exzeß. Jann hielt Geld für etwas ganz anderes. Für ihn war es in gewisser Weise der große Gleichmacher. So konnte er sich Autorität über Leute verschaffen, über die er auf andere Art keine Kontrolle hatte. Mein Gott, Crouse* mußte Belege für Taxifahrten in New York vorlegen. Das unterminiert das Selbstbewußtsein und auch das Verhältnis zur Zeitschrift selbst. Alle haben eine falsche Vorstellung vom *Rolling Stone* – daß er ein luxuriöser, dekadenter Betrieb ist, wo Leute einen draufmachen. Das ist überhaupt nicht der Fall. Als ich zum ersten Mal eine Party bei *Playboy* besuchte, dachte ich: »Hölle, so hätte ich mir das eigentlich beim *Rolling Stone* vorgestellt.«

ÜBER WENNER ALS ARBEITGEBER:

HST: Wenn man mit Jann zu tun hat, dann denkt man an das schlimmste und an das beste Ergebnis, und häufig läuft es auf beides heraus. Er hat diese willkürliche Art vor sich hindämmernder Arroganz, so etwas wie ein verkappter Mitchellistischer** Fall. Er konnte nachts dein Freund sein und dir am Tag darauf etwas Schreckliches antun, und abends lud er dich zum Dinner ein. Er begriff nie, warum Leute stocksauer auf ihn waren. Er sagte abscheuliche Sachen zu einem, die man für einen Witz hielt, und tags darauf setzte er sie um. Es gibt viele Schriftsteller, die das nicht aushalten. Es ist, als ob er sie diesen langen Tunnel hinunterführt und sie entdecken zu

---

* Timothy Crouse, Thompsons Kollege und Autor des Buches »The Boys on the Bus« über den Präsidentschaftswahlkampf 1972.
** John Mitchell, ehemaliger Generalstaatsanwalt der Nixon-Administration. Spielte im Watergate-Skandal eine Schlüsselrolle als Vorsitzender des Komitees für die Wiederwahl Nixons und wurde wegen Falschaussage, Verschwörung und Behinderung der Justiz verurteilt.

spät, daß kein Weg zurückführt. Er zerstört das Selbstvertrauen der Leute durch kleinliche Schweinereien wie grundlose Gehaltskürzungen. Wie der Rüffel beim Militär, weil etwas bei der Inspektion nicht stimmt. Janns Problem ist, daß er niemals draufzahlen mußte. Alles lief für ihn von Anfang an bestens, und darum kann er die Probleme nicht verstehen, die er immer wieder für Leute verursacht, die ihren Teil geleistet haben.

WARUM ER AUFHÖRTE:

HST: Es lief einfach auseinander. Ich vermute, daß man immer glaubt, die Leute würden es noch lernen – das Bobby-Kennedy-Syndrom. Ich tat alles, um es ihm begreiflich zu machen, außer seine Birne gegen die Wand zu schlagen. Ich war immer der Mittelsmann; ich erklärte den Leuten, warum sie gefickt worden waren. Das ist nicht das, was ich die nächsten zehn Jahre lang vorhabe. Keine Geldsumme ist das ständige Feilschen wert. Ich merkte, es war ein guter Zeitpunkt, aufzuhören. Ich drehte eines Tages gewissermaßen den Hahn zu. Es ging so leicht zu Ende wie es angefangen hatte.

ÜBER DIE ZUKUNFT DES *ROLLING STONE*:

HST: Keine Ahnung. Ich habe ihn schon seit Monaten nicht mehr gelesen. Aber es gibt eine Menge schlechter Anzeichen. Jann ist derzeit viel mehr daran interessiert, was auf das Cover kommt, um die Auflage zu steigern, als daran, ob das, was drin steht, auch lesenswert ist. Das Produkt ist ziemlich verwässert worden. Ich glaube nicht, daß es noch auf eigenen Füßen stehen kann. Es gibt keine zweite Ebene. Ich weiß nicht, wer den Betrieb führen würde, falls Jann eines Tages von einem schwarzen Laster überfahren wird. Das ist ein echtes Problem. Denn es gibt eine Menge Leute, die ich kenne, die ihn gern mit einem schwarzen Laster über den Haufen fahren würden.

DARÜBER, WAS HÄTTE WERDEN KÖNNEN:

HST: Hölle, es hätte großartig werden können. Nach Elko* dachte ich, wir würden echt Fahrt aufnehmen. Ich hatte auf vielen schlechten Zügen gearbeitet, war auf einer Menge miserabler Schienen gerollt. Der *Rolling Stone* war so etwas wie ein Schnellzug. Ich wollte meine Füße auf den Boden kriegen. Da floß Heineken aus den Wasserhähnen. Wir hätten alles tun können. Ich wollte mit dem *Rolling Stone* eine politische Hebelwirkung entfalten, um wirkliche Veränderungen zu erreichen. Ich wollte jeden guten Schriftsteller im Land verpflichten. Und dann verkaufte Wenner die ganze Bahn. Er trug den Ball in der Hand und ließ ihn fallen. Und das alles wegen Petitessen. Das ist die wahre Tragödie. Jann hätte echt die Welt gewinnen können – er war ganz nahe dran –, wenn er bloß die Hand ausgestreckt hätte und für eine oder zwei Minuten Anstand bewahrt hätte. Aber statt dessen streckte er die Hand aus für lumpiges Kleingeld.

ÜBER SEIN NEUES BUCH:

HST: Das wird noch ein Weilchen warten müssen; während der Footballsaison arbeite ich nicht. Aber es geht um Texas und Waffenhandel und den amerikanischen Traum. Das hat mich immer interessiert: Was aus dem amerikanischen Traum geworden ist.

---

* Im Winter 1974 organisierten der Herausgeber des *Rolling Stone*, Jann Wenner, und Hunter S. Thompson ein geheimes politisches Symposium im Stockman Hotel in Elko, Nevada. Beabsichtigt war, die Grundlagen für eine progressive nationale politische Agenda und für die Zukunft der politischen Berichterstattung im *Rolling Stone* zu schaffen. Unter den Gästen befanden sich Rick Starns und Frank Mankiewicz, die Strategen McGoverns, der Meinungsforscher Pat Caddell, David Burke, der Chef des Stabs von Ted Kennedy, und Adam Walinsky, der Redenschreiber von Robert Kennedy.

High Times – September 1977

Der gute Doktor erzählt über Carter, Kokain, Adrenalin und die Geburt von Gonzo

Ron Rosenbaum

Ron Rosenbaum: Wie hat sich deine Einstellung zur Politik geändert, seit du 1972 über die Präsidentschaftswahl in »Angst und Schrecken im Wahlkampf« schriebst?
HST: Hm, das Gefühl, das ich seit 1972 entwickelt habe, ist, daß ich es für sehr gefährlich halte, die Präsidentschaft oder den Präsidenten selbst ideologisch sehen zu wollen. Meiner Meinung nach sollte der Präsident ein Geschäftsmann sein. Genauer gesagt: Man sollte ihn für die Zeit seiner Amtierung mieten! Mit Kennedy fing's an; du hattest ein ganz persönliches Verhältnis zu ihm, und es war sehr wichtig, daß er mit dir übereinstimmte und du mit ihm und du wußtest, daß er auf deiner Seite war. Heute geb' ich nen Scheiß drauf, ob der Präsident auf meiner Seite ist, solange er mich in Ruhe läßt, mich nicht in irgendeinen Krieg schickt oder mich hochgehen läßt. Der Präsident sollte sich um seinen Kram kümmern, darauf achten, daß der Scheißladen läuft, und ansonsten die Leute in Ruhe lassen.
Ron Rosenbaum: Mit anderen Worten: Du hast nun eine »Ich bin es müde, das Weiße Haus zu bekämpfen«-Theorie entwickelt?
HST: Ich glaube, meine Einstellung, daß es um Leben oder Tod geht, wer in dieses oder jenes Amt gewählt

wird, hat sich geändert. Vielleicht hab ich meinen Glauben an Ideologien oder Politiker verloren, oder gar beides. Carter ist in meinen Augen ein Egomaniac, was eigentlich ganz gut ist, denn er hat ja ständig dieses üble Beispiel vor Augen, was alles passieren kann, wenn er Scheiße baut. Ich hätte keine Lust, in Nixons Spuren zu wandeln, und das hat Carter auch nicht. Er hat ja genügend miese Geschichten zur Auswahl, die ihn vorsichtig machen müssen – Watergate, Vietnam, die Schweinebucht – und ich glaube, er ist sich vollkommen dessen bewußt, daß das kleinste linke Ding seinerseits solche Dimensionen annehmen kann, daß sein Image in den Geschichtsbüchern der nächsten Generation völlig im Eimer wäre ... falls es eine nächste Generation gibt.

Ich glaube nicht, daß es Carter viel ausmacht, ob man ihn als »liberal« oder »konservativ« einstuft, aber es macht ihm etwas aus, ob er – heute von den Wählern, morgen von den Historikern – als erfolgreicher Präsident gesehen wird. Er hat diesen wilden Harotio-Alger-Trip – von Plains, Georgia, ins Weiße Haus – bestimmt nicht gemacht, nur um dort anzukommen und sich dann von einer Bande von Wichsern und Fixern im Kongreß einmachen zu lassen. Das scheint ja augenblicklich zu passieren, aber die Leute machen einen gewaltigen Fehler, wenn sie ihn nur als weiteren politischen Angsthasen einschätzen und nicht als den wahren Eiferer, der er wirklich ist. Jimmy Carter ist ein echter Gläubiger, und solchen Leuten kommst du besser nicht in die Quere.

Ich sag das nicht, weil ich den Mann verteidigen will, sondern nur, um zu verdeutlichen, daß jedermann im Kongreß oder sonstwo, der sich mit dem Gedanken trägt, Carter in die Parade zu fahren, vorher um die wahre Natur des Biests wissen sollte, mit dem er sich anzulegen gedenkt. Er ist auf ner völlig anderen Wellenlänge als die meisten Leute in Washington. Das ist auch einer der Hauptgründe, warum er Präsident ist, und eins der ersten Dinge, die mir auffielen, als ich ihn 1974 da unten in Georgia traf – die völlige Verachtung politischer Definitionen oder konventioneller Ideologien. Sein Konzept von populärer Politik ist eine solch irre Mixtur aus völligem Pragmatismus und beinahe religiösem Idealismus, daß er oft – für mich jedenfalls, und besonders dann, wenn ich mir die Bänder der Gespräche, die wir 1974 und '75 führten, noch einmal anhöre – wie ein Anarcho klingt ... wahrscheinlich hat er mich deshalb von Anfang an interessiert und tut's auch heute noch. Jimmy Carter ist ein hundertprozentiges Original. Oder zumindest war er eins, bevor er gewählt wurde. Weiß der Himmel, was er heute ist, oder was passieren mag, wenn er sich angegriffen fühlt – vom Kongreß, dem Kreml, Standard Oil oder sonstwem. Er wird sicher keine Liste seiner Feinde führen, aber nur weil er's nicht nötig hat; er hat das Gedächtnis eines computerisierten Elefanten.

Ron Rosenbaum: Hattest du jemals eine Ideologie? Ich meine, warst du liberal, ein Konservativer ... oder vielleicht ein Anarchist?

HST: Also, ich hab mich immer grundsätzlich für einen Anarchisten gehalten, zumindest abstrakt. Aber irgendwann mußt du ja mal aus deinem Gehäuse raus und dich der Realität stellen. Mich interessiert Politik, aber nicht in Form von Ideologie. Mich interessiert sie im Sinne von Selbstverteidigung – das habe ich in Chicago gelernt. Ich habe spitzgekriegt, daß du's dir nicht leisten kannst, den Schweinen den Rücken zu kehren, denn dann laufen sie Amok und prügeln dir die Scheiße aus dem Leib – und damals hatten sie ja genügend Power, das auch zu tun. Nein, wenn ich finde, mich wieder um die Politik kümmern zu müssen, dann tu ich's auch. Entweder indem ich darüber schreibe, oder als direkt Beteiligter.

Aber solange es nicht nötig ist, gibt's bessere Dinge, um sich die Zeit zu vertreiben. Eine Opiumhöhle in Singapore kaufen, oder ein Puff irgendwo in Maine; vielleicht ein bezahlter Killer in Rhodesien werden, oder eine Art von Judas im goldenen Dreieck spielen. Yeah, ein

Soldat des Glücks, ein professioneller Lump, der wirklich alles für Geld tut.

Ron Rosenbaum: Man hat dich ja ziemlich angegriffen wegen der Begeisterung, die du für Carters Rede zum Tag des Gesetzes in Athens, Georgia, gehegt hast. Magst du Carter immer noch?

HST: Verglichen mit den meisten Politikern mag ich Carter immer noch. Ob ich allerdings mit ihm grundsätzlich übereinstimme, das ist ein anderes Ding. Er würde mich wahrscheinlich augenblicklich in den Knast stecken, wenn ich mir vor seinen Augen eine Nase Koks reinziehen würde. Er würde mir jedoch nicht ins Badezimmer folgen und versuchen, mich dabei zu erwischen. Es geht mir um so Kleinigkeiten wie diese zum Beispiel.

Ron Rosenbaum: In seiner Rede zum Tag des Gesetzes hat Carter Bob Dylan zitiert. Glaubst du wirklich, daß Carter Bob Dylans Musik so viel bedeutet, wie sie uns bedeutet?

HST: Ich hab in seinem Haus Dylan-Scheiben gehört, aber das kam wohl eher daher, daß sie seinen Söhnen gehörten. Ich glaub nicht, daß er abends rauf in sein Schlafzimmer geht, die Bibel auf spanisch liest und dazu *Highway 61* hört.

Ron Rosenbaum: Warum hast du eigentlich kein Buch über Carter und den '76er Wahlkampf geschrieben?

HST: Ich wollte eins schreiben, aber schon als ich noch Nachforschungen anstellte, wurde mir mulmig wegen dieses Buchs. Ich wußte, daß ich festgenagelt, wäre, würde ich noch ein Buch über den Wahlkampf schreiben.

Mit meinem Buch über den '72er Wahlkampf war ich der Journalist, der am ehesten ins Auge sprang. Um aber Teddy Whites[*] Rolle als umsatzgewaltiger Chronist der Präsidentschaftskampagne einzunehmen, hätte ich mein

---

[*] Theodore White war bekannt für seine detaillierten Chroniken der Präsidentschaftswahlkämpfe, die er in einer Serie veröffentlichte: »The Making of the President 1960, 1964, 1968 und 1972«.

Leben der nationalen Politik widmen und das als meinen hauptsächlichen Broterwerb ansehen müssen ...

Aber diese Rolle des Weisen von Washington kannst du nicht spielen, wenn du in Woody Creek, Colorado, lebst. Ich hätte nach Washington ziehen müssen, oder zumindest nach New York ... und, Jesus, für so eine Art von freiwilliger Selbstaufgabe ist das Leben dann doch zu kurz. Es hat mich eine Menge Arbeit gekostet, hierherziehen zu können und hier auch zu leben, und das will ich – zumindest solange wie ich's nicht unbedingt muß – auch nicht aufgeben. Ich bin '72 für ein Jahr nach Washington gezogen, und das war ein absoluter Alptraum.

Yeah, ich hatte schon den definitiven Drang, noch ein Wahlkampfbuch zu schreiben – besonders für so einen Haufen Vorauskohle –, aber selbst als ich mir all das Geld ansah, wußte ich, daß das ein Fehler war. Als ich mich dann tatsächlich mit dem Wahlkampf auseinandersetzte, wurde mir schnell klar, worauf ich mich einlassen wollte. Ich war noch keine zwei Tage von New Hampshire weg, als ich schon todsicher wußte, daß ich's einfach nicht machen konnte. Überall, wohin ich kam, entdeckte ich meine Spuren. All die Sachen, die beim erstenmal interessant waren, sogar die unbedeutenden, die esoterischen kleinen Details einer Präsidentschaftswahl, kamen mir beim zweitenmal bescheuert vor. Und obendrein hatte ich einen beträchtlichen Teil meiner Anonymität. verloren. Das nervte mich, denn '72 konnte ich mich irgendwo gegen eine Wand lehnen – und ich hab mir damals ein paar richtig finstere Wände ausgesucht – und niemand hatte einen blassen Schimmer, wer ich war. Aber '76, Jesus, bei den Pressekonferenzen mußte ich mehr Autogramme geben als die Kandidaten. Dank einer merkwürdigen Entwicklung war aus dem unbekannten Reporter des Jahres '72 nun, 1976, eine Medienpersönlichkeit geworden. Dadurch wurde die ganze Angelegenheit so ungemütlich und machte die Arbeit so schwer, daß selbst mein vorhandenes oder projiziertes Interesse an diesem seltsamen Erdnußfarmer aus Georgia nebensächlich wurde.

Ron Rosenbaum: Du wurdest eine bekannte Persönlichkeit?

HST: Ja, dank unseres Freundes Trudeau.

Ron Rosenbaum: Hat Garry Trudeau mit dir gesprochen, bevor er dich als Uncle Duke in seinen »Doonesbury«-Comics auftauchen ließ?

HST: Nee, ich habe ihn nie gesehen, habe nie mit ihm gesprochen. Es war ein tierisch heißer Tag in Washington, ich kam gerade die Stufen des Gerichtsgebäudes runter und war auf der Suche nach Carl Wagner oder jemand anderem. Ich kam aus dem Presseraum, und plötzlich sah ich all diese Leute, die was von »Uncle Duke« murmelten. Ich hörte nur die Worte »Duke«, »Uncle« und konnte mir keinen Reim darauf machen. Ich sah mich um und bemerkte all diese fremden Menschen, die mit den Fingern auf mich zeigten und lachten. Ich hatte nicht die leiseste Ahnung, worüber zum Teufel die redeten. Das Comiclesen hatte ich drangegeben, seit ich begonnen hatte, mich für die *Times* zu interessieren. Ich hatte also keinen Schimmer, worüber die sich so freuten. Mann, das war eine irre Erfahrung; du stehst da ganz allein auf der Treppe und denkst: Was für ein verdammter Wahnsinn läuft nun wieder ab. Warum werde ich hier auf den Treppen des Gerichtsgebäudes von einer Bande Fremder und von Freunden so angemacht? Dann hab ich wohl jemand gefragt, und der hat mir erzählt, daß »Uncle Duke« an diesem Morgen in der *Washington Post* erschienen sei.

Ron Rosenbaum: Diese Publicity machte es dir also schwer, wieder in den Wahlkampf einzusteigen?

HST: Schlicht unmöglich, denn ich konnte nicht mehr anonym arbeiten, konnte mich nicht mehr so verhalten, wie es normal ist, was – bezogen auf die Wahlkampagne – entweder illegal oder gefährlich oder beides ist ... Man hielt mich also für schuldig – was ich auch war.

Ron Rosenbaum: Du fandest dann aber die Möglichkeit, bei einer Clique von Freunden unterzuschlüpfen?
HST: Was? Nein! Ich hab nie viel Vertrauen in solche Arten von Brüderschaften gehabt, besonders nicht in der Politik. Worüber wir hier sprechen, das ist eine neue Generation von hochgradig professionellen politischen Akteuren und andererseits eine neue Generation von heißblütigen Politjournalisten, die tagsüber ernsthaft ihrer Arbeit nachgehen, aber ein paar dunklen und fragwürdigen Vergnügen frönen, denen sie sich spät abends, in absolut privater Sphäre, hingeben ... Denn kein Präsidentschaftskandidat will wirklich wissen, noch weniger später auf Pressekonferenzen erläutern wollen, was an den Gerüchten wahr ist, daß seine Ghostwriter, Strategen und Helfer fast Nacht für Nacht – und manchmal zehn Nächte hintereinander – mitten im tollsten Wirbel der Kampagne in so drei bis vier bestimmten Motel-Zimmern aus- und eingehen, die als »Kifferbuden«, »Orgienräume« oder als »übelste Sündenpfuhle« verschrien sind. Von solchen Sachen wollen sie wirklich nichts wissen, egal wie wahr die Gerüchte sind – und 1976 waren sie's gewöhnlich. Nicht, daß wir da eine Wander-Rauschgiftorgie mitten im Zentrum der Kampagne abgezogen hätten, aber wahr ist, daß es da zum erstenmal eine Art von mitternächtlicher Drogen-Untergrundbewegung gab, der eine Menge von Top-Beratern wie auch örtlichen Helfern und Freiwilligen beinahe jedes demokratischen Kandidaten angehörten. Nicht zu vergessen die Menge seriöser Top-Presseleute ... und wahr ist auch, daß gelegentlich die ernsthaftesten und gnadenlosesten Gespräche der ganzen Kampagne in diesen so genannten Kifferbuden stattfanden.

Teufel auch, es war ein phantastischer Luxus, sich abends bei ein paar Flaschen Wild Turkey oder Chivas Regal zusammenzusetzen, während ein Kassettenrecorder Jimmy Buffett, Jerry Jeff Walker oder die Amazing Rhythm Aces spielte ... yeah, und außerdem ein Beutel mit reifen Spitzen vom besten Kolumbianer und ein oder zwei Gramm weißen Puders, und man fühlte sich relaxed genug, nachdem man sich den ganzen Tag mit dieser Affenscheiße abgequält hatte, beieinanderzusitzen und mal ehrlich darüber zu sprechen, was denn wirklich bei dieser Kampagne lief ... zum Beispiel, welcher Kandidat wohl am meisten pleite war, welcher die übelste Lüge des Tages erzählt hatte, wer vertrauenswürdig war und wer nicht. In vielerlei Beziehung war das der beste Teil des Wahlkampfes, eine Sache, die ich 1972 und 1968 nur mit ein paar wenigen Leuten hatte teilen können. Aber '76 klappte es – denn diesmal waren wir genügend Leute –, einen Von-Mitternacht-bis-zum-nächsten-Morgen-Pakt zu schließen, der die tägliche Schlagzeilenkacke überdauerte und uns, glaube ich, half, das was wir wirklich taten, besser in den Griff zu kriegen.

Ich könnte diesen Punkt genauer erläutern, würde ich jetzt Namen nennen oder bestimmte Situationen schildern, aber ich tu's aus dem gleichen Grund nicht, wie's mir unmöglich war, während des Wahlkampfes darüber zu schreiben. Das versteht sicher jeder, und die wenigen Male, in denen ich diesen Mitternachtsuntergrund erwähnte, tat ich es in verschlüsselter Form – etwa wenn ich vom »auf's Glas klopfen« schrieb.

Ron Rosenbaum: Auf's Glas klopfen? Könntest du das vielleicht etwas näher erläutern?

HST: Nun, das ist eine dieser scheinbar bedeutungslosen Code-Phrasen, die ich bei fast allem, das ich schreibe, benutze. So eine Art lahmer Versuch, eine Verbindung herzustellen zwischen dem, was ich weiß und was ich schreiben kann, ohne meine Freunde in die Pfanne zu hauen – so eine Art Arbeit auf zwei oder drei Ebenen gleichzeitig.

Ron Rosenbaum: Also wenn du deine Geschichten noch mal liest, und du an Stellen kommst, wo beim Carter-Mitarbeiter X »auf's Glas geklopft« wird ...

HST: Richtig. Das steht für Kokain-Zerkleinern; auf der Glasplatte eines Tischs, oder auf einem Spiegel, den wir für diesen Zweck von der Wand holten. Aber das muß nicht unbedingt jemand von Carters Leuten gewesen sein. Der einzige Punkt dieser armseligen Geständnisse ist der, daß während des '76er Wahlkampfes derart viele Leute »auf's Glas klopften«, daß du niemals wußtest, wer alles bei diesen mitternächtlichen Sitzungen auftauchen würde. Das waren echt gefährliche Nicht-Partisanen. An irgend einer beliebigen Nacht konntest du Leute von Udall[*] und Shriver zusammen mit Typen von der Birch Bayh-Organisation[**] und den Fred-Harris[***]-Wahlhelfern antreffen. Sogar George Wallace war von Zeit zu Zeit durch einen Helfer vertreten, und natürlich war dauernd der harte Kern der Pressekiffer versammelt.

Ron Rosenbaum: Das is ja ein Ding. Tagsüber hast du über die von den Medien aufgeblasene Wahlkampagne berichtet und nachts mit all den wilden Politicos Koks geschnieft?

HST: So wilde Typen waren's nun wieder auch nicht.

Ron Rosenbaum: Okay. Aber da wir über Drogengebrauch während der '76er Kampagne sprechen, ist es doch klar, daß wir über die Leute reden, die heute im Weißen Haus sitzen, oder?

HST: Hm ... ein paar von ihnen, ja. Aber laß uns die Sache in den Griff kriegen. Wir sollten keine nationale Panik dadurch heraufbeschwören, daß wir nun erzählen, das Land würde von einer Bande heimlicher Koksfreaks regiert – obwohl das eigentlich die Wahrheit wäre, egal wer die Wahl gewonnen hätte.

---

[*] Morris King »Mo« Udall war ein Abgeordneter der Demokraten aus Arizona. Er bewarb sich 1976 für die Nominierung zum Präsidentschaftskandidaten.
[**] Birch Bayh war ein früherer demokratischer Senator ais Idaho, der sich ebenfalls 1976 zum Präsidentschaftskandidaten nominieren lassen wollte.
[***] Ein ehemaliger demokratischer Senator aus Oklahoma, der sich 1976 zum Präsidentschaftskandidaten nominieren ließ.

Ron Rosenbaum: Die Zeiten haben sich definitiv geändert, nicht? Aber da nun mal Carter die Wahl gewonnen hat, sollten wir uns vielleicht auf ihn konzentrieren.
HST: Klar, warum nicht? Mal sehen, ob wir diesen Seiltanz schaffen, ohne uns selbst in Gefahr zu bringen ... Jawoll, und in der Zwischenzeit sollten wir uns eine große Villa in den Bergen Argentiniens mieten, für den Fall, daß mein alter Freund Jimmy wirklich so ein harter Brocken ist, wie er immer behauptet hat. Spaß beiseite, ja, sprechen wir von ein paar Leutchen aus dem inneren Kreis des Weißen Hauses; nicht über Cy[*] und Ziggy[**] oder all die professionellen Heavies, die für jeden arbeiten würden – Carter, Humphrey, Brown.[***] Scheiße, die würden sogar für mich arbeiten, wenn ich die Wahl gewonnen hätte.
Ron Rosenbaum: Gehören denn zum inneren Kreis um Carter Drogenkonsumenten?
HST: Halt! Wart mal, das hab ich nicht gesagt. Zunächst mal hat so ein Wort wie »Drogenkonsument« eine recht üble Bedeutung, und auf der anderen Seite sprechen wir hier über ein paar Leute aus den Mannschaften von fast jedem Kandidaten. Keine Süchtigen oder Ausgeflippten, sondern Leute, die mit Drogen wie Gras, Schnaps oder Koks genausogut umgehen können wie wir – und wir zählen ja wohl kaum zu den Ausgeflippten, oder? Zum Teufel, nein, wir sind halt nur überarbeitete Professionelle, die gelegentlich mal ausspannen müssen und sich dann mal einen Kleinen genehmigen, oder?

---

[*] Cyrus Vance war Staatssekretär in der Carter-Administration.
[**] Zbigniew Brzezinski war nationaler Sicherheitsberater in der Carter-Administration und später Analyst für verschiedene Fernsehsender. Hunter bewunderte seine Intelligenz.
[***] Jerry Brown ist ein ehemaliger demokratischer Gouverneur in Californien.

Ron Rosenbaum: Waren die eigentlich nervös, warst du nervös, als ihr das erste Mal Koks zusammen genommen habt?

HST: Nun, ich glaube, ich hätte die gleichen Unterschiede zwischen der '72er und '76er Kampagne erwarten sollen, wie ich sie zwischen der '68er und '72er erlebt habe. Als ich mich '68 nach New Hampshire aufmachte, war ich völlig unbekannt. Ich war, mit der Ausnahme von Bill Cardoso, der einzige, der Gras rauchte. '72 hatte es diesbezüglich eine Revolution gegeben, und die Pressefritzen rauchten jetzt öffentlich Haschisch und ein paar schnieften Koks. Das hätte ich '76 auch erwarten sollen, aber ich hab mir keine Gedanken darüber gemacht. Es hat mich doch ein bißchen überrascht, daß '76 Koks auf einmal so normal war wie '72 das Gras. Auf einmal war das gang und gäbe .... Wie gesagt, '72 wußte jeder, daß die McGovern-Leute Gras qualmten, '68 waren's McCarthys Leute, aber diesmal tat's jeder.

Ron Rosenbaum: Kurzum, du sagst also, daß es eine Schicht von Drogenköpfen gab, die sich unverblümt die Wahrheit sagten. Konntest du deshalb nicht darüber schreiben?

HST: Ja, denn zum ersten Mal war ich mit dem Problem konfrontiert, zuviel zu wissen.

Ron Rosenbaum: War das gut oder schlecht?

HST: Ich glaube, das war gut so. Denn es erlaubte Leuten etwas, was sie unter diesen Umständen nie gekonnt hätten, sich zusammenzusetzen, einen durchzuziehen und mal ehrlich darüber zu reden, ob sie überhaupt bei so einer Sache mitarbeiten sollten.

Ron Rosenbaum: Die Leute fragen sich dauernd, wie du deinen Kopf immer wieder aus der Schlinge ziehst. Wieso du nicht im Knast sitzt, nach all den Stories über Drogen während des Wahlkampfes? Hast du nicht das Gefühl, daß der Secret Service besonders dir auf den Fersen war, nachdem du all die Geschichten über die vielen Drogen, die du genommen hast, zu Papier brachtest?

HST: Nein! Ich habe Frieden mit dem Secret Service geschlossen. Das war Anfang '72, hier im New Yorker Biltmore Hotel, nach McGoverns erstem Sieg, und da waren etwa zehn Geheimagenten im Saal. Drei von ihnen reichten einen Joint rum. Du hättest ihre Gesichter sehen sollen, als ich reinkam ... alle drehten sich um, als ich hereinspaziert kam ... ein herrlicher Moment der Konfrontation. Ich wollte das eigentlich gar nicht, und sie wollten's noch weniger. Na, jedenfalls haben sie den Joint augenblicklich ausgedrückt und so getan, als wär nichts gewesen. Aber der Raum war voller Marihuanawolken.

Ron Rosenbaum: Und jedermann wußte, daß du es wußtest.

HST: O yeah, natürlich! Aber ich beschloß, nicht darüber zu schreiben – jedenfalls nicht sofort.

Ron Rosenbaum: Hast du danach noch mal irgendwie Ärger mit dem Geheimdienst bekommen?

HST: Überhaupt nicht! Vielleicht mit der Ausnahme, daß sie mich nicht ins Weiße Haus lassen wollen, als die Sache mit der Absetzung Nixons lief. Ich habe die Wachposten Nazi-Schwanzlutscher genannt, und um nun ins Weiße Haus reinzukommen, mußte ich versprechen, daß ich niemanden mehr als Nazi-Schwanzlutscher bezeichnen würde. Ich hab also dem Weißen Haus zugewinkt, ihnen das Versprechen gegeben, und sie haben mich reingelassen.

Ron Rosenbaum: Ich weiß, daß sich viele deiner Fans fragen, ob du dir manche dieser bizarren Erlebnisse, die du beschreibst, einfach ausdenkst. Du hast behauptet, daß dein wahnsinniger Drogenkonsum und all die irren Geschichten in dem Las Vegas-Buch der Wahrheit entsprächen; mit Ausnahme jenes Erlebnisses, wo du dich mit dem Adrenochrome-Extrakt aus der Adrenalin-Drüse eines lebenden Menschen fast um die Ecke gebracht hast.

HST: Wenn ich auch noch zugegeben hätte, daß das wahr gewesen wäre, dann hätte ich mich auch gleich als einen Mörder der übelsten Sorte bezeichnen können; als jemand, der ein Kind nur deswegen tötet, um ihm das Adrenalin auszusaugen.

Ron Rosenbaum: Aber in dem Buch hast du nicht erwähnt, daß du das Kind getötet hast, sondern nur, daß du das Adrenalin gekriegt hast.

HST: Das ist richtig. Ich habe nur erzählt, daß mein Anwalt es durch einen seiner Klienten ergattert hatte, und beschrieben wie es ist, sich Adrenalin in einer absolut extremen Situation zu spritzen.

Ron Rosenbaum: Hast du jemals den Drang gehabt, einmal Adrenalin zu schießen?

HST: O ja. Immer wenn's nötig war. Manchmal wirkt einfach nichts anderes. Wenn du wirklich mal fünf Tage und fünf Nächte auf dem Posten sein mußt und nichts mehr wirkt, nicht mal Black Beauties (Amphetamine). Dann schießt du Adrenalin. Aber damit mußt du sehr vorsichtig sein. Zunächst einmal, spritz es ja nie in eine Vene! Dann ist der Ofen aus. Aber selbst wenn du aufpaßt, ist es verdammt gefährlich; das Zeug kann dich zum Monster machen. Du würdest so reagieren, wie ich's in »Fear and Loathing in Las Vegas« beschrieben habe.

Ron Rosenbaum: Ich habe immer gedacht, das wäre eine Metapher, wenn du schreibst: »Ich liebe es, unter Adrenalin zu arbeiten.«

HST: Ja, normalerweise ist es mein eigenes Adrenalin. Ich bin richtig süchtig nach dem Zeug; ich krieg nie was auf die Reihe, ohne unter dem Druck eines unmöglichen Termins zu stehen.

Ron Rosenbaum: Wie würdest du ein Adrenalin-High beschreiben?

HST: Im positiven Sinne ist es eine der wirksamsten Speed-Drogen; es gibt kein Flattern, falls du nicht zuviel davon nimmst, und man landet auch immer sanft. Ich habe Speed nie für eine angenehme Droge gehalten. Ich benutze Speed als Treibstoff, als notwendiges Übel. Adrenalin ist viel sanfter, aber auch viel gefährlicher, wenn's dich mal krallt. Mich hat's mal umgehauen in Austin, Texas. Ich war unvorsichtig und hab mir die Nadel einfach ins Bein geknallt. Daß ich auf die Vene aufpassen mußte, hatte ich völlig vergessen, und als ich die kleine Nadel wieder rauszog, merkte ich, daß irgendwas nicht stimmte. Die Fliesen des Badezimmers waren weiß, der Vorhang war weiß, aber als ich im Spiegel den Boden hinter mir sah, da war alles rot. Da war dieses kleine Loch; wie eine undichte Stelle in einem Schlauch, der unter hohem Druck steht. Man konnte den Strahl kaum sehen. Er kam aus meinem Bein, spritzte gegen den Vorhang, und der ganze untere Teil färbte sich rot. Ich dachte, mein Gott, was nun? Und ich ging wieder ins Zimmer zurück, legte mich hin und sagte den Leuten, sie sollten verschwinden, ohne zu erwähnen warum. Dann wartete ich etwa 20 Minuten, und alles, woran ich denken konnte, waren diese fürchterlichen Janis-Joplin-Geschichten, weißt du: ne Überdosis im Hotelzimmer ... Jim Morrison ... Jimi Hendrix ... Nadeln. Und ich dachte, o Scheiße, was für ein mieser Abgang. Aber nach 20 Minuten passierte nichts. Da wurde ich total nervös und dachte, mein Gott, es passiert auf einen Schlag. Das kommt mit Spätzündung wie all diese LSD-Flashbacks, die sie einem jahrelang prophezeit haben.

Ron Rosenbaum: Wann werden wir die erleben?
HST: Ich warte schon die ganze Zeit drauf.
Ron Rosenbaum: Ich hab mal einen Freund von dir gefragt, was dich an Carter so interessiere, und der hat gemeint, Carter sei in vieler Hinsicht ein konservativer, aber dufter Kumpel, und das wäre Thompson auch. Findest du, daß das irgendwie stimmt, oder bist du eher ein dufter Kumpel, der auf Freak-Gleise geraten ist?
HST: Klingt nicht schlecht. Ich kann's nicht bestreiten.
Ron Rosenbaum: Du bist doch relativ normal aufgewachsen, in Louisville, Kentucky, nicht wahr?
HST: Ich war zwar ein kleiner jugendlicher Gauner, aber ein ziemlich ausgefuchster. Einer mit weißen Sok-

ken, Oxford-Hemden und Anzug. Ne prima Verkleidung, um Schnapsläden auszurauben. Damals hab ich gelernt, wie hilfreich so eine Verkleidung sein kann. Wenn du dich so benimmst, wie du wirklich bist, können die übelsten Dinge passieren. Wenn ich so aussehen würde, wie's in meinem Kopf aussieht, dann würd ich nicht mehr lange frei rumlaufen.

Ron Rosenbaum: Bist du jemals verhaftet worden?

HST: Ja, mehrmals. Meine Knasterfahrungen hab ich früher als die meisten Leute gemacht. So zwischen 15 und 18 Jahren kam ich laufend rein und wieder raus aus dem Knast. Gewöhnlich, weil ich Schnaps geklaut hatte oder ein großes Ölfaß durchs Fenster einer Tankstelle gefeuert hatte. Und dann wurde ich auch mal von der Schule gefeuert – wegen Vergewaltigung, glaube ich. Ich war zwar nicht schuldig, aber es war die Hölle ...

Ron Rosenbaum: Was war dein bestes Drogenerlebnis?

HST: Nun, es gibt nur wenige Dinge, die besser sind, als in einer warmen Sommernacht um die San Francisco-Bay zu düsen – ein schweres Motorrad, den Kopf voller LSD, nicht mehr am Leib als ein T-Shirt und ein Paar Shorts, und dann mit 190 Sachen rauf auf den Highway Nr. 1. Das ist ein totales Gefühl – im Kopf, in den Händen – das ist alles auf einmal! Erstens ist's dieses Gefühl, und zum anderen ist's eine Art Test; zu sehen, wie weit man gehen kann, wie irre man sich benehmen und damit durchkommen kann, selbst dann, wenn man statt Bullen Ratten vor sich sieht. Ratten mit umgeschnallten Kanonen ...

Ron Rosenbaum: Wie kommst du denn mit so was klar?

HST: Das weiß ich nie. Das ist interessant, denn es ist jedesmal anders. Hauptsächlich geht's darum, auszuhecken, mit wem du's zu tun hast und was deren Regeln sind. Eins dieser wenigen Male, wo ich in die Bredouille geriet, da war ich weder besoffen noch angeknallt. Ich hatte ne 44er Magnum im Handschuhfach und ne Flasche

Wild Turkey auf dem Sitz neben mir und dachte mir, das ist eine gute Gelegenheit, mal auszuprobieren, was mir ein Hippie-Rechtsanwalt geraten hatte: das Fenster nur ein Stückchen runterzudrehen und dann den Führerschein durchzuschieben. Ich tat das also. Und wie ich noch so zugange war, ging auf einmal die Wagentür auf der anderen Seite auf. Ich sah mich um und starrte in ne große Taschenlampe, und gleich neben der Lampe war eine dicke, üble 57er Magnum, die auf mich zeigte. Die kümmerten sich nen Teufel um meinen Führerschein. Sie rissen mich aus der Karre und stellten mich gegen den Wagen. Ich sagte was von wegen meinen Rechten und die antworteten nur: »Okay, kannst uns ja verklagen«, oder so was und traten mir gegen die Beine. Ich gab also auf und zahlte schnell die 35 Dollar Strafe, denn das ist einfacher als rumzuargumentieren.

Den Wagen hatte ich übrigens gerade gekauft. Ein Saab. Die Nacht vorher hatte ich meinen englischen Ford über eine Klippe in Big Sur gekippt, 150 Meter runter ins Meer. Das war meine Rache an dem Hund, für all das, was er mir angetan hatte. Wir haben ihn mit Benzin übergossen und angesteckt, bevor wir ihn über die Klippe kippten. Seitdem hab ich mir angewöhnt, höflich zur California Highway Patrol zu sein ...

Ron Rosenbaum: Ich habe »Fear and Loathing« letzten Sommer noch einmal gelesen. Ich hab's geliebt, aber ich fand es ein eher trauriges Buch, voll des Bedauerns über das Dahinscheiden der San Francisco-Szene.

HST: So sehe ich das nicht unbedingt. Aber ich glaube, daß jede Form von Humor, die ich mag, ein wenig melancholisch oder seltsam sein muß. Damit, daß ich Joseph Conrad für einen der größten Humoristen der Geschichte halte, scheine ich z.B. ziemlich allein zu stehen.

Ron Rosenbaum: War das Buch nicht auch ein Abgesang an die Drogen-Ära?

HST: Nein. Eher so eine Art letzte Zuckung, denn ich fand, daß Nixon und Mitchell und all die anderen Typen es bald unmöglich machen würden, daß sich jemand so benimmt und ungeschoren damit wegkommt. Daß es sich nicht mehr um eine kleine Geldstrafe drehen würde, sondern den Kopf kosten konnte.

Ron Rosenbaum: Also eine echte Erfahrung mit zeitlicher Paranoia?

HST: Nun ... Vielleicht eine irre Feier zum Gedenken an eine Ära, die ich enden sah.

Ron Rosenbaum: Könntest du vielleicht die wahre Geschichte über die Entstehung des Gonzo-Journalismus erzählen. Das war die Story über das Kentucky Derby, die du '69 für *Scanlon's Magazine* geschrieben hast, nicht?

HST: Ich glaube, es ist wichtig, daß ich dazu ein wenig weiter aushole. Es war bei einem Dinner in Aspen mit Jim Salter, einem Novellisten mit kontinentalem Stil. Eins dieser langen europäischen Dinners mit jede Menge Wein, und Salter sagte etwas wie: »Nun, das Derby läuft bald. Fahren Sie hin?« Und ich dachte mir, verdammt noch mal, warum nicht. Klingt wie ne gute Idee. Zu der Zeit arbeitete ich für Warren Hinkle bei *Scanlon's Magazine*. Ich rief also Hinkle an und sagte: »Ich hab ne prima Idee, wir müssen was über das Derby machen! Das größte Spektakel, das dieses Land zustande bringt.« Es war etwa 4 Uhr 30 morgens, aber Hinkle biß sofort an. Damals hatte ich gerade gelernt, Fotografen zu hassen. Ich tu's immer noch. Ich halt's einfach nicht aus, mit ihnen zusammenarbeiten zu müssen. Also sagte ich Hinkle, daß wir einen Illustrator engagieren müßten, und dabei hatte ich Pat Oliphant im Auge. Hinkle sagte: »Alles klar! Leg los.«

In einer knappen Stunde war die Sache geritzt. Oliphant hatte zwar keine Zeit, aber Ralph Steadman kam gerade rüber zu seinem ersten US-Trip, und so wurde ausgemacht, daß ich nach Louisville fahren und schon mal die Vorarbeit erledigen sollte und Ralph mich später dort treffen würde.

Ich glaube, ich bin am nächsten Tag losgezogen. Dauerte nicht länger als 24 Stunden. Ich kam also an, und natürlich fand ich alles total überfüllt vor; es gab keine Zimmer mehr, und es war absolut unmöglich, noch einen Presse-Ausweis zu kriegen. Der letzte Termin war schon drei Monate vorher gewesen. Ich brauchte zwei volle Tage, um zwei Presse-Tickets zu ergattern. Ich weiß nicht mehr genau, wie ich's schaffte. Ich ließ den Wahnsinnigen raus, total verrückt, und erzählte ihnen, daß jemand von einem Blatt namens *Scanlon's*, einem irischen Magazin, das in der ganzen Welt bekannt sei, einen berühmten europäischen Künstler rüberschicken würde, der das Derby für's Britische Museum zeichnen sollte; jedenfalls irgend so nen Blödsinn. Sie beschlossen, mir alles je zweimal zu geben, mit der Ausnahme von Presse-Ausweisen für das Klubhaus und das Suff-Zimmer – ich meine das Suff-Zimmer für die Blaublütigen im Mittelpunkt des Klubhauses. Wo Goldwater[*] und all die Filmstars rumhingen. Die besten Plätze im ganzen Laden. Die wollten sie uns also nicht geben. Ich glaube, wir haben dann welche geklaut.

Egal, schließlich hatten wir Eintrittskarten für absolut alles, und obendrein eine große Spraydose Mace ... Nun, das ist nicht nur übel, das ist ganz schlimm. Die Presse-Box ist auf dem Dach, direkt über der Box des Gouverneurs. Und ich hatte diese Dose Mace; warum, weiß ich nicht mehr ... vielleicht für eventuelle Auseinandersetzungen. Mace ist sehr effektiv, Auseinandersetzungen schnell zu beenden. Ich fummelte also dauernd mit der Mace-Spraydose in der Tasche rum, konnt das Zeug aber nicht anwenden – keiner wollt was von mir. Doch dann, kurz bevor das Derby begann, standen wir in der ersten Reihe der Presse-Box, und weil mich der Teufel ritt, sprühte ich mit dem Ding volle Pulle gleich dreimal so 25 Meter runter in die Box des Gouverneurs. Danach

---

[*] Barry Goldwater war ein Senator aus Arizona. 1964 war er von den Republikanern zum Präsidentschaftskandidaten nominiert worden.

schnappte ich mir Ralph und sagte: »Laß uns hier verschwinden!« Niemand besprüht den Gouverneur in seiner Box mit Mace. Das gibt's nicht. Absolut undenkbar. Ich habe keine Ahnung, was unten in der Box passierte, als ihn das Zeug traf, denn wir machten die Mücke. Und das war schon das Ende der Geschichte.

Ungefähr zwei Tage später hatte Ralph seine Zeichnungen fertig, und ich blieb, um die Story zu schreiben, kriegte aber nicht viel auf die Reihe. Diese verdammte Geschichte an der Kent State University[*] passierte am Montag nach dem Derby, und das war alles, worüber ich noch nachdenken konnte. Also flog ich schließlich nach New York, und da fing die Angst an. Der größte Teil des Magazins wurde in San Francisco gedruckt – mit Ausnahme meiner Geschichte, die Titelgeschichte –, und ich hatte zu jenem Zeitpunkt das, was man eine Blockade nennt, was zum Teufel auch immer das heißen mag.

Ich lag also in der Badewanne in diesem schrecklichen Hotel. Ich hatte eine Suite mit all den Dingen, die ich brauchte – mit einer Ausnahme: ich konnte nicht abhauen. Nach drei Tagen, in denen ich nicht mehr als zwei Seiten schaffte, nahm dieses Angst/Niedergeschlagenheits-Syndrom noch zu, und das engt dich nun völlig ein. Jede Stunde schickten sie mir Boten auf den Hals, die nachgucken sollten, was ich geschafft hätte, und da steigerte sich der Druck wie der Ton einer Hundepfeife. Du konntest es nicht hören, aber es war überall.

Nach dem dritten Tag dieses gräßlichen Eingesperrtseins lag ich also in der Badewanne und trank White Horse aus der Flasche, lag in der Wanne und dachte: »Okay, du bist jetzt ne Zeit lang damit durchgekommen, aber diesmal hast du es zu weit getrieben!« Es gab keine Alternative, es mußte irgendetwas passieren.

---

[*] Am 4. Mai 1970 eröffneten Soldaten der Nationalgarde von Ohio das Feuer auf eine Gruppe demonstrierender Studenten der Kent State University. Vier Studenten wurden getötet und neun verwundet.

Schließlich riß ich einfach die Seiten aus meinen Notizbüchern – ich schreibe andauernd in Notizbücher – und die Sachen waren sogar leserlich. Aber sie paßten einfach nicht in den Telekopierer. Also schickte ich die rausgerissenen Seiten los. Als ich dem Botenjungen die erste gegeben hatte, dachte ich, das Telefon würde jede Minute läuten und jemand, der das Ding im New Yorker Büro zu redigieren hatte, würde einen Sturzbach von Beschimpfungen über mich ausschütten. Ich setzte mich hin und machte den Fernseher an. Ich wartete, daß die Kacke zu dampfen anfing ... stattdessen kam der Bote fast augenblicklich zurück und wollte mehr. Und ich wunderte mich, »Was ist denn jetzt los? Vielleicht ist das ja das Licht am Ende des Tunnels? Vielleicht sind die verrückt, aber warum sich darüber Sorgen machen?« Ich glaube, ich habe Warren Hinckle in New York angerufen und ihn gefragt, ob er noch mehr Seiten haben wolle, und er meinte: »O ja. Der Kram ist phantastisch ... wunderbar.« Also riß ich weiter die verdammten Seiten raus. Und manchmal mußte ich handschriftliche Einschübe machen – ich benutzte die Schreibmaschine gar nicht mehr – und schickte Seite für Seite aus meinem Notizbuch, und Hinckle war natürlich happy wie zwölf junge Hunde. Ich aber war voll Reue und Scham; ich dachte, das sei das Ende, die schlimmste Situation, in die ich mich je hineinmanövriert hatte. Und dabei war ich immer so gut mit dem Redaktionsschluß klargekommen – ich hatte zwar die Leute in Angst und Schrecken versetzt, es aber immer rechtzeitig geschafft. Aber diesmal, so dachte ich, hatte ich mich auf übelste Weise aus der Affäre gezogen ...

Sie druckten es Wort für Wort, sogar mit den Randbemerkungen und so. Und ich fühlte mich wohl, daß ich das Magazin nicht in die Pleite getrieben hatte dadurch, daß ich meine Story nicht richtig gemacht hatte, und verdrückte mich nach Colorado. Nur dachte ich: »O Scheiße, wenn das rauskommt, dann werde ich von einigen Leuten reichlich reichlich Prügel beziehen.« Aber genau das Gegenteil passierte. Kaum war das Ding draußen, kriegte ich Briefe und Anrufe. Die Leute nannten es einen echten Durchbruch in puncto Journalismus, einen Geniestreich. Und ich dachte mir: Warum zum Kuckuck nicht?

Einer der Briefe war von Bill Cardoso, der zu dem Zeitpunkt der Herausgeber des *Boston Globe Sunday Magazine* war. Ich hatte ihn das Wort *Gonzo* sagen gehört, als ich '68 die New Hampshire-Wahl mit ihm coverte. Es bedeutet so etwas wie »verrückt«, »absolut ungewöhnlich« – eine Phrase, die mir immer zu Oakland einfällt. Aber Cardoso sagte etwas wie: »Vergiß all den Scheiß, den du bis jetzt verzapft hast, das ist es, das ist Gonzo pur. Falls das der Anfang war, mach weiter so!« Gonzo. Yeah, natürlich. Das war das, was ich die ganze Zeit getan hatte. Klar, es mag verrückt sein ...

Ron Rosenbaum: Ist es pure Intelligenz?

HST: Es ist mehr als das ... Vergiß nicht, daß ich zehn Jahre dafür gebraucht habe. Ich weiß, daß ich Talent habe, was auch immer das heißen mag. Manche Leute kommen mit Geld gut klar, andere mit Basketball. Ich kann mit Worten umgehen, das ist meine große Gabe.

Ron Rosenbaum: Gibt es Sachen in deinen Notizbüchern, die du nicht in deinen Stories verwenden kannst?

HST: Die besten Geschichten sind ungeschrieben. Ich komme langsam dahinter, daß ich nicht die ganze Wahrheit über die Geschehnisse schreiben kann. Es gibt ein Buch, das ich schreiben möchte, alles andere ist für die Miete. Das wird das Buch sein, in dem sich nicht mehr die Frage stellt, ob jemand lügt. Klar, es wird Fragen geben, aber die Wahrheit ist noch böser als alles, was du dir vorstellen kannst. Ich werde damit so vielen Leuten wie möglich den Untergang bescheren – eine wahrhaftige Rechnung, mein eigenes Unglück und Verschwinden eingeschlossen. Zum Teufel mit dem amerikanischen Traum. Laßt ihn uns als Selbstmord abschreiben!

Aus dem Amerikanischen von Jörg Gülden

Washington Journalism Review –
November/Dezember 1979

Über Carter und den Wahlkampf

Jane Perlez

Jane Perlez, eine Reporterin der *Soho Weekly News*, traf sich am 19. September mit Hunter S. Thompson in New York. Er war auf einer Promotion-Tour für seinen gerade erschienenen Sammelband »The Great Shark Hunt«. Das Interview in seiner Suite im Sherry Netherland Hotel war an diesem Tag sein erstes. Es war 14 Uhr, Thompsons Frühstückszeit. Auf dem Zimmerservice-Tablett lagen sechs unberührte Scheiben französischer Toast. Thompson hielt sich an das eisgekühlte Heineken, das er im Bad gehortet hatte. Er trug ein weißes T-Shirt, weiße Shorts, war barfuß und er redete 90 Minuten lang über Jimmy Carter, den er 1976 unterstützt hatte; über Teddy Kennedy, den er 1980 unterstützen wird; über Hamilton Jordan, Drogen und die bevorstehende Politkampagne. Das Interview mit dem als »verrücktester Journalist in Amerika« bekannten Thompson wird viele überraschen, die ihn noch nie in dieser Klarheit reden hörten. Das Interview wird vollständig wiedergegeben.

Jane Perlez: Ich wollte zu Beginn erst einmal fragen, wo Sie gewesen sind. Vor zwei Jahren erzählten Sie Ron Rosenbaum von der Zeitschrift *High Times*, daß Sie wenn nötig in die Politik zurückkehren würden, daß es aber bessere Dinge zu tun gäbe, etwa eine Opiumhöhle in Singapur zu kaufen oder ein Hurenhaus in Maine. Keines von beiden haben Sie getan.

HST: Nein, Hollywood ist da für mich eingesprungen. Ich hatte nicht daran gedacht, daß man auch nach Hollywood gehen könnte. Ich habe jetzt ungefähr ein Jahr lang dort rumgemacht. Es ist interessant, was man dort alles anstellen kann. Ich will rauskriegen, ob ich dabei bleiben will oder nicht. Sieht so aus, als ob es lustig werden könnte. Aber andererseits ist es so anders – man muß mit so vielen Leuten arbeiten und die Politik ist so bizarr, ich bin mir nicht sicher, ob ich das packen werde. Dann wieder denkt man, scheiß drauf. Da steckt ein Haufen Geld drin.

Jane Perlez: Mehr als ein Vorschuß für ein Wahlkampfbuch?

HST: Noch ein Wahlkampfbuch wäre ein Unding. Ich sehe auch keinerlei Sinn darin. Das wäre glatter Verrat.

Jane Perlez: Glauben Sie, daß es für Sie unmöglich ist, oder daß Wahlkampfbücher generell ein alter Hut sind?

HST: Nein, irgendjemand sollte das schreiben. Aber ich nicht. Man kann sich quasi an sie (die Wahlkämpfer) heranschleichen wie Teddy White 1960. Dann wissen die, was man macht, dann wird man entweder mit hinein gezogen, wird ein Teil davon oder sie werden feindselig. Oder beides. In meinem Fall wurden einige Leute feindselig und andere versuchten, mich zu integrieren. Und wenn man dann weggeht, um ein anderes Buch zu schreiben, dann beobachten sie einen. Beim ersten Mal ist es noch nett, denn sie haben ja keine Ahnung, was man macht. Aber sobald sie Bescheid wissen, sitzt man in der Falle und muß das Spiel mitspielen. »Sie, der Schriftsteller, der Chronist« – und so behandeln sie einen. Man wird zu Anlässen eingeladen, bei denen man vorher hinausgeworfen worden wäre, und sie wissen natürlich, daß das Buch nicht vor dem Ende des Wahlkampfs erscheinen wird. Also hat man als Buchautor theoretisch erheblich mehr Zugang als jemand, der für die nächste Woche schreibt oder für den nächsten Tag. Es gibt eine Menge Verbrechen, die diese Leute später zugeben werden, aber nicht während des Wahlkampfs.

Jane Perlez: Wieviel vom Wahlkampf 1976 haben Sie beobachtet? Und warum haben Sie aufgegeben?

HST: Ich habe es durch die Vorwahl in Florida geschafft. Ich wußte gleich, ich würde nicht in der Lage sein, die ganze Zeit dabei zu bleiben. Ich versuchte, das Material für einen Artikel zusammen zu bekommen und dann auszusteigen. Die Vorwahl in Florida machte auf mich den Eindruck, als ob Carter klar durchstarten würde. Deshalb ging ich hin. Und zu der Zeit, als ich das Ding schrieb, war schon fast der Parteitag fällig.

Jane Perlez: Wie wichtig war der Umstand, zu viel zu wissen, worüber Sie nicht schreiben konnten, für Ihren Entschluß, aufzuhören?

HST: Das ist wirklich sehr hinderlich und ich möchte damit nicht noch einmal konfrontiert werden. Das schleicht sich bei einem ein und auf einmal weiß man zu viel. Es ist nicht so, als hätte man die Wahl, etwa auf diese Weise: »Möchten Sie zuviel wissen?« So als ob man sich entscheiden könnte. Nein, ganz plötzlich merkt man: »Jessas, was mache ich hier?« Man hat zwei Möglichkeiten. Nummer eins: man kann sie daran erinnern, indem man etwas schreibt, oder man kann voll über sie drübersteigen. Hängt davon ab, ob man sie mag oder nicht. Darauf läuft es schließlich hinaus: ob man sie mag oder nicht.

Jane Perlez: Hatten Sie das Gefühl, die Carter-Leute zu sehr zu mögen?

HST: Die waren die lockersten. Wie beim McGovern-Wahlkampf 1972. Man findet gleich heraus, wo es Spaß macht und wo die Drogen sind. Die Leute strengen sich wirklich an und haben Spaß an Wahlkämpfen. Wenn man Wahlkämpfe sowieso dröge findet und dann plötzlich auf Leute stößt, mit denen man wirklich gern zusammen ist, dann ist es ziemlich egal, ob man deren Politik mag. Der

Wahlkampf ist so gottserbärmlich fad, daß man jeden mag, der einen zum Lachen bringt.

Jane Perlez: Wann hat Ihrer Meinung nach der Kennedy-Wahlkampf begonnen? Wann ging es inhaltlich los?

HST: Sie meinen, wann »ist der Zug aus dem Bahnhof gefahren«. Ich würde sagen, vor etwa sechs Monaten. Da wurde es sichtbar. Der echte Anfang, das wäre vor zwei Jahren gewesen, sofort als Carter schwach und inkompetent aussah, also von dem Augenblick an als klar war, daß Carter nicht mehr handlungsfähig war. Man interessiert sich, man wird hungrig und je schlimmer es wird, desto mehr denkt man: »Ich hab ja den Job.« So steht es jetzt. Carter hat ein Vakuum geschaffen, in das Kennedy hineingesogen wurde.

Jane Perlez: Blicken wir zurück auf die Law-Day-Rede von Carter 1974.[*] Sie sind in Begleitung von Teddy Kennedy nach Atlanta gefahren, um sie zu hören. Das scheint nicht ohne Ironie zu sein. Wie sehen Sie diesen Tag im Rückblick?

HST: Das könnte, fällt mir plötzlich ein, der Tag gewesen sein, an dem es richtig losging. Weil Carter absichtlich so grob zu Kennedy war. An jenem Tag ist er damit durchgekommen. Man hört, wie Steine fliegen und wie Dinge sich bewegen, und mir war klar, daß Carter dafür auf irgendeine Art würde bezahlen müssen. Kennedy war den ganzen Tag in einer Art kontrollierter Aufgeregtheit. Zuerst hatte ihm Carter sein Flugzeug angeboten und dann zog er das Angebot zurück und Kennedy mußte mit dem Auto nach Athens fahren und kam zu spät zu seiner Rede. Kleinigkeiten wie diese brachten ihn echt auf Hundert. Carter bezahlt dafür, daß er Kennedy verarscht hat.

---

[*] Diese Ansprache am Law Day in der University of Georgia, Athens, am 4. Mai 1974 wurde dokumentiert in: Hunter S. Thompson »Die große Haifischjagd«, Tiamat, Berlin 2008. Darin ist auch der Artikel über den Wahlkampf 1976 »Jimmy Carter und der große Vertrauenssprung« enthalten, auf den Perlez Bezug nimmt.

Jane Perlez: Sie haben offenbar keine Zweifel, daß Kennedy gewinnt?

HST: Ich wäre überrascht, wenn Carter die ersten drei Vorwahlen übersteht.

Jane Perlez: Aber Sie waren einer der ersten, die uns erzählten, er sei ein Eiferer und niemand solle seine Hartnäckigkeit unterschätzen.

HST: Gut, Hartnäckigkeit ist eine Sache, aber was ich nicht kapierte, war seine Inkompetenz. Ich bin überrascht, daß er mich in diesem Punkt echt austrickste. Ich habe einige Bänder, auf denen er mir Auskunft gibt – sehr traurig, es klang, wie wenn ein Sozialkundelehrer einem erzählt, wie er das Land zu regieren beabsichtigt. Ich habe acht Stunden aus dem Jahr 74 von ihm auf Band, als ich mit ihm in einem Unwetter durch die Gegend fuhr, da redet er von Würmern im Boden und wie das Gras wächst ... unglaublich. Er klingt wie eine andere Person, die Stimme ist anders, er wirkt um 20 Jahre jünger. Ich dachte damals, es wäre nett, sich einmal eine Zeitlang nicht mit dem Weißen Haus anlegen zu müssen und jemand zu haben, der den Laden schmeißt. Nach 10 Jahren Vollnarkose und der ganzen Scheiße hatte ich einfach genug. Und wenn sich dann die Auswahl auf Humphrey, Ford oder Carter reduziert, dann kann man nicht zu lange zögern. Aber er hat sich eben als inkompetent erwiesen. Er kann es einfach nicht.

Jane Perlez: Können Sie die Inkompetenz beschreiben?

HST: Es wäre schwierig, die Inkompetenz von seinen sonstigen Tätigkeiten zu trennen, weil sie so ineinander verflochten sind.

Jane Perlez: Glauben Sie, es hängt mit den Leuten in seiner Umgebung zusammen?

HST: Ja, das hat sicher damit zu tun.

Jane Perlez: Powell und Jordan und Kraft?[*]

---

[*] Joseph »Jody« Powell war Pressesprecher im Weißen Haus für Carter. Tim Kraft war Assistent und Chef-Koordinator für Carter.

HST: Ja, insbesondere, weil er seine Ratschläge von den immer gleichen Leuten erhält. Sie fingen schon paranoid an und jetzt haben sie die totale Paranoia. Und wenn man die ganze Zeit von all diesen Leuten beraten wird, dann wird man wie Nixon. Es ist diese Bunkermentalität. Er traut niemandem genug. Deswegen konsultiert er nur Leute aus seinem inneren Zirkel.

Jane Perlez: Wie nehmen Sie Kennedy wahr?

HST: Ich glaube, er ist ein sehr fähiger und effizienter Senator. Wenn man fragt, wer kompetenter ist, dann ist Kennedy nachweislich kompetenter als Carter. Ich würde ganz allgemein sagen, daß Teddy auch immer schon den besten Stab in Washington hatte. Mit Kennedy zu reisen ist fast schon so wie mit einer sehr kompetenten Präsidentschaftswahlkampftruppe, auch wenn er nur ein Senator ist, der am Wochenende eine Rede hält.

Jane Perlez: Geht es bei denen lustig zu?

HST: Die Kandidaten sind niemals lustig. Die Kennedy-Leute sind alle Business-Typen. Da gab es kein lockeres Herumhängen und schon gar keinen Gute-Nacht-Joint.

Jane Perlez: Wenn Sie sich erinnern, kommt Ihnen der Stab von Carter nicht ein wenig naiv vor?

HST: Ja doch, sehr sogar. Ich glaube, die meinten, wenn sie erst einmal im Weißen Haus seien, dann wären sie immun, wie Nixon oder wie Nixon sich das vorstellte. Ich glaube, wenn man gewinnt, dann denkt man: »Wir sind darüber hinaus.« Sie haben nicht viel gelernt, nachdem sie ins Weiße Haus eingezogen waren. Sie verhielten sich, als ob sie immer noch eine Kampagne von Georgia aus führen würden. Wie es den Anschein hat, ist es ziemlich leicht, zum Präsidenten gewählt zu werden. Präsident zu sein hingegen, das ist hart.

Jane Perlez: Glauben Sie, daß Carter über die nächtlichen Aktivitäten seines Stabes Bescheid wußte?

HST: Aber ja. Bedenken Sie, man arbeitet während einer Kampagne bis früh um Vier. Für Carter wirkte es sich positiv aus, daß die meisten einflußreichen Presseleute so gut mit seinem Stab auskamen. Bevor das ins Gegenteil umschlug, war es gut so. Es war ein Pluspunkt bis dahin.

Jane Perlez: Wie sehr hat Ihrer Meinung nach die Kumpanei zwischen den Blue-Chip[*]-Reportern und den Blue-Chip-Assistenten Carter genützt, die Berichterstattung zu erhalten, die er wollte?

HST: Immens. Das verlieh Carter Glaubwürdigkeit. Wenn man einmal Sympathie für einen Kandidaten entwickelt hat, dann sieht man auch gleich, warum er der bessere sein könnte.

Jane Perlez: In den fünfziger und sechziger Jahren war es das Trinken. Ich vermute, daß die Leute neuerdings Drogen und Koks nehmen.

HST: Vergessen Sie dabei nicht den Sex. Das wäre eine ziemlich üble Kiste, wenn man die aufmachen würde. »Ja, das Koks ist nicht übel, aber der Sex, Mann, oho! Das muß ich dir erzählen.« Man könnte ein paar Bemerkungen fallen lassen, da wäre Chappaquiddick[**] ein langweiliges Geplapper dagegen.

Jane Perlez: Wenn Sie über diesen Wahlkampf berichten würden, unter welchem Gesichtspunkt würden Sie das tun, wie würden Sie vorgehen?

HST: Kommt darauf an, für wen ich arbeiten würde.

Jane Perlez: Nehmen wir eine Tageszeitung.

HST: Da hat man nicht allzuviele Möglichkeiten. Denn je häufiger man etwas veröffentlichen muß, desto mehr wird man in die Kampagne eingebunden.

Jane Perlez: Okay, dann nehmen wir mal an, Sie würden für den *Esquire* arbeiten, und die Artikel könnten auch in einem Buch erscheinen.

---

[*] Synonym für allgemein bekannte und angesehene Unternehmen.
[**] Bezieht sich auf den Unfall auf der Insel Chappaquiddick gegenüber Martha's Vineyard, wo der Wagen von Senator Edward Kennedy von einer Brücke stürzte und dabei Mary Jo Kopechne zu tote kam, eine Wahlhelferin seines Bruders Robert F. Kennedy.

HST: Das ist ein schwieriges Pflaster, wenn man Sachen schreibt, die während des Wahlkampfs erscheinen, und andererseits an einem Buch arbeitet, das möglicherweise erscheint. Dann wissen die Leute nicht, was du eigentlich vorhast. So wie Teddy White. Er bekommt so viel Zugang, weil er während der Kampagne nicht schreibt. Ich würde auch ein Buch schreiben wollen. Vor allem, weil man an einem Buch viel mehr verdient. Letztes Mal wollte ich es so machen. Ich wollte während des Wahlkampfs nichts schreiben. Ich hatte ein Buch vor.

Jane Perlez: Aber wie würden Sie dann das Buch angehen?

HST: Kommt ganz darauf an, schließlich weiß man nie, was während eines Wahlkampfs passiert. Eine Kampagne entwickelt in ihrem Verlauf so etwas wie eine eigene Persönlichkeit, außer es handelt sich um eine Nixon-Kennedy-Kampagne, dann weiß man alles schon im voraus.

Jane Perlez: Reden wir über die Zeitungsreporter. Sie haben über die undankbare Situation gesprochen, in die die Reporter geraten, weil sie ihre Quellen so gut kennen. Sie wollen dann ihren Kontaktleuten nicht schaden, um auch weiterhin Zugang zu haben. Wie kommt man aus dieser Zwickmühle heraus?

HST: Keine Ahnung. Vor allem sollte man sicherstellen, daß man keine wichtigen Freunde in Washington hat. Man sollte nicht in Washington leben. Wenn man in Washington lebt und arbeitet, dann kann man das Problem nicht vermeiden. Früher oder später will man etwas und sie werden sagen: »Du Hundesohn, denk an die Geschichte, die du im März geschrieben hast.« Und das gibt ihnen einen Grund dafür, daß sie nicht mit einem reden. Man muß also seine Wahl sehr frühzeitig treffen. Es zahlt sich aus, wenn man die richtige Wahl trifft und es den richtigen Leuten recht macht.

Jane Perlez: Anscheinend ändert sich nicht viel. Sogar in New Hampshire gibt es Reporter, die mindestens vier oder fünf Mal über Kampagnen berichtet haben.

HST: Manche fünf oder sechs Mal. Eine Zeitlang hatte es den Anschein, es gäbe eine neue Art spezieller Reporter für Wahlkämpfe. Aber 76 sind sie nicht so oft aufgetaucht. Ich weiß nicht genau, was passiert ist. Ich war der Ansicht, Timothy Crouse und ich hätten mit den Büchern, die wir 72 veröffentlichten, eine gänzlich neue Richtung eingeschlagen. Aber niemand hat das wirklich aufgenommen.

Jane Perlez: Glauben Sie, daß Carter einen vierjährigen Urlaub antreten wird?

HST: Das wäre nett. Er könnte etwas über die Wirtschaft lernen und in vier Jahren wieder kommen. Es könnte dann ein großes Reservoir an guter Stimmung für diese Person geben, die zugegeben hatte, der Sache nicht gewachsen zu sein. Das könnte ein gut kalkuliertes Risiko sein. Niemand hat das zuvor probiert. Teddy Roosevelt vielleicht. Es wäre ein kühner Schachzug, sich für ein kleines Zusatzstudium zu entscheiden und zu versprechen, 1984 erneut anzutreten. Und das tatsächlich zu planen. Eine Kampagne rund um die gottverdammte Welt zu starten. Ich weiß nicht, wer das bezahlen würde. Es wäre ein echter Trip, wenn er das täte. Die Menschen würden beeindruckt sein.

Jane Perlez: Er war immer stolz auf seine kühnen Schachzüge, etwa die Umbesetzungen im Kabinett.

HST: Er muß ein bißchen mehr Intelligenz entwickeln als zu wissen, daß das nicht reicht und daß man mehr erreichen muß. Jeder kann den Draufgänger geben. Der Versuch, die Dinge zum Laufen zu bringen, ist hart.

Jane Perlez: Lassen Sie uns über das Schreiben reden. Sie haben gesagt, Gonzo-Journalismus ist ganz einfach Journalismus, der ohne Überarbeitung hingeschrieben wurde. Wenn Sie ein zweites Mal drüber gegangen wären, wäre dann das Ergebnis anders ausgefallen?

HST: Überlegter. Ich füge beim Überarbeiten selten noch größere Verrücktheiten hinzu.

Jane Perlez: Welche Artikel haben Sie überarbeitet?

HST: Das ist lange her.

Jane Perlez: Die Artikel für den *National Observer*?*

HST: Da kann es zwei Fassungen gegeben haben. Das letzte Mal habe ich beim »Fear and Loathing«-Buch eine zweite, dritte, ja sogar vierte Fassung geschrieben.

Jane Perlez: Das Vegas-Buch? Gerade das haben die meisten Leute doch als total spontan formuliert empfunden.

HST: Deswegen mochte ich das Buch. Es ist handwerklich sauber gemacht. Es sind nur ungefähr 15 Wörter drin, die nicht hinein gehören. Das mag ich. Überarbeiten ist ein sehr gutes Werkzeug. Ich vermisse das. Für gewöhnlich wird der Artikel besser, obwohl man einen Text auch zu Tode überarbeiten kann. Es gibt mir die Chance, die Verrücktheiten der letzten Nacht rauszuwerfen. Letzte Nacht, da konnte ich alles hinschreiben, egal was; aber am Tag darauf, wenn ich es mir noch einmal anschaue, da werfe ich dann die Stellen raus, die zu verrückt sind.

Jane Perlez: Interessanterweise ist der neue Artikel von Norman Mailer** über Gary Gilmore im *Playboy* wieder eine ganz konventionelle und geradlinige Reportage. Haben Sie die gelesen?

HST: Nein, aber ich habe das auch gehört. Ein bißchen eintönig, aber es klang gut.

Jane Perlez: Sehen Sie das als einen Trend? Ist vielleicht die Präsenz des Reporters in den Geschichten an einen Endpunkt gelangt?

HST: Dafür sehe ich keinen Grund. Ich glaube in Mailers und meinem Fall, daß es einen einfach langweilt, immer dasselbe zu machen.

---

* Zwischen 1962 und 1964 schrieb Hunter S. Thompson für den *National Observer*, eine Zeitung der Dow Jones Company, die landesweit vertrieben wurde. Thompson arbeitete für die Zeitung als Auslandskorrespondent in Lateinamerika.
** Norman Mailer, »The Executioner's Song«, *Playboy*, Oktober-Dezember 1979.

Jane Perlez: Ist das nicht ein Riesenaufwand, in einem Artikel sich selbst immer präsent zu halten?
HST: Das finde ich jetzt nicht so schlimm. Es sind einfach alles erste Fassungen. Das ganze Buch (»Die große Haifischjagd«) ist eine Sammlung von ersten Fassungen. Ich habe nichts daran geändert, seitdem sie im *Rolling Stone* erschienen sind, außer den Tippfehlern. Wenn ich die Zeit gehabt hätte, nochmal drüber zu gehen, wäre es nur halb so subjektiv geworden, wie sie es jetzt sind.

Ich bin mit dieser einen Sache durch: Gonzo-Journalist zu sein. Es hat Spaß gemacht, aber es wird jetzt echt antiquiert. Ich war eine Zeitlang ein konventioneller Journalist. Vielleicht macht Norman das auch … zurück zum konventionellen Journalismus.

Wenn Mailer die Zeit für eine Überarbeitung gehabt hätte, oder wenn ich sie gehabt hätte, keiner unserer Schreibstile wäre so geworden, wie er jetzt ist. Ich glaube, es liegt an dem Versuch, viel zu viel zu machen, angesichts einer Deadline, die das gar nicht zuließ. Das bringt diese verrückte, verzweifelte Tonlage hervor, die im Geschriebenen durchscheint, wenn man keine zweite Fassung herstellt. Die Leute nennen es Gonzo-Journalismus, aber tatsächlich ist es Schlamperei, nichts anderes.

Jane Perlez: Aus der Situation heraus?
HST: Ja, das ist unvermeidlich. Wenn ich mehr Zeit gehabt hätte, hätte ich mich wahrscheinlich selbst kuriert. Ich weiß nicht, was das für das Schreiben oder für mich bedeutet hätte. Aber wenn man auf Deadlines hin schreibt, dann kann man nicht am nächsten Nachmittag nochmal drüber gehen. Es muß raus. Man zieht den Artikel aus der Schreibmaschine, faxt ihn und wutsch, ist er weg. Ich habe es sogar aufgegeben, die Seiten zu layouten, vom Text ganz zu schweigen. Hau es in die Schreibmaschine und kümmere dich nicht einmal um die Tippfehler. Versuch, es telefonisch durchzugeben. Ganz allmählich komme ich weg von der Schreibmaschine und den getippten Seiten. Ich glaube, ich bin bald so weit,

mein sinnloses Gebrabbel direkt auf eine Art Photo-Bildschirm zu übertragen. Ich war einer der ersten Journalisten, die ein Tonband benutzt haben.

Jane Perlez: Wann?

HST: Für das Hells-Angels-Buch. Da gab es zum ersten Mal Kassettenrekorder. Vorher mußte man die Riesengeräte mit den Bandspulen benutzen. Aber sobald die Geräte so klein wurden, sah ich eine ganz neue verlockende Welt von Möglichkeiten vor mir.

Jane Perlez: Hatten die Hells Angels keinen Schiß davor?

HST: Sie sahen es gar nicht. Sie hatten vorher die Bandmaschine gesehen und gedroht, mich umzubringen. Aber dieses Gerät trug ich in einem Schulterhalfter und urplötzlich mußte ich keine Notizen mehr machen. Das Schlimmste an den Aufnahmen ist das Abhören.

Jane Perlez: Wie kriegen Sie das hin?

HST: Ich versuche – ich stehe wirklich auf die Pausentaste per Fernbedienung –, also ich versuche sehr genau zu überlegen, was ich aufnehme und später abhören muß, und deshalb benutze ich die Pausentaste. Wenn man also fünf Minuten lang den Kellner hört, wie der den Raum betritt, dann schneide ich das einfach heraus. Einen Tag lang kann es ganz interessant sein, vier Stunden Band durchzuhören, nachdem man die Rede eines Kandidaten gehört hat, aber Mann, wenn man es dauernd machen muß, das kann einen wahnsinnig machen. Die meisten Sachen, die man hört, ergeben sowieso keinen Sinn. Man muß die Spreu vom Weizen trennen und je mehr man hat, desto schwieriger wird es. Am Ende versucht man, die Sachen sofort zu schneiden. Ich habe mein Mikrofon immer in meinem Uhrarmband versteckt, im Ärmel, so daß es nach außen gerichtet war. Immer wenn man mit dem Arm auf jemand deutete, dann nahm man es auf. Wenn man seine Hand in die Tasche steckt, dann hat man ein Problem.

Jane Perlez: Wenn Sie das Material nachts abhören,

wie kriegen Sie das gesprochene Wort dann in die Schreibmaschine?

HST: Ich höre es üblicherweise noch einmal ab und schreibe dann die Sachen, die mir gefallen, nieder, genau so wie ich sie gehört habe. Man hört ab, schreibt es auf einen Block, dann geht man nochmal drüber und man erhält vollkommen korrekte Zitate. Sie wären erstaunt, wie geradezu unmöglich es ist – wenn man jemandem in einer angespannten Situation zuhört –, auch nur, sagen wir mal, ein Fünfminutenzitat korrekt wiederzugeben, nicht einmal ein Zweiminutenzitat. Bei einer Tonaufnahme kann man alle möglichen Bemerkungen heraushören, die nebenbei gemacht wurden. Wenn man richtig aufnimmt und genau niederschreibt, was gesagt wurde – das macht einen großen Unterschied.

Jane Perlez: Glauben Sie, Sie hätten nach »Hells Angels« etwas schreiben können ohne ein Aufnahmegerät?

HST: Es wäre anders geworden. Weil ich sah, was das Tonbandgerät konnte. Ich konnte im Auto herumfahren und das Gerät auf dem Sitz daneben haben und auf einmal hörte man ein schreckliches krachendes Geräusch, ein Zaun, der niedergerissen wurde, und man hörte Schreie. Keine Erinnerung kann einem das so perfekt wiedergeben – das Geräusch eines niedergerissenen Zaunes und wie sich das anhört. Ich mache das so: ich nehme mit dem kleinsten Gerät auf, aber wenn ich es abspiele, dann hab ich 80 Lautsprecher in meinem Wohnzimmer und so höre ich beim Abspielen wirklich alles. Es ist, wie wenn man mitten drin stünde. Notizen können so eine Erinnerung nie zurückbringen. Ich habe in jeder Ecke 20 Lautsprecher und kann deshalb einfach in der Mitte sitzen bleiben.

Jane Perlez: Es gibt also einen Grund, warum Sie nach Colorado zurückgehen, sieht man von den Bergen und der sauberen Luft ab. Sie wollen in der Nähe Ihrer Ausrüstung sein.

HST: Ich besitze jetzt dermaßen viel Gerätschaften, daß

ich sie nicht mehr mitnehmen kann. Früher konnte ich das noch.

Jane Perlez: Treffen Sie Bill Cardoso?

HST: Er ist in San Francisco unterwegs und schreibt ein Buch über einen Mordfall in Palm Springs. Es war ein Freak in Boston, der den Begriff Gonzo erfand, so ein Straßenkind der achten Generation, aber es war Cardoso, der ihn in den Journalismus einführte. Ich dachte mir: »Das ist ein Klasse Wort. So einer will ich auch sein.« Es funktionierte.

Rolling Stone – 25. November 1987

Interview zum 25. Jahrestag des *Rolling Stone*

P.J. O'Rourke

O'Rourke: Viele Leute waren der Ansicht, Sie würden Ihre Stories im Verlauf des Schreibens erfinden, daß Gonzo-Journalismus also mehr Fiktion als Wahrheit sei.
HST: Ich bin ein großer Fan der Realität. Die Wahrheit ist leichter. Und bizarrer. Und lustiger. Nicht immer, aber auf die Wahrheit kann man zurückgreifen. Auf eine erfundene Story kann man nicht zurückgreifen, denn dann beginnt man sich zu fragen, ob sie gut oder lustig oder korrekt ist. Ich bin faul. Wenn ich eine Tatsache habe, dann muß ich mich nicht darum sorgen, ob ich das richtig gemacht oder angemessen ausgedrückt habe.
O'Rourke: Sie können sie problemlos ausschmücken.
HST: Genau. Wenn man keinen genauen Anfang hat, dann läuft es auf einen Veitstanz hinaus. Die einzige Art, wie ich mit dem Gonzo-Ding durchkomme ist, daß ich die Wahrheit erzähle. Nimm Muskie im Präsidentschaftswahlkampf 1972 – Muskie flennt in New Hampshire, dreht in Florida in Fahrstühlen durch, meckert und quengelt herum. Ich bekam zufällig einen medizinischen Rundbrief in die Finger. Da stand eine Reportage über Ibogain drin.
O'Rourke: Was ist das? Ibogain?
HST: Das ist eine wunderbare afrikanische Droge. Eingeborene in Afrika nehmen sie, wenn sie an einem Was-

serloch sitzen und auf Tiere warten. Es friert einen quasi ein, bewirkt eine katatonische Benommenheit. Aber es bringt auch plötzliche Wutanfälle hervor. Das hatte ich bei Ed Muskie beobachtet und dachte mir: »Mein Gott, das muß der eingenommen haben.« Also schrieb ich über die Ankunft eines mysteriösen brasilianischen Doktors und das Gerücht, er habe etwas Ibogain mitgebracht. Was Muskies Verhalten gänzlich erklärte. Wenn ich also ins Phantastische abschweife, dann muß es eine feste Verbindung zur Wahrheit geben. Andernfalls würde alles, was ich über Politik schreibe, als Halluzination abgestempelt werden.

O'Rourke: Der Phantast, der mit beiden Füßen auf dem Boden der Wahrheit steht. Ist das Ihre Definition von Gonzo?

HST: Ich nehme das Ibogain als Beispiel für die Gonzo-Technik. Es handelt sich im Wesentlich um ein »Was-wäre-wenn«. Wenn Ed Muskie sich so verhält, dann gibt es eine Erklärung dafür. Aber ich mußte sein Verhalten abklären – also sprach ich mit den engsten Vertrauten seines Stabes. Sie erzählten mir Dinge, die sie anderen Reportern nicht sagten. Sachen wie: »Jesus, Mann, wie bin ich überhaupt jemals in diesen Wahlkampf hinein geraten?«

O'Rourke: Nervt es Sie, daß viele Autoren versuchten, Sie zu kopieren?

HST: Sie wissen, daß nicht allzuviele Gonzo-Journalisten zugange sind. Ich bekomme alles mögliche Zeug per Post zugeschickt, von Journalistik-Studenten oder Kids, die gerne Gonzo-Journalisten wären. Wenn sie es nicht können, Mann, dann ist das schauderhaft.

O'Rourke: Ist Ihre Art zu schreiben anders als die Arbeiten der meisten sogenannten New Journalists? Ich glaube, die versuchen, anderer Leute Gedanken zu lesen und benutzen dazu literarische Techniken. Aber Sie machen das nicht. Sie sind ein Teilnehmer der Story, also das Gegenteil von einer Fliege an der Wand.

HST: Ich bin der einzige Schriftsteller in Tom Wolfes Buch »The New Journalism« (1973), der mit zwei Artikeln vertreten ist. Ich mag Wolfe. Wir haben uns kurz am Telefon unterhalten. Ich fragte ihn: »Was ist das, Tom?« Ich habe es nie kapiert.
O'Rourke: Überhaupt nicht?
HST: Es war ein Sprung nach vorn, im Gegensatz zu dem altmodischen Ich-geb-das-mal-durchs-Telefon-Journalismus. In dieser Hinsicht war schon Mark Twain ein New Journalist.
O'Rourke: Sie machen etwas Ähnliches wie Twain in »Die Arglosen im Ausland«. Er ist anwesend. Er ist ein Teil davon. Er erzählt die Geschichte so, wie er sie Freunden erzählen würde.
HST: Sehen Sie, Wolfe ist kein Teilnehmer. Er ist ein toller Reporter. Aber Teil der Geschichte zu sein ist für mich absolut wichtig. Denn genau darin liegt mein Anteil am Gewinn. Wolfe bekommt seinen Teil, indem er sich raushält. Ich kriege meinen vom Adrenalin, das entsteht, weil ich so dicht dran bin.
O'Rourke: Wenn ich über den Libanon oder die Philippinen berichte, versuche ich mich so zu verhalten, wie die regulären ausgewachsenen Journalisten an der Bar um zehn Uhr abends. Ich will den Lesern vermitteln, was diese Leute einander um zehn Uhr abends erzählen, wenn sie schon elf Drinks hinter der Binde haben.
HST: Meine Theorie ist, daß die Wahrheit nie am Tresen erzählt wird. Oder während der regulären Arbeitszeit. Nicht mal am Telefon. Ich rufe Leute nachts an.
O'Rourke: Und wenn Sie dabei waren, dann müssen Sie auch erzählen, wie es Ihnen ergangen ist.
HST: Das involviert mich in Geschichten. Als Wolfe das Buch über Kesey schrieb (»The Electric Cool Aid Acid Test«) war er nicht oft vor Ort. Er re-konstruierte es. (Anerkennender Pfiff). Ich kann das nicht. Es ist verdammt zu viel Arbeit. Es ist einfacher, vor Ort zu sein. Vielleicht ein bißchen riskanter.

O'Rourke: Zum Beispiel, als Sie von den Hells Angels zusammengeschlagen wurden. Das ist ein erstaunlicher Teil des Buchs. Was wäre passiert, wenn man Sie nicht verdroschen hätte?

HST: Ich hätte das Buch fertig geschrieben. Scheiße, das Buch war ja schon gesetzt. Ich mochte das Titelbild nicht. Ich sagte zu Random House: »Ihr blöden Schweine, ich fahr hin und fotografiere selbst.« Es war ein Labor Day Run. Ich zeigte den Angels das Cover. Sie haßten es. Und ich sagte: »He, ich bin ganz euerer Meinung.« Ich zeigte ihnen den Schutzumschlag und da stand 4.95 Dollar – whow, 4.95 Dollar, das muß echt lang her sein. Und die Angels sagten: »Jesus, 4.95 Dollar! Und was kriegen wir davon? Wir sollten die Hälfte davon bekommen.« Und ich sagte: »Ach kommt.« Ich wurde einfach zu sorglos. Ich sagte: »Ein Buch zu schreiben dauert lang. Euer Anteil ist Null.« Das nächste, an das ich mich erinnere, war, daß ich im Rücksitz eines Autos aufwachte und meine Nase aussah wie aus Plastilin. Mein Kopf hatte den Umfang unserer beiden Köpfe. Es war Morgen und ein Bulle schaute durchs Fenster und sagte: »Mein Gott, was ist Ihnen denn passiert?« Und ich sagte: »Ich war letzte Nacht auf einer Hells-Angels-Party.«

O'Rourke: In jedem Artikel, den ich über Sie gelesen habe, steht ein Haufen Scheiße, wie verrückt Sie sind. Warum müssen Sie diese Last auf sich nehmen, als Amerikas oberster Irrer zu gelten?

HST: Ja, das liegt schon auch an diesem verdammten Doonesbury-Comic.

O'Rourke: Was hat Garry Trudeau gebissen, Sie zu Uncle Duke zu machen?

HST: Seine anderen Figuren waren einfach ziemlich dumm, schätze ich mal.

O'Rourke: Aber ich hab nie kapiert, wie Ihre Figur gemeint war. Sie haben doch letztlich sehr ähnliche politische Ansichten wie Trudeau.

HST: Die Leute halten es für einen Witz. Wie wenn ich

Geld dafür bekäme oder so was in der Art. Garry und ich müßten die besten Busenfreunde sein, verstehen Sie? Aber Scheißdreck. Ich hab den kleinen Bastard nie getroffen. Das ganze Zeug kommt nie auf den Punkt, nämlich darauf, was ich veröffentliche. Komisch, ich werde fast nie zu meinem Schreiben befragt.

O'Rourke: Okay, also eine Frage zum Schreiben: Warum sind Sie Journalist geworden?

HST: Ich würde nichts anderes sein wollen, und wenn auch bloß aus dem einen Grund, daß ich gern mit Journalisten trinke. Ein weiterer Grund, warum ich Journalist wurde: man muß am Morgen nicht aufstehen.

O'Rourke: Ich würde lieber mit schlechten Schreibern rumhängen als mit guten Bilanzbuchhaltern.

HST: Genau. Stellen Sie sich vor, mit Rechsanwälten rumzuhängen. Jeder will heutzutage Rechtsanwalt werden oder Banker.

O'Rourke: Jesus Christus, ist das nicht seltsam? Das ist genau das, was unsere Generation nicht wollte. Wir wollten alles andere als das. Ich wollte bei der Eisenbahn arbeiten.

HST: Ich wollte nach Brasilien gehen. Gut, haken wir das schnell ab und hauen wir nicht aufs Blech. Was wir beide vor langer Zeit wollten war, glückliche, erfolgreiche, abgedrehte Schriftsteller zu werden und dafür bezahlt zu werden. Oder?

O'Rourke: Wie alt waren Sie, als Sie beschlossen, Schriftsteller zu werden?

HST: Ungefähr sechzehn. Es war das Einzige, das mich wirklich interessierte, das Wichtigste am Journalismus: er erlaubt einem zu lernen und wird dafür bezahlt.

O'Rourke: Welche Autoren haben Sie in der High School gelesen?

HST: Nun ja, es mag banal klingen, aber ich war von Faulkner, von Hemingway, von Fitzgerald ungeheuer beeindruckt. Aber ich habe in Wirklichkeit keinen von denen an der High School gelesen.

O'Rourke: Sie haben mit Sechzehn beschlossen, Schriftsteller zu werden. Es muß jemand gegeben haben, den Sie gelesen haben.
HST: Ich war ein wüster jugendlicher Übeltäter. Ich schwänzte notorisch die Schule und las Sachen wie Platos »Der Staat«.
O'Rourke: Ein echt bizarrer jugendlicher Verbrecher.
HST: Wir hauten ab und lasen den ganzen Tag so Zeug und tranken Bier und –
O'Rourke: raubten Tankstellen aus?
HST: Ja. Ich erzähle darüber in »Angst und Schrecken im Wahlkampf«. Die Arroganz des kriminellen Bewußtseins. »Der ewige Quell« von Ayn Rand war eines der Dinge, die mich wirklich beeindruckten. Das war meine Politik. Ich bin niemals ein echter Liberaler gewesen. Für mich besteht Poltik darin, seine Umgebung zu kontrollieren. Wenn man nicht in die Politik geht, dann kontrolliert jemand anderes deine Umgebung, deine Welt.
O'Rourke: Warum glauben Sie, daß die sechziger Jahre irgendwas gebracht haben? Hatten Sie Spaß in den Sixties?
HST: Ja. Eine Menge Spaß. Ich hatte auch Spaß in den Siebzigern. Ich habe jetzt Spaß.
O'Rourke: Glauben Sie, die Sixties hatten tatsächlich eine Bedeutung oder waren sie bloß eine bohemistische Verirrung?
HST: Also, mir haben sie etwas bedeutet. Sie ermöglichten es mir letztlich, fünfundzwanzig Jahre ohne Job und dreiundzwanzig Jahre lang ohne Schlaf zu sein.
O'Rourke: Ein Haufen Scheiße, durch den man durch muß, um seinen Lebensunterhalt zu verdienen.
HST: In den Sixties habe ich gelernt, daß das sein muß. Man muß am Leben teilnehmen. Das war die gewaltigste Sache in den Sixties. Wenn man einen Präsidenten aus dem Amt jagen wollte, dann konnte man das. Aber diese jetzige Generation kurz vor dem College-Alter – ich vermisse bei denen den Sinn für Möglichkeiten.

O'Rourke: Die schauen alle so griesgrämig, oder? Wenn sie nicht in die Zahnpflegeschule kommen, ist das das Ende der Welt.

HST: Ein BMW und eine Frau, die Rechtsanwältin ist. Jeder hat jetzt eine Frau, die Rechtsanwältin ist. Fünf der sieben demokratischen Kandidaten haben Frauen, die Rechtsanwältinnen sind.

O'Rourke: Die werden Schwierigkeiten haben, wenn die Scheidung ansteht, oder? Sie haben die Kids von heute eine »Generation von Schweinen« genannt. Wieso?

HST: Bezeichnet man sie als Schwuchteln, funktioniert das nicht. Nennt man sie Yuppies, auch nicht. Aber ich fand heraus, daß sie bei »Generation der Schweine« im Quadrat sprangen.

O'Rourke: Neulich haben Sie vor einer studentischen Zuhörerschaft in der Marquette University erklärt: »George Bush sollte umgebracht werden. Er gehört zu Tode getrampelt, und ich bin dabei.«

HST: Na gut, das sind zwei Staatsverbrechen mit jeweils fünf Jahren Haft.

O'Rourke: Werden Sie jetzt angezeigt, weil wir das auf Band haben?

HST: Nein, nein. Ich hab das alles dem Secret Service erklärt. Wissen Sie, ich weiß über Schuld Bescheid und über Politik, und wie ich den Studenten erklärte, der schuldbeladenste Mann heutzutage in der Poltik ist George Bush. Er steckt hinter dieser ganzen Iran-Contra-Sache.

O'Rourke: Wie haben die Studenten reagiert?

HST: Hey, die haben gejubelt! Dann schlug ich eine Abstimmung vor. Zwei Drittel wollten ihn zusammentreten. Inzwischen hatte das so ein Oberdepp aufgenommen und zum *Milwaukee Journal* gebracht. Und der Staatsanwalt in Milwaukee wollte mich wegen zweier Kapitalverbrechen anklagen: fünf Jahre wegen Bedrohung des Vizepräsidenten, und nochmal fünf Jahre wegen Anstiftung anderer zur Tat. Ich war auf dem Weg, um für den *San Francisco Examiner* über die Iran-Contra-Hearings zu berichten und bekam auf einmal Anrufe vom Secret Service.

O'Rourke: Haben Sie auf die Anrufe reagiert?

HST: Anfangs nicht, weil ich dachte, das seien Schwindler. Wenn es etwas Wichtiges gewesen wäre, dann hätten sie eine Nachricht hinterlassen. Und dann tauchte der Secret Service beim *Examiner* auf und bei meiner Agentur. Da merkte ich, daß es ihnen ernst war. Also rief ich Larry Hoppe an, den Secret-Service-Mann in Denver. Und der war sehr freundlich. Ich sagte: »Was ist da los, Mann?« Und Hoppe sagte: »Dr. Thompson, lassen Sie mich Ihnen eines sagen: Gehen Sie lieber nicht nach Washington, ohne vorher mit mir geredet zu haben.« Also sagte ich: »Dann kommen Sie mal rüber. Was zum Teufel soll's.« Wir redeten also eine Zeitlang und dann wußte Hoppe, es war ein Witz. Ich sagte: »Haben sich die Zeiten geändert? Ich habe schon damit gedroht, Leute an ihren Eiern um Washington herum zu schleifen, mit Oldsmobiles, die hundert fahren. Ich habe die Schlachtung aller Politiker empfohlen. Wo zieht man derzeit die Grenze, bitte?« Er hatte einen ziemlich guten Sinn für Humor. Er sagte: »Also gut, Sie können nicht sagen, daß er aufgehängt werden sollte. Wenn Sie das vor Leuten sagen, Zack! Zehn Jahre. Sie können aber sagen, er sollte geteert und gefedert werden.« Und ich sagte: »Das kapier ich nicht. Ich würde lieber aufgehängt werden als geteert und gefedert. Was ist der Unterschied?« Und Hoppe sagte: »Keine Ahnung. Aber so läuft das. Drohen Sie einfach nicht mehr öffentlich damit, George Bush aufzuhängen oder ihn zu Tode zu trampeln.«

O'Rourke: Auf welche Liga öffentlicher Personen bezieht sich das? Nehmen Sie jemand, den ich wirklich hasse, jemand wie Meese.[*] Meese ist kein gewählter Offizi-

---

[*] Edwin Meese war während der Amtszeit Ronald Reagans Generalstaatsanwalt. Er war zwischen 1985 und 1988 im Amt.

eller. Kann ich sagen, jemand soll Meese aufschlitzen und seine Eingeweide um eine Telefonzelle wickeln.

HST: Nein, das können Sie wahrscheinlich nicht. Er sollte ausgepeitscht werden – aber nicht getötet.

O'Rourke: Und wenn wir sagen würden, Meese solle von einem Elch gefickt werden?

HST: Das ist offensichtlich höllisch harmlos. Ich glaube, daß Ed Meese – eine Person ohne jede Ehre, ein fetter Bastard, wirklich ein kongeniales billiges Schwein im Stil und auf dem Level von Richard Nixon – zusammen mit einem Elch in einem großen betonierten Keller eingesperrt werden sollte. Und der Elch sollte, bevor er hineingebracht wird, bis zum Gehtnichtmehr mit Acid abgefüllt worden sein.

O'Rourke: Ein zorniger, geiler Elch, voll auf Acid.

HST: Meese ist nackt und der Elch ist riesig, vielleicht weit über 800 Pfund.

O'Rourke: Elche können sehr unangenehme Kunden sein.

HST: Und wenn sie erst einmal voll auf Acid sind und richtig geil – oh du meine Güte, das geht die ganze Nacht lang ab!

Spin Magazine – Mai 1993

»Ich fühle mich wie ein junges Reh«

Kevin P. Simonson

Hunter S. Thompson, der kuriose Erfinder des Gonzo-Journalismus unterhält sich mit Kevin P. Simonson über das Leben, die Freiheit und die Jagd nach einer guten Redaktionsassistentin.

Das Tonbandgerät wurde um 4 Uhr 10 morgens in Thompsons dunkler Küche angeschaltet.

Spin: Hat Sie jemand im Visier?

HST: Ich bin in einer komischen Position – ich sehe im Fernsehen Filme über mich und Leute schreiben über mich Bücher. Ich finde das unheimlich. Ich versuche, nicht daran zu denken.

Spin: Erzählen Sie mir etwas über Ihr nächstes Buch, »Polo ist mein Leben: Memoiren eines brutalen Südstaaten-Gentlemans«.[*]

HST: »Polo Is My Life« wird mein finales Statement sein. Es ist eine Love-Story, ganz in der Art von »Blue Velvet« oder »Psycho«. Es ist eine bizarre Geschichte über eine zum Untergang verurteilte und gefährliche Liebesaffäre zwischen einem Journalisten, der auch für die CIA arbeitet, und einer wunderbar reinen blonden poloverrückten Erbin aus Palm Beach, die sich in den

---

[*] War lange Zeit in Planung, erschien aber nur als Artikel im *Rolling Stone*, Nr. 679, 15. Dezember 1994.

Rockies versteckt hält, weil ihre Familie irgendwie in den Mord an John Kennedy verwickelt war. Sie hatte einen ungedeckten Scheck ausgestellt, um einen schicken Nachtclub in Aspen zu kaufen, damit ihr jüngerer Bruder, ein gescheiterter Priester, jede Nacht vor Publikum auf einem Piano Jazz spielen kann, wie Eddie Duchin.[*] Es ist ein Endzeitgemälde unserer Tage. Ein hoffnungsloses Labyrinth von Sex, Gewalt und Verrat, das nur im Tod enden kann.

Spin: Seit Jahren höre ich von Ihrem Buch »The Rum Diary«.[**] Arbeiten Sie daran und welchen Ehrgeiz haben Sie in Bezug auf das Schreiben von Belletristik?

HST: Ich habe immer den Ehrgeiz gehabt, Belletristik zu schreiben und habe ihn immer noch. Ich hatte nie wirklich Ambitionen in Sachen Journalismus, aber die Ereignisse, das Schicksal und mein eigener Sinn für Humor bringen mich immer wieder dazu, dann das Geld, politische Gründe, und weil ich eine Kriegernatur bin. Ich habe noch keine Droge gefunden, die einen annähernd so high macht wie eine kleine Fahrt auf der Angeberautobahn. »The Rum Diary« wird derzeit kannibalisiert und zu einem sehr abgefahrenen Film transzombifiziert.

Spin: Gibt es noch andere Filmprojekte?

HST: Ich habe »Fear and Loathing in Las Vegas« als Filmstoff verkauft.

Spin: Schreiben Sie das Drehbuch?

HST: Wahrscheinlich. Wir diskutieren immer noch über den Schluß. Sie sagen, er ist abgefahren und für die heutigen »eskapistischen« Kinogänger nicht zufriedenstellend ... was stimmen könnte. Das Buch hört damit auf, daß der Held Amyl-Pillen schluckt und in einem

---

* Eddie Duchin war in den dreißiger- und vierziger Jahren ein populärer amerikanischer Bandleader und Pianist.
** An »The Rum Diary« arbeitete Thompson schon Anfang der Sechziger, erschien als »The Long Lost Novel« dann erst 1998. Ein Kapitel daraus erschien bereits in »Songs Of The Doomed«, 1990.

Souvenirladen auf dem Flughafen von Denver ausflippt, während er versucht, gestohlene Dobermänner zu verkaufen. Ich sagte ihnen, ich würde es umschreiben und dann gibt es eine Bombenexplosion am Schluß – der ganze Flughafen geht in die Luft – wie in »Terminator«.

Spin: Sie sagten einmal, wenn es je zu einer Verfilmung käme, dann wollten Sie von Dennis Hopper gespielt werden.

HST: Er macht vielleicht die Regie. Ich wollte eigentlich James Woods und Anthony Perkins. Aber ich glaube immer noch, Dennis Hopper wäre gut geeignet, meine Rolle zu spielen.

Spin: Klingt nach einem guten Projekt für David Lynch.

HST: Wir haben darüber gesprochen. Er wollte es tatsächlich machen, aber dann stieg er bei »Twin Peaks« ein.*

Spin: Glauben Sie, daß man die heftigen Drogen- und Alkoholexzesse, die im Buch beschrieben wurden, abmildern müßte, um das Publikum der heutigen Zeit anzusprechen?

HST: Nein. Die Zeiten haben sich geändert, das Pendel schwingt zurück. Es gibt Millionen Säufer und Kiffer da draußen, doch sie verleugnen es. Es ist dieser Tage schon wieder gefährlich, in der Öffentlichkeit die Sau rauszulassen. Man kann wegen Spaßhaben eingesperrt werden. TWA und Pan Am machen Konkurs, aber neue Gefängnisse sind eine Wachstumsindustrie. Es ist wie in Deutschland 1937. Die Nazis waren alle auf Droge. Sie gaben es bloß nicht zu.

Spin: Fahren Sie immer noch ein Chevy Cabrio – »den Großen Roten Haifisch« –, den Sie auch im Las Vegas-Buch führen?

HST: Aber sicher. Gehen wir in die Garage. Da steht

---

* »Twin Peaks« war eine Fernsehserie bei ABC. David Lynch und Mark Frost schrieben und produzierten sie gemeinsam.

ein Haufen künftiger Ärger rum – zwei rote Wagen, einer ein Geschenk der Mitchell-Brüder[*], ein neues BMW-Motorrad, und zwar das allerneueste. Fährt 140 Meilen die Stunde.

Spin: Welche Rolle spielten Sie als leitender Berater bei »Where the Buffalo Roam«[**]?

HST: Ich verbrachte diesen Sommer mit Bill Murray. Wir hatten ein großes Haus in den Hollywood Hills und ich hatte einen roten Mercedes 450. Wir waren schon seit langem Freunde. Es zeugt von einer ganz besonders seltsamen Art von Freundschaft, daß sie einen ganzen Film-Dreh übersteht. Er machte einen guten Job. Ich meine, als Darsteller. Aber der Film ist albern. Er ist ein Comic. Bill und ich führten allerlei grobe Szenen auf. Ich hatte ein ziemliches Freispiel.

Spin: Manche Bibliotheken ordnen »Fear and Loathing in Las Vegas« als Reisebericht ein, einige klassifizieren es als Sachbuch und andere als Roman. Sie selbst bezeichnen es als »ein abgefahrenes Experiment« in Sachen Gonzo-Journalismus, aber dennoch halten es viele Kritiker für ein Meisterwerk. Wieviel an dem Buch ist wahr und wie würden Sie es bewerten?

HST: »Fear and Loathing in Las Vegas« ist ein Meisterwerk. Allerdings sollte echter Gonzo-Journalismus meiner Überzeugung nach hinterher bearbeitet werden. Ich würde es, in Truman Capotes Worten, als einen Sachbuch-Roman bezeichnen, weil fast alles davon wahr ist und wirklich passierte. Ich habe ein paar Dinge verdreht, aber es entstand ein ziemlich genaues Bild. Es war ein unglaublicher Kraftakt, mehr als nur Literatur. Des-

---

[*] Jim und Artie Mitchell sind die Besitzer des »O'Farrell Theatre Strip Clubs« in San Francisco, wo Thompson zwei Jahre lang als Nachtmanager arbeitete. Er nannte den Club »die Carnegie Hall des öffentlichen Sex in Amerika.«

[**] »Where The Buffalo Roam« kam 1980 in die Kinos mit Bill Murray und Peter Boyle in den Hauptrollen und ging über die Super-Bowl-Reportage und den Präsidentschaftswahlkampf.

wegen nannte ich es Angst und Schrecken. Es war eine astreine Erfahrung, die zu einem astreinen Stück Literatur wurde. Es ist so gut wie »Der große Gatsby« und besser als »Fiesta«, aber es ist kein Roman. Es ist eine sehr seltsame Art von Reportage; zumindest kommt es einem jetzt sehr seltsam vor. Fast unheimlich, und natürlich würde ich so etwas derzeit auf keinen Fall machen. Wir sind Nazis...

Spin: Vor einiger Zeit bewegte sich die Aufmerksamkeit weg von Ihrem Schreiben auf Ihr Privatleben, als man Sie wegen Vergewaltigung und diverser anderer Schwerverbrechen anklagte. (Nachdem man ihn wegen Vergewaltigung dritten Grades angeklagt hatte, durchsuchten Ermittler der Staatsanwaltschaft Thompsons Haus und fanden große Mengen Drogen und illegales Dynamit.) Hat diese Erfahrung Sie verändert?

HST: Ich hätte Ihnen nicht sagen können, was der Vierte Verfassungszusatz aussagt, bevor ich von dieser Bande von weißen Dreckschweinen überrollt wurde, die unser Haus überfielen. Man wird bewußter, wenn sie kommen, um einen zu holen. Die »Sieg oder Tod«-Haltung, die ich einnahm, ist für die meisten Leute wirklich schwer zu verstehen. (Thompson lehnte einen Deal mit zwei Jahren gerichtlicher Beaufsichtigung ab und riskierte, möglicherweise 16 Jahre ins Gefängnis zu wandern. Aber dann wurden alle Anklagepunkte fallen gelassen.) Jeder zieht den Schwanz ein. Das ist ein Zeitalter der Feigheit, der Angst und der Gier. Man kann gegen das Rathaus gewinnen, man kann das System schlagen. Die Leute haben wieder Angst, es zu versuchen.

Spin: Hat der Ausgang der Geschichte Sie die schlechte Presse vergessen lassen, die Sie bekamen?

HST: Ich hatte in meinem ganzen Leben nie so viel Spaß. Ich dachte, es sei eine gewaltige, positive Angelegenheit. Ein großer Sieg, und ich meine nicht, daß es bloß ein persönlicher einmaliger Erfolg ist. Ich meine, es ist etwas, das die Leute wirklich tun sollten. Mehr Leute sollten sagen: »Leckt mich. Ihr seid die Gesetzesbrecher. Ihr seid in mein Haus eingedrungen.« Aber die Gesetze ändern sich so schnell, daß man heutzutage die besten Anwälte braucht, um sich zu verteidigen.

Spin: Haben Sie seit dem Prozeß weitere Zusammenstöße mit Gesetzeshütern gehabt?

HST: In der Durango Red Lion Inn hatte ich ein kleines Problem. Ich verliebte mich in einen Tisch, der in der Mitte der Präsidentensuite stand. Also sagte ich dem Management, ich würde ihnen den Tisch gern abkaufen, aber niemand war für den Verkauf zuständig. Also ging ich ins Büro und redete nett mit den Leuten. Am Schluß sagte ich: »Scheiße, ich hätte den Tisch einfach klauen sollen. Aber ich sitze hier und versuche, anständig zu sein und bitte Sie, ihn einfach auf meine Rechnung zu setzen und Sie wollen das nicht machen.« Und der fürs Catering zuständige Manager sagte: »Ja, das hätten Sie tun sollen.« Und darauf sagte ich: »Ja, das werde ich auch tun.« Ich hatte ein Flugzeug gechartert. Zwei Tage danach rief einer der hiesigen Deputy-Sheriffs an und sagte: »Da ist ein Sergeant, der von Durango aus anruft und behauptet, Sie müßten wegen schweren Diebstahls verhaftet werden, es sei denn, Sie wären bereit, für diesen Tisch zu zahlen.« Also schickte ich einen Freund hin und bezahlte für den Tisch 509 Dollar. Denselben Tisch hätte ich in Denver für 150 bekommen. Offensichtlich hatte das Zimmermädchen das Fehlen des Tisches bemerkt und der Manager hatte mich bei der Polizei angezeigt.

Spin: Haben Sie nicht eine ziemlich eindrucksvolle Sammlung von Morgenröcken, die Sie landesweit aus Hotels gestohlen haben?

HST: Ich zahle für diese Morgenröcke! Sie stehen immer auf der Rechnung. 75 Dollar pro Stück.

Spin: Ihr Drogenkonsum ist einer der umstritteneren Faktoren Ihrer Person und Ihres Schreibens. Spielen Drogen und Alkohol in Ihrem jetzigen Leben eine ebenso große Rolle wie in ihren früheren Werken?

HST: Mein Drogenkonsum wird offensichtlich übertrieben. Ich wäre schon längst tot, wenn das stimmte. Ich habe schon den brutalsten Drogenkopf unserer Zeit überlebt – Neal Cassady. Ich und William Burroughs sind die einzigen Überlebenden. Wir sind die einzigen öffentlich bekannten reuelosen Rauschgiftler, und er ist 78 Jahre alt und behauptet, clean zu sein. Aber er hat sich nicht gegen Drogen ausgesprochen wie Timothy Leary – dieser große Scharlatan.

Spin: Wie haben Drogen ihre Wahrnehmung der Welt und / oder Ihr Schreiben beeinflußt?

HST: Für gewöhnlich erweitern Drogen meine Wahrnehmung oder verstärken sie, im Guten wie im Schlechten. Sie geben mir die Widerstandskraft gegenüber wiederholten Schocks meiner Unschuldsdrüse. Schon die brutale Realität der Politik wäre vermutlich ohne Drogen nicht auszuhalten. Sie haben mir die Stärke gegeben, mit diesen schockierenden Realitäten umzugehen, die unter Garantie jedermanns Glauben an die höheren idealistischen Schibboleths unserer Zeit und des »amerikanischen Jahrhunderts« zerschmettern. Jeder, der 20 Jahre lang sein Thema verfolgt – und das Thema ist »Der Tod des amerikanischen Traums« –, braucht jede gottverdammte Krücke, die er finden kann. Außerdem mag ich Drogen. Das einzige Problem dabei sind die Leute, die mich von ihrem Konsum abhalten wollen. *Res ipsa loquitur.* Ich war immerhin letztes Jahr ein gefeierter Autor.

Spin: Wie geht es Ihnen gesundheitlich?

HST: Ich fühle mich wie ein junges Reh.

Spin: Amüsiert, verärgert oder langweilt Sie Ihr Bild in den Medien als »Verrückter«.

HST: Die Wahrnehmung meiner Person in den Medien war immer sehr unterschiedlich. So unterschiedlich wie die Medien selbst sind. Als Journalist habe ich es irgendwie geschafft, alle Regeln zu brechen und trotzdem Erfolg zu haben. Das ist für die meisten Gentleman-Journalisten heutzutage schwer zu verstehen, aber nur, weil sie es selbst nicht können. Die Klugen haben es sofort kapiert. Ich hatte niemals Streit mit den besten Leuten im Journalismus. Ich bin Journalist und ich habe niemals eine Gruppe oder einen Stamm getroffen, bei dem ich lieber Mitglied wäre oder mit dem ich mehr Spaß gehabt hätte – trotz der verschiedenen Dreckskerle und Kriecher innerhalb der Presse. Ich bin stolz darauf, Mitglied des Stammes zu sein.

Es war nicht besonders hilfreich, in den letzten 15 Jahren eine wilde Comic-Strip-Figur zu sein – ein besoffener Schleimbeutel, der schon vor langer Zeit hätte kastriert werden sollen. Die klugen Leute in den Medien wußten, daß das eine Übertreibung war. Die blöden nahmen den Comic ernst und befahlen ihren Kindern, sich um jeden Preis von mir fern zu halten. Die ganz schlauen kapierten, es war bloß eine zensierte, gewissermaßen heruntergekochte Kinderbuchversion der Wirklichkeit.

Jetzt werden wir in die neunziger Jahre hinein getrieben. Das wird wahrscheinlich eine noch wahrhaftigere Generation von Schweinen, ein Jahrzehnt, das von Bullen und Gefängniswärtern beherrscht wird – eine Generation ohne Humor, ohne Gnade; tote Helden und verringerte Erwartungen, ein Jahrzehnt, das als die Grauzone in die Geschichte eingehen wird.

Am Ende dieser Dekade wird niemand mehr etwas Genaues wissen, außer daß man die Regeln befolgen muß, daß Sex einen umbringt, daß Politiker lügen, der Regen vergiftet ist und die Welt von Huren regiert wird. Das sind schreckliche Dinge, die man ein Leben lang kennen muß, sogar wenn man reich ist.

Eine Art von Weltuntergangsdenken hat die Medien ergriffen und auch die Wirtschaft und die Politik: »Ich werde dich der Polizei übergeben, Sohn – nicht nur zu deinem eigenen Besten, sondern weil du der Bastard warst, der mich letztes Jahr den Bullen ausgeliefert hat.«

Spin: Wie reagieren Sie, wenn sie merken, wie andere Ihren Gonzo-Stil nachahmen oder plagiieren?

HST: Welche anderen denn? Nur ein Wahnsinniger würde in diesen irren und wirren Zeiten das Label Gonzo-Journalist haben wollen. Ich habe keine Wachstums-Industrie erfunden. Ich habe niemals auf Gangs oder Massen oder Fans spekuliert ... wie etwa Timothy Leary. Es ist angenehm, Freunde zu haben. Kein Mensch braucht Nachäffer.
Spin: Halten Sie P.J. O'Rourke für einen würdigen Gonzo-Partner?
HST: P.J. ist ein alter Freund. Er ist ein Monster. Wir haben Rücken an Rücken mit Brechstangen gegen Leute gekämpft, die uns umbringen wollten. Wir haben Blut miteinander vergossen. *We have walked with the King.**
Scheiße, P.J. würde Sie einfach zum Spaß erstechen.
Spin: Oh Gott, warum?
HST: Keine Ahnung. P.J. ist ein Krieger. Er sticht aus eigener Überlegung zu und für gewöhnlich hat er Recht. Ein Feind von P.J. ist auch mein Feind. Also, Vorsicht. Wenn er Sie sticht, steche ich auch zu.
Spin: Hat O'Rourke seinen Stil von Ihnen?
HST: Nein. P.J. hat seinen ganz eigenen Stil und eine ganz eigene Haltung. P.J. braucht meinen Stil nicht zu imitieren. Er versucht überhaupt nicht, ein Gonzo-Schriftsteller zu sein. Ich stieß zum ersten Mal auf P.J., als er neue Autos für *Car and Driver* testete. Er kam hier raus und wir fuhren herum. Ich machte ein paar heftige Tests auf der Straße mit einem neuen Chrysler – einen, den er für Jimmy Buffets Hochzeit gemietet hatte. Ich fuhr ihn auf einer kurvenreichen Straße volle Kanne aus. Er saß auf dem Rücksitz. Immer wenn man auf dem Rücksitz sitzt und jemand läßt richtig die Sau raus, dann kriegt man totalen Schiß. Der Fahrer muß daran denken, was er als nächstes tun wird, aber der Passagier bekommt immer mehr Angst. Was wird der Fahrer wohl als näch-

---

* Anspielung auf einen Gospelsong: »Hallelujah, I'm walking with the King.« Aus: »Gospel Melodies Songbook«, 1961.

stes tun? Oder er heult noch wegen des Stresses davor. Aber P.J. kam gut damit zurecht. Er ist sehr cool, wenn er unter Beschuß steht und er ist ein guter Fahrer.

Spin: Haben Sie Probleme mit Plagiaten, Doktor?

HST: Nein. Ich bin stolz darauf, das Wissen und den guten Geschmack zu haben, um die richtigen Leute abzukupfern: Conrad, Fitzgerald, den Marquis de Sade, Prescott, Isak Dinesen, Coleridge, Twain, Pee Wee Herman – dieses Schwein. Ja, und da gibt es noch Ed Bradley, Anne Rice, Ralph Steadman – das sind alles meine Freunde. Ich lerne von diesen Leuten. Vor allem von den toten.

Spin: Gibt es noch andere Autoren, die sie schätzen?

HST: Jim Harrison ist einer der wirklich guten Schriftsteller hierzuland. Ich mag alles, was Harrison schreibt.

Spin: Wie sieht Ihre Schreibroutine aus?

HST: Es ist sehr ungewöhnlich, daß Sie am gleichen Tag hier ankommen wie diese Schachtel (mit Porno-Videos). Ich benutze diese Sachen als Stimmungsmacher, damit ich in den Arbeitsrhythmus komme. »Caligula« ist einer meiner Allzeit-Favoriten.[*] Ich glaube, ich habe ein generelles Defizit in der Produktion von Adrenalin und bin in der Regel süchtig nach meinem eigenen Adrenalin.

Spin: Hauen Sie immer noch alles in Ihre Schreibmaschine oder haben Sie angefangen, einen Computer zu benutzen?

HST: Ich mag den kleinen Bildschirm nicht. Der taugt für kurze Texte, aber ich denke an ein praktikables Gewicht. Wenn ich einen großen Bildschirm hätte, der zehn Seiten auf einmal zeigt – aber das macht irgendwie keinen Sinn. Ich vermute, es wäre hilfreich, wenn ich wirklich in die Sache einsteigen würde oder wenn ich wüßte, daß Harrison auch an einem Computer arbeitet, oder

---

[*] »Caligula« (1979) ist ein Spielfilm über den tragischen römischen Kaiser Caligula mit Malcolm McDowell als Hauptdarsteller. Das Drehbuch schrieb Gore Vidal.

wenn er mich dazu überreden würde, vielleicht würde ich es dann versuchen. Ich glaube, Computer sind nur so schlau wie die Person, die sie programmiert hat, und folglich müßte ich das verdammte Ding selbst programmieren, um es meinen Bedürfnissen anzupassen.

Spin: Ich höre, Sie haben ziemliche Schwierigkeiten, Ihre Redaktionsassistentin zu behalten.

HST: Meine ewige Jagd nach einem oder mehreren Redaktionsassistenten. Ich brauche einen Stab von ungefähr sechs Leuten, und das ist offensichtlich für Leute in diesem Land zu schwer geworden. Ich habe hier draußen Leute gefragt ichweißnichtwieoft. Ich suche ein Mädchen, das schnell und verdorben ist, sie muß lustig sein und schlau. Die wirkliche Frage ist freilich: Kann sie tippen? Wir können das ziemlich schnell auf den Punkt bringen. Ich habe hier einen Katalog mit Mail-Order-Bräuten und ich denke momentan darüber nach, mir welche zu bestellen. Englisch ist jetzt nicht so wichtig – ich brauche einfach eine Assistentin. Es ist so eine Art Kontakt-Börse.

Spin: Warum wurde Ihr letzter Auftritt bei David Letterman abgesagt?

HST: Naja, ich war zwei oder drei Mal dort. Ich hasse es, ins Studio zu gehen und zwei oder drei Stunden dort herumzuhängen. Ich werde betrunken und sauer, wenn ich so lange auf und ab laufen muß. Der Produzent rief mich am Tag vor meinem Termin an und sagte: »Hunter, wirst du auch ein braver Junge sein? Bist du diesmal nett?« Und ich sagte: »Ja, Frank, mach dir keinen Kopf. Wenn ich als erster dran bin, dann hast du kein Problem damit, wie ich mich anschließend aufführe.« Er sagte, er würde das versuchen, aber ich wurde dann als Dritter eingeplant. Ich antwortete ihm: »Also, Frank, du weißt doch, daß ich dann besoffen bin und unberechenbar werde. Ich bringe vier riesige Schlägertypen mit und die werden Letterman unten halten, während ich bei laufender Kamera seinen Kopf rasiere.« Letterman hat mich nie gemocht – er verliert die Kontrolle über die Show. Letterman ist ein Lämmerschwänzchen. Ich war nie der Ansicht, daß er wirklich lustig ist; er ist eigentlich bloß ein Dreckskerl. Tags darauf wurde ich informiert daß man nichts ändern könne, also sagte ich: »Sie wissen, was passieren wird. Ich war die ganze Nacht auf und ich bin jetzt schon irre. Wenn ich rüberkomme und heftig schlucke, dann könnte es sein, daß die Kopfrasur das einzig Lustige ist, das ich an diesem Nachmittag erlebe.« Danach sagte Letterman abrupt ab und er mußte zwanzig Minuten lang heiße Luft quasseln, anstatt mich dort live zu haben.

Spin: Die *New York Times* nannte Sie einen »bitteren desillusionierten Idealisten«. Stimmen Sie dieser Einschätzung zu?

HST: Ja. Aber was soll's? Das kommt vom Job und das ist nichts Schlimmes. Sie hätten mich auch einen »reichen und vergnügten Zyniker« nennen können – wie Ivan Boesky[*] oder George Bush. Ich habe durchaus ein gewisses Vergnügen daran, ein bitterer desillusionierter Idealist zu sein. Es ist nicht so schlimm wie es klingt. Vielleicht bin ich bloß ein Romantik-Junkie, süchtig nach der Ethik der Liebe und des Abenteuers – verflucht und beladen und mein ganzes Leben lang niedergedrückt von der Last, den Albatros der »romantischen Sensibilität« zu tragen – wie Shelley und Keats und Lord Byron und Big Sam Coleridge und Keith Richards und Bob Dylan.

Spin: All diese Leute sind verrückt, Doc. Wollen Sie das damit sagen? Dass Sie auch verrückt werden?

HST: Ich doch nicht, Jocko. Ich bin ein brutaler Südstaaten-Gentleman, den es irgendwie in die Politik verschlagen hat. Es war unvermeidlich, damals wie jetzt. Sie ziehen uns aus unseren Löchern heraus – und man weiß, was dann mit ihnen passiert.

---

[*] Ivan Boesky ist ein früherer Wallstreetinvestor. Er wurde 1986 im Rahmen eines massiven Insiderhandelskandals verurteilt.

Vanity Fair – September 1994

Der Proust-Fragebogen

Der Großvater (und einzige Überlebende) des Gonzo-Journalismus, Hunter S. Diesen Monat wirft er ein scheeles Auge auf *Vanity Fairs* Proust-Fragebogen.

Frage: Mit welcher historischen Figur identifizieren Sie sich am meisten?
HST: Marquis de Sade.
Frage: Welche lebende Person bewundern Sie am meisten?
HST: Richard Nixon – trotz der Gerüchte über seinen Tod.
Frage: Welchen Charakterzug verachten Sie am meisten bei anderen?
HST: Gier und Sprachlosigkeit.
Frage: Was ist Ihre größte Extravaganz?
HST: Das Geld, das ich für Geschlechtsverkehr mit Tieren ausgebe.
Frage: Ihre liebste Reise?
HST: Um vier Uhr früh über rote Ampeln auf der Park Avenue in einem schnellen Wagen fahren.
Frage: Was halten Sie für die am meisten überschätzte Tugend?
HST: Mäßigung.
Frage: Bei welcher Gelegenheit lügen Sie?
HST: Bei der Polizei.
Frage: Was bedauern Sie am meisten?
HST: Die Zerstörung der einst so ehrbaren »Woody Creek Tavern« durch gierige Drecksäcke.

Frage: Wenn Sie eine Sache innerhalb Ihrer Familie ändern könnten, was wäre das?
HST: Meinen verdorbenen Sohn loszuwerden.
Frage: Wenn Sie die Wahl hätten, als was würden Sie zurückkommen?
HST: Ich habe keine Wahl (und Sie auch nicht). Ich bin viele Male hier gewesen aus vielen Gründen und ich werde hier sein, wenn Sie gegangen sind. Ich bin Lono.
Frage: Wo würden Sie gerne leben?
HST: Im Refugium an der Südküste von Kona.
Frage: Was ist Ihr signifikantestes Charakteristikum?
HST: Ein gequältes Honky-Tonk-Grinsen.
Frage: Wer ist Ihr liebster literarischer Held?
HST: Dracula.
Frage: Wer sind Ihre Helden im wirklichen Leben?
HST: Hal Haddon (Rechtsanwalt, Wahlkampfmanager von Gary Hart), Morris Dees (Bürgerrechtsaktivist), Nina Hartley (Pornostar), Jaques Cousteau (Meeresforscher).
Frage: Wie würden Sie am liebsten sterben?
HST: Explodieren.
Frage: Was ist Ihr Motto:
HST: »Res Ipsa Loquitur.« (Die Sache spricht für sich selbst.)

Rolling Stone – 28. November 1996

Auf dem Weg in die Hölle

P. J. O'Rourke

»Fear and Loathing in Las Vegas« wurde erstmals vor 25 Jahren hier im *Rolling Stone* veröffentlicht. Wir, die Zeiten, das Land und die Welt haben sich verändert. Das Buch von Dr. Hunter S. Thompson ebenfalls. Es war damals und ist heute noch ein scharfsinniges, schöpferisches, unvergleichliches, virtuoses Werk, eines dieser Dinge, die einen zum Wörterbuch greifen lassen, um nach einem Begriff zu suchen, der es ausdrückt ...

Atavistisch, adj. einer Charakteristik zugehörig oder darauf bezüglich, die in einem weit entfernten Vorfahren vorhanden war, z.B. der Veloziraptor, aber nicht in einem näheren Vorläufer ... Gerechtigkeit.

»Fear and Loathing in Las Vegas« ist auch eine Art Zufall. Es war ein literarisches Nebenprodukt. Mitten in einer brillianten internationalen journalistischen Arbeit hatte Thompson einen Anfall von künstlerischer Genialität. Hunter S. Thompson war 1971 heftig und ziemlich gefährlich mit einen Artikel über den Mord an dem Chicano-Journalisten Ruben Salazar zugange. Hunter hatte eine gute Quelle für die Geschichte, Oscar Acosta, den mexikanisch-amerikanischen Anwalt und Politaktivisten. Aber Oscar war von jungen Hitzköpfen umgeben, die wegen jedem Kontakt mit einem Anglo Paranoia hatten, egal wie sehr der Gringo angeblich mit der Sache sympathisierte. Also schlug Thompson vor, er und Acosta sollten einen Wochenendausflug nach Las Vegas machen. Während der Fahrt würden sie Gelegenheit haben, privat miteinander zu reden.

Der Rest ist Geschichte. Physik, irgendwie. Chemie, definitiv. Abnorme Psyche, mit Sicherheit. Dazu PE und Lunch.

»Fear and Loathing in Las Vegas« sprach die großen Themen der Literatur des späten 20. Jahrhunderts an – Gesetzlosigkeit, Sein und Nichtsein, existentieller Terror. Doch es sind zwei Dinge, die Hunter S. Thompson von der gemeinen Herde der Angstverkäufer in der modernen Literatur unterscheiden. Erstens, Thompson ist ein besserer Schreiber. Er wirft Kafka über seinen Rücken wie irgendein großes Insekt. Er läßt Genet wie einen Kinderbuchautor klingen – Buzzy Bunny and His Puppy Pals Blow Me (Bello Plischplum und seine wusligen Welpenfreunde blasen mir einen). Verglichen mit »Fear and Loathing in Las Vegas« ist »Der Fremde« von Albert Camus ein lahmes Knastgewinsel und der ganze Sartre ist nichts weiter als ein französischer Blödmann, der im Café herumhockt und sagt: »Wo immer du hingehst, da bist du dann.«

Zweitens, Thompson bringt uns zum Lachen. Das tun wir sehr wahrscheinlich nicht bei Aufführungen von Samuel Becketts »Warten auf Godot«, auch wenn wir so high wären wie Raoul Duke. Hunter Thompson stellt die finsterste Frage der Ontologie, greift die grimmigsten epistemologischen Probleme auf, und durch die Art und Weise, wie er das macht, verursacht er uns Lachkrämpfe, daß uns alles von den Schultern abwärts zur Hüfte weh tut, daß unsere Oberschenkel sich röten, weil wir uns ständig darauf patschen, und dabei läuft uns das Bier aus der Nase. Wir lachen andauernd und dermaßen, daß wir fast genauso sehr in Gefahr sind zu kotzen wie der 300 Pfund schwere Anwalt aus Samoa.

Lies Beckett, Sartre, Camus, Genet und Kafka und du wirst feststellen:

»Das Leben ist absurd, die Welt macht keinen Sinn und die gesamte Schöpfung ist irrsinnig.«

Lies Hunter S. Thompson und du wirst feststellen:

»Das Leben ist absurd, die Welt macht keinen Sinn und die gesamte Schöpfung ist irrsinnig – cool.«

DIE UNTRÜGLICHE QUALITÄT DER RAUSCHMITTELLOGIK ... SCHREIBEN IN ANGST UND DIE VEREHRUNG DER REGELN ... DIE DEMOKRATIE DER RAUSCHMITTEL

O'Rourke: Zu der Zeit als du »Fear and Loathing in Las Vegas« geschrieben hast, bist du davon ausgegangen, daß die Dinge in den sechziger Jahren schief gelaufen waren, daß es eine gescheiterte Ära war.

HST: Tatsache war doch, da gab es die Schießerei an der Kent State University[*], da gab es Chicago[**], da gab es Altamont.[***] In den sechziger Jahren drehte sich alles um die *Free Speech Movement,* und zwar lange vor den Blumenkindern. Ich war engagierter bei der Bewegung für die Freiheit der Rede als beim Acid Club. Man wußte, daß etwas im Gang war. Man muß sich in Erinnerung rufen, daß Acid legal war. Ken Kesey war einer der Anführer der psychedelischen Bewegung. Berkeley war ein komplett andere Sache. Die Musik war noch eine andere

---

[*] Siehe Fußnote auf S. 76.
[**] Zwischen dem 25.-28. August 1968 fand der Konvent der Demokraten in Chicago statt, auf dem der Präsidentschaftskandidat gewählt werden sollte. Die Yippies mobilisierten dagegen. Es kam zu heftigen Straßenschlachten, in deren Verlauf auch Hunter S. Thompson von der Polizei in Chicago verprügelt wurde, obwohl er als Journalist eine Akkreditierung vorweisen konnte.
[***] Am 6. Dezember 1969 wurden die Hells Angels für ein Freies Konzert der Rolling Stones auf der Rennbahn von Altamont in Kalifornien als Ordner angeheuert. Während des Konzerts kam es zu Schlägereien, in deren Verlauf ein Hells Angel einen jungen afroamerikanischen Fan erstach.

Sache. Es gab »The Matrix« (den Club), Ralph Gleason,[*] einfach alles.

O'Rourke: Ich hatte in den Sixties die beste Zeit meines Lebens und ich mache sie runter und verfluche sie, weil ich sie vermisse. Aber wenn wir ernsthaft darüber reden und wenn ich mich wirklich daran erinnere, was alles passierte, dann war das eine fürchterliche Zeit.

HST: Ich könnte mich mit dir über deine Interpretation streiten, daß die sechziger Jahre bedeutungslos waren. Aber ich habe seither auch gesagt, daß wir eine echte Illusion von Macht hatten – die Illusion, das Sagen zu haben. Das war sehr befreiend. Wir haben immerhin einen Präsidenten aus dem Weißen Haus gejagt.

O'Rourke: Was lief schief?

HST: Die Anführer umbringen erwies sich nicht als sonderlich hilfreich – und Chicago 1968, Kent State, Nixons Wiederwahl. Aber ich hätte doch eine oder zwei Nuancen hinsichtlich der sechziger Jahre anzumerken, in denen ich nicht mit dir übereinstimme. Was voraussehbar ist. So wie du die Sixties siehst, würdest du sie wohl eine Zeit der dämlichen Schafe nennen, oder eine, in der sich die Geißböcke freiwillig selbst opferten.

O'Rourke: Ja, es gibt doch dieses lemminghafte Verhalten in den sechziger Jahren.

HST: Ich sehe eher die 80er so. Und Gott weiß was zum Teufel die 90er sind. Die sind zugestellt mit Regeln. Regeln werden verehrt – sogar Football- und Basketballschiedsrichter weden zu Berühmtheiten. Und der Drang, die Lust, ins Fernsehen zu kommen: das könnte der vorherrschende Instinkt unserer Zeit werden. Wir sind in einer neuen Welt. Wir sind in der Dekadenz. Ich sage immer, es wird kein Jahr 2000 geben.

---

[*] Ralph Gleason war ein einflußreicher amerikanischer Jazz- und Rockkritiker, sowie zusammen mit Jan Wenner ein Gründungsmitglied des *Rolling Stone*. Er starb 1975 und sein Name wird neben dem von Hunter dort in Ehren gehalten.

O'Rourke: Du hast die Auswirkung von Drogen in deinem Werk ziemlich negativ beschrieben. Generell passiert den Leuten gar nichts Angenehmes, wenn sie Drogen nehmen. Statt dessen ist es Gotham City (Edge City). Du hast eine Menge Zeug verfaßt, das Nancy Reagan gesagt haben könnte – »Kinder, das wird passieren, wenn ihr...«

HST: Egal ob negativ oder nicht, die Realität ist: wenn man anfängt mit Drogen rumzuspielen, dann sind die Chancen, nach Rosen zu duften und Präsident der Vereinigten Staaten zu werden nicht gerade hoch. Ich habe an einem bestimmten Punkt den Unterschied zwischen mir und sagen wir mal (Timothy) Learys Konzept beschrieben – du kennst das ja, daß Drogen eine heilige Erfahrung und nur in der Drogenkirche erlaubt seien. Ich bin mehr für eine Demokratisierung von Drogen. Auf eigenes Risiko, klar. Ich war nie der Ansicht, daß es meine Aufgabe sei, Dinge zu befürworten, außer ein paar engen Freunden gegenüber.

O'Rourke: Glaubst du, daß Drogen in irgendeiner Form für die Produktion von Kunst interessant sind?

HST: Ja, auf jeden Fall. Aber ich habe ungefähr zwei Jahre lang dazu gebraucht, mir eine Drogenerfahrung zurückzurufen und aufs Papier zu bringen.

O'Rourke: Und es hat sich nicht angehört wie ein Drehbuch für »The Trip« mit Peter Fonda?

HST: Um es richtig zu machen muß man den Stoff im selben Augenblick festhalten, wo man ihn erlebt. Acid bewegt deinen Kopf und deine Augen und alle anderen Wahrnehmungsorgane. Aber die Erfahrung zurückzuholen war eine der härtesten Übungen, die ich je beim Schreiben zu machen hatte.

O'Rourke: Man kann Witze darüber reißen. Aber es wirklich aufs Papier zu bringen, ehrlich zu sein ...

HST: Ja, genau darum geht es in dem Vegas-Buch. Es handelt von den veränderten Wahrnehmungen der Figuren. Für mich ist das das Rückgrat des Buchs – ihre Antworten auf ihre gegenseitigen Fragen. Es ist wie bei den Three Stooges: die Geschichte, als sie auf See in einem Ruderboot sitzen, das ein Leck bekommt. Das Boot füllt sich mit Wasser. Also beschließen sie, ein Loch in den Boden des Bootes zu schlagen, um das Wasser abfließen zu lassen. Das ist die Logik von Bekifften.

O'Rourke: Gibt es einen Grund, warum »Fear and Loathing« keine Fiktion sein sollte?

HST: Ich erinnere mich an einen Freitagnachmittag, als eben dieses für die *New York Times* entschieden werden sollte – »Ein Werk der Einbildungskraft«. Jim Silberman (Lektor bei Random House) brachte das auf. Aber es paßte natürlich nicht. Wir einigten uns auf »nonfiction« und das führte dazu, daß es unter »Soziologie« eingeordnet wurde.

O'Rourke: Oh. Jedenfalls hat die Art, wie du schreibst, die reine Fiktion ersetzt. All diese Burschen – Camus in »Der Fremde«, Beckett in »Warten auf Godot«, Ionesco mit all den herumrennenden Phantasie-Nashörnern[*] – sie versuchen eine fiktionale Welt zu konstruieren, die die absurde Natur des modernen Lebens verdeutlicht. Sie haben einfach aufgeschrieben, was gerade geschehen war und haben sie auf den Boden der Wirklichkeit zurückgeholt. Die Realität von »Fear and Loathing in Las Vegas« hat eine Durchschlagkraft wie Henry Miller, welche die Phantasie-Nashörner und Ionesco aus meiner Sicht einfach nicht haben.

HST: Naja, wir hatte Phantasie-Alligatoren.

O'Rourke: Aber es waren reale Einbildungen.

HST: Was mich betrifft, habe ich meine Erfahrungen in Las Vegas aufgeschrieben. Es war nur das Gonzo-Denken, das die Sache einen Schritt weiter vorantrieb. Ich

---

[*] Eugene Ionesco war ein französischer Dramatiker des Absurden. In seinem Stück »Die Nashörner« verwandeln sich die Bewohner einer französischen Kleinstadt in der Wahrnehmung Bérangers, des Protagonisten, in Nashörner.

schrieb das absichtlich als Treatment. Aber ich hatte keine Ahnung, daß innere Monologe im Kino nicht gut ankommen. Deswegen ist das Buch so schwer zu verfilmen.

O'Rourke: Das ist der Grund, warum »Where the Buffalo Roam« auf bestimmten Ebenen nicht funktionierte.

HST: Das war einfach ein schlechtes Drehbuch. Im Las Vegas-Buch passiert mehr im Kopf. Das ist der Grund, warum wir solche Probleme hatten, das filmisch umzusetzen. Wie filmt man Angst? Oder eine bestimmte Art von Psychose?

O'Rourke: Was das betrifft, wie schreibst du darüber?

HST: Ich schrieb das der Reihe nach. Ich schrieb es zunächst mit der Hand in Notizbücher.

O'Rourke: Du fingst damit an, als du dich wirklich in Las Vegas befunden hast?

HST: Und Angst hatte.

O'Rourke: Durchaus verständlich.

HST: Oscar hatte mich dort mit einem Pfund Gras und einer geladenen .357er sowie einigen Patronen in seiner Aktentasche zurückgelassen.

O'Rourke: Und kein Geld.

HST: Ich konnte die Rechnung nicht bezahlen. Und ich hatte Angst. Und ich wartete auf den richtigen Zeitpunkt, um das Hotel durch das Kasino hindurch zu verlassen. Davor hatte ich schon unauffällig Sachen ins Auto gebracht, kleine Mengen hinein und heraus getan. Aber da war ein großer metallener Halliburton-Koffer, den man auf keinen Fall hinaustransportieren konnte, ohne dabei gesehen zu werden. Ich versuchte den richtigen Zeitpunkt für meinen Abgang zu finden. Ich erinnere mich, daß morgens um 4 Uhr 30 ein Pokerspiel lief. Es liefen überhaupt nur Pokerspiele. Ich ging einfach durch das Kasino und trug lässig diesen großen Halliburton. Ich hatte Angst, auf der einzigen Straße nach L.A. in einem roten Auto davonzufahren.

O'Rourke: Was war furchterregender: Daß dich Oscar allein gelassen hat oder wenn er da gewesen wäre?

HST: Ich hätte ihn lieber da gehabt. Auf einmal allein zu sein, nachdem wir Drogen eingeworfen hatten (nachdenkliche Pause) – aber nicht vorsätzlich; wir waren dorthin gefahren, um eine Story zu schreiben.
O'Rourke: Du bist hingefahren, um zu arbeiten.
HST: Ich hatte die ganze Zeit Angst. Ich war in einer miserablen Verfassung. Zuerst prelle ich eine Hotelrechnung in Las Vegas und dann will ich in einem roten Auto nach L.A. fahren.
O'Rourke: Nicht ganz nüchtern.
HST: Das ist nicht die beste Art abzuhauen – eine gestohlene Pistole, ein Pfund Gras. Da stand eine große Anzeigentafel am Stadtrand von Las Vegas: »Achtung! 20 Jahre für Marijuana.«
O'Rourke: Für mich war der Schlüsselmoment der Paranoia das enorme, furchterregende Schild außerhalb des Hotelfensters. Oscar will darauf schießen. Aber du sagst: »Nein, studieren wir doch vorher seine Gewohnheiten.«
HST: Wir schaukeln uns gegenseitig auf. Es klopft an der Tür: »Das muß der Manager sein, der uns die Köpfe wegschießen will.« Die Antwort der anderen Person besteht darin, sofort ein Messer zu packen, die Tür zu öffnen und die Kehle (des Typen) durchzuschneiden.

Ja, nimm das als Beispiel für Kifferlogik: Ich wollte auf dem Vegas-Buchumschlag Oscar haben: Von Hunter Thompson und Oscar Acosta. Er sagte: »Ich bin kein Scheiß-Samoaner.« Das hatte ich geschrieben, um ihn zu schützen. Ich sagte: »Oscar, du bist ein Scheißmitglied der California Bar Association. Du bist in extrem öffentlichen Hearings engagiert, du beschützt die Typen, die versuchten, das Hotel niederzubrennen, als Reagan sprach.« Ich benutzte also Samoa aus einem triftigen Grund. Allmächtiger Gott (er zeigt die Rückseite einer gebundenen Ausgabe des Vegas-Buches mit einem Foto, auf dem Acosta zu sehen ist). Ich schrieb das. Ich sagte ihm: »Das ist Wahnsinn.« Aber er bestand auf dem Foto und darauf, durch das Foto identifiziert zu werden.

O'Rourke: Aber kann man auf Drogen produktiv sein? Ich meine, wir wissen ja, daß Drogen einem definitiv andere Gesichtspunkte vermitteln, daß man die Welt mit dem Auge einer Fliege sieht und solche Sachen.

HST: Ohne die Drogen wären wir nicht nach Las Vegas gefahren. Wir hätten komplett andere Erfahrungen gemacht. Und die Logik der ganzen Angelegenheit war Kifferlogik: Hier sind Oscar und ich inmitten dieser irren Mörderstory (»Strange Rumblings in Aztlan«, *Rolling Stone*)[*] und da stehen all diese Bodyguards herum. »Ich halte das nicht mehr aus.« »Diese gottverdammten Spics.[**]« Die Hälfte von denen droht mich umzulegen. Das beherrschende Gefühl dabei war: »Ich kann nicht mal mehr mit dir reden.« Die Logik hinter dem, was wir taten, das »Gehen wir nach Las Vegas und vergessen sie«, das wäre ohne Drogen nicht geschehen. Es war der richtige Gedanke. Aber Drogen tendieren dazu, ein Problem zu werden, wenn die Zeit des Niederschreibens gekommen ist, und nur wenn die Grundstimmung anhält, ist es okay.

IN EINEM ZUG AUF DEM WEG IN DIE HÖLLE ... GATSBY CONTRA THE GOOPS ... LESEN FÜR MACHT UND FITZGERALDS EINFLUSS

O'Rourke: Du bist ziemlich aggressiv. Und Journalismus ist eine wunderbare Möglichkeit, Aggressionen rauszulassen.

HST: Das ist eine meiner größten Frustrationen, daß ich keine Kolumne mehr schreibe.

O'Rourke: Es gibt doch nichts Besseres auf der Welt, als die gerechtfertigte Attacke auf Autoritätsfiguren, die

---

[*] Auf deutsch: »Befremdliche Töne in Aztlan«. In »Gonzo Generation«, Heyne, München 2007.
[**] Schimpfwort für die Hispanics, die Ethnie in Amerika mit hispanoamerikanischer oder spanischer Herkunft.

mit Humor geführt wird. Gibt es irgendetwas, das besser ist, als sich über Leute lustig zu machen?

HST: Nicht, wenn es sich um die richtigen Leute handelt. Ich glaube, die gemeinsame Sichtweise ist dabei riesig. Man weiß, was funktioniert. Wenn sie im Quadrat springen, dann hat man das richtige Wort getroffen. Was die Leser betrifft, so war ich überrascht und bin es immer noch von der großen Menge solider und artikulierter Leuten da draußen, die extrem verschieden ist, mich aber wirklich mag und sich einig ist, daß ich ihre Gefühle ausdrücke. Ich glaube, Journalismus und Fiktion müssen das leisten. Es geht nicht bloß um Amusement.

O'Rourke: Literaten, auch wenn sie interessante Techniken verwenden, schreiben oft am Publikum vorbei. Als Journalist muß man sich an seinen Lesern orientieren.

HST: Zeitungen stellen diese Verbindung mit dem Leser her. Du hast keine Wahl. Du bist angeschissen, wenn du die Leute nicht erreichst.

O'Rourke: Was würdest du also angehenden Autoren raten?

HST: Jesus, das ist harter Stoff. Ich glaube, eine der Sachen, auf die ich früh kam, eine Art Selbstverteidigungsmechanismus, bestand darin, Schriftsteller abzuschreiben. Eine Seite Hemingway oder eine Seite Faulkner. Oder drei Seiten. Auf diese Weise lernte ich sehr viel über Rhythmus. Ich betrachte Schreiben tatsächlich als Musik. Und ich betrachte mein Werk im Wesentlichen als Musik. Deshalb höre ich es auch gern, wenn andere es laut vorlesen. Ich höre gern, was sie dabei aus sich herausholen. So erfahre ich, was sie darin sehen. Ich habe es gern, wenn Frauen daraus vorlesen. Wenn es musikalisch stimmt, dann geht es richtig ins Ohr. Es könnte sein, daß Kinder deswegen darauf stehen.

O'Rourke: Und man weiß dann auch, ob man den Leser dazu kriegt, das zu hören, was man selbst möchte.

HST: Ich mag das gerne, wenn sie das tun. Mein Junge, da weißt du dann, daß du auf derselben verfickten Frequenz sendest. Ohne Musik wäre es einfach nur ein undefinierbarer Brei.

O'Rourke: Hat dir jemand laut vorgelesen, als du ein Kind warst?

HST: Ja, meine Mutter. Unsere Familie liebte Geschichten – Fabeln, Gutenachtgeschichten, so was. Das Haus war voller Bücher. Es gab keine Wand im Haus, an der kein Regal war. So wie hier (zeigt auf die Regale im Raum). Für mich war die Bibliothek ganz genauso ein Rückzugsgebiet wie heutzutage ein Crackhaus für ein Gang-Kid. Ein Bibliotheksausweis war eine Fahrkarte. Ich las jedes gottverdammte Buch. Meine Mutter arbeitete in der Stadtbibliothek von Louisville.

O'Rourke: John Updikes Mutter sagte zu ihrem Sohn, die ganze »Rabbit«-Serie lese sich so, wie sich das Hirn eines Einserschülers das Leben eines Hochschulsportlers vorstellt ...

HST: Wow. Seine Mutter sagt ja quasi: »Ich wußte, es gab einen Grund dafür, daß ich immer schon von dir enttäuscht war, mein Sohn.« Stell dir mal den Kampf vor, den meine Mutter auszufechten hatte.

O'Rourke: Wie stand sie zu deiner Schriftstellerei?

HST: Zehn Jahre lang wurde die Tatsache, daß ich Schriftsteller war, gar nicht wahrgenommen. Ich wurde praktisch nur als Krimineller auf dem Schienenweg zur Hölle gesehen. Meine Mutter mußte am Hauptschreibtisch der Bücherei sitzen, dort in der Fourth Street, und erst als Leute hereinkamen und nach meinem Buch fragten, war sie überzeugt davon, daß ich einen Job hatte.

O'Rourke: Was war das erste Buch, das du ganz gelesen hast?

HST: Gütiger Himmel – jeder, der sich daran erinnert, ist wahrscheinlich in Schwierigkeiten oder er lügt.

O'Rourke: Nein, man sagt ja auch, daß Drogensüchtige sich immer an das erste Mal erinnern, als sie die Droge nahmen, oder daß Alkoholiker sich an ihren ersten Schluck erinnern.

HST: (Denkt nach) Jesus, ich glaube, du hast recht.
O'Rourke: Ja, das glaube ich auch.
HST: Also, im Bücherschrank meiner Großmutter stand ein Buch, das hieß »The Goops«.* Ich war vielleicht 6 oder 7. Es war eine gereimte Angelegenheit über Leute, die keine Manieren haben – Leute, die sabberten. Die *Goops* benutzen ihre linke Hand, schlürfen Suppe. Die *Goops* wurden immer wegen ihrer Grobheit bestraft. Meine Großmutter holte es für mich aus dem Schrank, damit ich wußte, daß ich es mit Historischem zu tun hatte. Auf jeder Seite stand ein Gedicht, jambische Pentameter, genauer gesagt, und sie gab mir ein Gefühl für Regeln, und sie schaffte es, daß ich mich schämte, ein *Goop* zu sein – ein *Goop*, das war so etwas wie ein Schwein und ein Penner. Und das wirkte.
O'Rourke: Was war das erste Buch, das du als Erwachsener gelesen hast?
HST: In der High School war ich ein Mitglied, genau gesagt ein gewählter Offizier der Athenaeum Literary Association, was mein Bewußtsein in der Tat beeinflußte. Es begann an der Male High (in Louisville). Wir trafen uns Samstag Nacht, um zu lesen. Es war ein total elitäres Konzept. Und es wurde zum Schluß eine Art Kompensation für Schuleschwänzen: »Was ist los? Wo warst du gestern, Hunter?« »Also, ich war bei Gradys in der Bardstown Road und las Platos Höhlengleichnis, zusammen mit Bob Butler und Norman Green, und dazu tranken wir Bier.« Ich weiß nicht, es war lustig. Wir lasen Nietzsche. Es war hart, aber wenn man die Schule schwänzt, dann liest man, um sich Macht anzueignen und um einen Vorteil davon zu haben. Ich habe immer daran geglaubt: Man lehre ein Kind, gern zu lesen, und es geht seinen Weg. Das haben wir auch mit Juan (Thompsons Sohn) so gemacht. Wenn man ein Kind dazu bringt, gern für sich

---

* »The Goops And How To Be Them« ist eine Serie von Kinderbüchern, die der Maler und Autor Gelett Burgess veröffentlichte.

selbst zu lesen, Scheiße, dann hat man, denke ich, seinen Job gemacht.

O'Rourke: Wann hast du angefangen, eigenständig zu lesen, wer hat dich angetörnt?

HST: Als ich bei der Airforce war, da wurde ich zum Büchervielfraß. Ich las zeitgenössisches Zeug wie »Der ewige Quell« von Ayn Rand. Ich las Hemingway, Fitzgerald, Faulkner, Kerouac, e.e. cummings. Das Wichtige an Hemingway war damals für mich, daß er mir zeigte: Man konnte Schriftsteller sein und damit durchkommen. Dieses Beispiel war wichtiger als seine Texte. Ich lernte aber auch sehr viel über seine Ökonomie der Wörter. Und was mir wirklich die Augen öffnete, war das Abtippen von Texten anderer Autoren. Ich fing einfach damit an. Von Dos Passos habe ich stilistisch sehr profitiert, von den Nachrichten am Anfang seiner Kapitel. Ich entdeckte früh Fitzgerald. Mit 19 oder 20 wurde mir »Der große Gatsby« als literarisches Vorbild empfohlen. Ich sagte ja bereits, »Gatsby« ist wahrscheinlich der Große Amerikanische Roman, wenn man ihn als technische Errungenschaft sieht. Er hat circa 55000 Wörter, das fand ich erstaunlich. In Vegas versuchte ich, damit zu konkurrieren.

O'Rourke: Es war mir gar nicht klar, daß »Gatsby« so kurz ist.

HST: Das war eines der wesentlichen Grundprinzipien meines Schreibens. Ich habe immer gekämpft, keine überflüssigen Wörter zu verwenden. Das war mein ganzes Leben lang ein wesentlicher Punkt meines literarischen Denkens. Verflixt. Ich kam nicht auf 55000, egal wieviel ich kürzte. Ich schnitt sogar das Ende ab. Es gibt nur wenige Sachen, die ich lese und dann sage: »Junge, das hätte ich auch gern geschrieben.« Verdammt wenige. »Die Geheime Offenbarung« ist eine. »Gatsby« ist eine. Sie kennen Hemingways Konzept: Was man nicht schreibt ist wichtiger als das, was man tut. Ich glaube nicht, daß er jemals etwas schrieb, das so gut war wie »Der große Gatsby«. Da gibt es großartige Passagen in

»Gatsby« – und ich sag dir, warum die so gut sind: Fitzgerald beschreibt Tom Buchanan. Du weißt schon – Athlet, Yale und das Übliche eben, und der Absatz endet mit seiner körperlichen Beschreibung: »Es war ein Körper mit gewaltiger Hebelkraft.« Zurück! Ich erinnere mich genau. Man liest »Gatsby« zu Ende und hat das Gefühl, lange in der Welt eines anderen versunken zu sein.

O'Rourke: Du wolltest ursprünglich Literatur schreiben und hast den Journalismus als eine Möglichkeit gesehen, dich über Wasser zu halten.

HST: Vor allem um meine Sucht zu unterstützen, nämlich mein Schreiben.

O'Rourke: Schreibst du immer noch Literatur?

HST: Das bringt uns zu »Polo Is My Life« (*Rolling Stone* Nr. 679).

O'Rourke: Hast du bei »Polo« mit einer Art »Fear and Loathing in Las Vegas«-Perspektive gearbeitet oder war es eine rein fiktionale Konstruktion?

HST: Beides. Ich mußte es als eine seriöse Reportage angehen, es dann adaptieren, wodurch die tatsächliche Mixtur zustande kam. Ich kämpfte mit dem fiktionalen Anteil – die Ratten in den Sparren über dem Pool waren ein Gerücht, das ich in die Story einzubinden versuchte.

O'Rourke: Gerüchte sind ja eine Form von Wahrheit.

HST: Erinnerst du dich an die Muskie-Sache? Das war keine Lüge. Ich schrieb, es gäbe ein Gerücht, er habe Ibogain genommen.[*] Damit brachte ich das Gerücht an die Öffentlichkeit, aber das Gerücht existierte tatsächlich schon davor.

---

[*] »Über den Ibogain-Effekt als ernstzunehmenden Faktor im Präsidentschaftswahlkampf ist nicht viel geschrieben worden, aber gegen Ende der Vorwahl in Wisconsin – etwa eine Woche vor der Abstimmung – sickerte das Gerücht durch, daß einige der Top-Berater von Muskie einen brasilianischen Doktor einbestellt hatten, von dem man sagte, er behandle den Kandidaten mit einer ›Art von fremdartiger Droge‹, von der niemand im Presse-Team jemals gehört hatte.« Zuerst veröffentlicht in: *Rolling Stone*, Nr. 108)

O'Rourke: Es war ein reales Gerücht.

HST: Bei »Polo« war es keineswegs meine Absicht, die Ereignisse journalistisch abzubilden. Schließlich ist »Polo Is My Life« ein grusliger Scherz, ein bösartiger, gemeiner Titel. Ich war plötzlich und tief und intensiv mit einer Frau zugange, die ernsthaft auf Polo stand und ihren Mann zu verlassen plante. Wir wollten gemeinsam abhauen. Sie war eine richtige Pferdefrau. An die 1.78 groß. Glaub ich. Eine wilde Schönheit. Sie hatte ein Zwei-Tore-Rating. Ich traf sie eines nachmittags im hellen Sonnenlicht. Sie hatte ihr Pferd draußen angebunden und sie sagte: »Ich kann doch nicht mit dir abhauen. Wer würde sich dann um meine Ponies kümmern?« Ich schaute sie dämlich an und sie sagte: »Das kapierst du nicht, Polo ist mein Leben.« Daher der Titel. Er hatte überhaupt nichts mit Polo zu tun. Es war eine Liebesgeschichte. Über Polo-Spiele zu berichten, war eine Grundlage, die gut für den Artikel im *Rolling Stone* war. Aber es entfernte sich von der ursprünglichen Idee.

NEU UND SELTEN ... ZWEI WOCHEN IN LAS VEGAS ... IN HOCHSTIMMUNG ... BETRUNKEN, GEIL UND PLEITE

O'Rourke: Was ist Gonzo-Journalismus?

HST: Ich habe nie beabsichtigt, aus Gonzo-Journalismus mehr zu machen als eine Variante des New Journalism. Ich wußte ja, es war nicht dasselbe. Bill Cardoso, der damals für den *Boston Globe* arbeitete, schrieb mir eine Notiz zu dem »Kentucky Derby«-Artikel (*Scanlan's Monthly*, Juni 1970): »Verdammt heiße Sache. Volltreffer. Das ist es, das ist Gonzo pur.« Und ich hörte ein oder zwei Mal, wie er das Wort dort oben in New Hampshire benutzte. Es ist Portugiesisch (in Wirklichkeit Italienisch), und es bedeutet ziemlich genau dasselbe wie »off the wall« (irre, ausgeflippt A.d.Ü.) bei den Hells Angels. Hey, es steht jetzt schon im Wörterbuch.

O'Rourke: Nicht viele Leute schaffen es, einen Eintrag im Wörterbuch zu kriegen.

HST: Einer meiner größten Erfolge. Es steht im Random House (und in vielen anderen Wörterbüchern). Ich habe Angst, es zu zitieren.

O'Rourke: Woher kam der Ausdruck »Fear and Loathing«?

HST: Das fiel mir ein, weil ich selber Angstgefühle hatte, und als perfekte Beschreibung der Situation. Man hat mich auch schon beschuldigt, es von Nietzsche oder Kafka geklaut zu haben. Es schien mir damals selbstverständlich zu sein.

O'Rourke: Mir war niemals klar, wie lange du wirklich in Las Vegas warst.

HST: Die Chronologie ist eigenartig. Es gab eine große Unterbrechung zwischen dem Mint 400-Motorradrennen – wegen dem wir alle sehr aufgeregt waren – und der Konferenz der Bezirksanwälte. Ich war im Frühsommer dort. Ich kam zurück nach Woody Creek, Colorado. Dann fuhr ich nach San Francisco. Die erste Hälfte davon war eindeutig eine Story – darüber waren wir uns einig. Aber ich glaube, als ich dann hierher zurückkam, hatte sich eine Menge Post angesammelt. Zu dieser Zeit war ich Mitglied der »International Association of Police Chiefs«, da ich der oberste Beamte von Woody Creek war. Und ich bekam all diese Zeitschriften, Werbung und so Zeug und Einladungen. Und eine davon war für die National District Attorneys Conference in Las Vegas. Ich schätze, ich dachte schon an Vegas 2: »Hmm, diese Story ist noch nicht fertig.«

O'Rourke: Du hast noch mehr »Recherche« gebraucht.

HST: Ja, das war der Durchbruch. Also rief ich Oscar an und sagte: »Hey, bist du reisefertig? Wir haben noch einen Termin in Las Vegas.« Er wollte zuerst nicht, aber er konnte mir nicht widerstehen. Und diesmal flog er hin, und ich flog auch hin. Unsere Tarnung war absolut notwendig. Ich hatte mich für die Konferenz angemeldet, einen Scheck eingereicht – es kostete 125 $ pro Person –, hatte mit Jann (Wenner) gesprochen. Ich hatte zu Oscar gesagt: »Erzähl niemandem, daß wir in die tiefsten Eingeweide des Feindes eindringen wollen. Das ist nicht lustig.« Ich hatte es hier oben auch niemandem erzählt. Unglücklicherweise saß, als ich das Flugzeug betrat, Jim Moore da, der Bezirksstaatsanwalt von Pitkin County, Colorado, den ich sehr gut kenne. Er sagte: »Hallo Hunter, wo fliegst du denn hin?« Und ich sagte: »Heilige Scheiße.« Ich setzte mich woanders hin, und eine Zeitlang kämpfte ich mit mir. Vielleicht sagte ich sowas wie: »Sehr lustig, ich fliege auch nach Las Vegas.« Vielleicht setzte ich mich dann doch neben ihn; jedenfalls gestand ich ihm: »Ich gehe auch zu dieser Konferenz und zwar unter dem Namen Raoul Duke. Ich bin absolut Undercover und unglücklicherweise weißt du jetzt Bescheid. Das habe ich nicht gewollt. Kann ich mich darauf verlassen, daß du meine Tarnung respektierst?« »Ja, ähem«, sagte er, »ja, ich glaub schon.« Er war schließlich sehr hilfreich; ich glaube nicht, daß er mich verraten hat. Er duldete es die ganze Zeit hindurch, diese ganze Woche im August. Im Buch wird die Unterbrechung nicht ganz klar, aber es ging von Juni bis August.

O'Rourke: Es hat den Anschein, das alles könnte in einer Woche oder an einem langen Wochenende passiert sein.

HST: Es waren zwei jeweils einwöchige Blöcke. Die Vorbereitung dazu in L.A. war schon ein Teil davon. Ich wußte, was ich dort machte, und ich wußte, es war sehr gefährlich. Oscar war ein Ermittler. Ich war ein Beamter. Diese Geschichte lief ja immer noch.

O'Rourke: Wie hast du konkret an »Vegas« gearbeitet? Wie lief das ab?

HST: Gleich nach »Fiesta« schrieb Hemingway ein sehr dünnes Buch, das kaum jemand beachtete. Und ich erinnere mich, daß er darüber sagte: »Ich schrieb das einfach nur, um mich nach ›Fiesta‹ wieder abzukühlen.« Ich arbeitete an »Salazar«, einer häßlichen Mordgeschichte. Man weiß, wie das ist. Man kriegt dieses »Verdammt nochmal, wo geht es jetzt hin?«-Gefühl. Du weißt schon: »Wem kann ich an die Gurgel gehen?« Und als ich in diesem Holiday Inn bei der Santa Anita-Rennbahn festsaß, außerhalb von Pasadena, da sollte ich an dieser Mordstory arbeiten. Das war blutig harte Schufterei. Und diese Rolle zu spielen wurde extrem gefährlich. Deshalb ging ich nach Las Vegas. Und als ich von Las Vegas zurückkam, mußte ich immer noch diese Story schreiben.

O'Rourke: Du hast also an »Las Vegas« gearbeitet, um dem eigentlichen Job auszuweichen?

HST: Ja. Ich schrieb aufgrund der Notizen, die ich auf dem Hinweg schon gemacht hatte. Es waren wirklich meine eigenen Notizen ... Ich hielt an, so oft es ging. Ich war bloß ein Schatten auf der Autobahn, ein rotes Cabrio, das auf der 305 schnell nach L.A. unterwegs war. Auf meinen Stops machte ich diese umfangreichen Notizen in diesen abgefahrenen Honky-Tonk-Kneipen. Ich fing gegen Abend damit an. Ich dachte: »Ihr Götter, das ist eine Geschichte.« Die Einleitung war das erste, was ich schrieb. Ich glaube, sie wurde nie geändert. Zweifelsohne entstand sie in irgendeinem Schlagloch: »Wir waren irgendwo in der Gegend von Barstow am Rand der Wüste als die Drogen zu wirken anfingen.« Und du fragst mich, ob mir Bücher vorkommen wie Drogen, Scheiße.

O'Rourke: Es ist erstaunlich, wie verschieden die beiden Texte sind.

HST: Sie wurden zur gleichen Zeit im gleichen Hotelzimmer geschrieben. Es war ein 24-Stunden-Unternehmen. Ich warf Speed ein und ich schrieb. Ich erinnere mich an das Frühjahrstreffen in Santa Anita, und ich war von Pferde-Leuten umzingelt. Überall um mich herum in den Zimmern wohnten Jockeys, große blonde Frauen, Eigentümer, Spieler. Ich war der Außenseiter.

O'Rourke: Vermutlich. Wie reagierte man auf diese neue Geschichte?

HST: Die Redaktion war damals eine ziemlich feste Gruppe. Wir speisten in einem mexikanischen Restaurant, das wir damals oft besuchten, um die große Salazar-Saga zu feiern. Das war der Anlaß. Wir saßen in einer Nische um einen weißen Formica-Tisch herum. Wir waren zu viert: Jane (Wenner), Jann, ich und (der frühere *Rolling Stone*-Herausgeber) David Felton. Kann sein, daß ich an diesem Nachmittag zu Jann etwas sagte wie: »Ich hätte da auch noch etwas anderes für dich.« Ich erinnere mich daran, daß ich anfangs Jann allein gegenüber saß, und ich sagte bloß: »Hey, schau dir das mal an.« Ich glaube, es waren neun Seiten – irgendwie ging es in Neunerschritten. Es waren bloß meine handschriftlichen Notizen, die unendlich weitergingen. Das war damals eben so mit dem *Rolling Stone*: es hatte eine Logik. Ich hatte gerade einen großen Triumph und sagte: »Hey, warte eine Minute, ich hab etwas, das ist noch besser.« Und irgendwie wußte ich, es war noch besser, ich wußte, es war etwas Besonderes, eine andere Stimme. Jann las es. Er war derjenige, der es wirklich beurteilen konnte. Er machte mir ein Angebot. Können Sie sich vorstellen, daß irgendjemand heutzutage so agiert? Aber damals war das selbstverständlich. Er sagte: »Hey, verflucht nochmal, das ist gut. Hast du noch mehr?« Ich sagte: »Das ist ein langer Riemen und ich bin da voll drauf«, was bedeutete, daß ich es zu Ende bringen würde. Und er zog voll mit.

O'Rourke: Das gibt es nicht allzu oft.

HST: Ich habe diesen Augenblick immer sehr geschätzt.

O'Rourke: Es war mir nie klar, weswegen ich dich am meisten als Schriftsteller beneidete, ob es dieses »Mir hebt sich die Schädeldecke; vielleicht solltest *du* fahren« war, oder als sich Oscar zu dem Tramper herumdreht und sagt: »Wir sind deine Freunde. Wir sind nicht wie die anderen.«

HST: Wir nahmen diesen Jungen auf einer anderen Straße mit, nicht auf der Straße von L.A. nach Las Vegas.

Ich fuhr das erste Mal mit dem roten Wagen. Ich sah, wie der Junge den Daumen rausstreckte. Ein großer, schlaksiger Junge. Ich sagte: »Zum Teufel, was soll's?« und hielt an. »Hüpf rein.« »Verdammte Scheiße«, sagte er, »ich bin noch nie in einem Cabrio gefahren.« Und ich sagte: »Dann bist du hier richtig.« Ich war richtig angetan. Das war ehrlich. Ich identifizierte mich mit ihm. Ich hätte beinahe gesagt: »Möchtest du vielleicht fahren?«

O'Rourke: Was eine gute Sache gewesen wäre.

HST: All diese Ereignisse – es ist die innere Einstellung, die sie verbindet. Zugegeben, mein Verhalten mag tölpelhaft gewesen sein, aber für mich war es investigativer Journalismus: »Ich bin neu und einzigartig.«

O'Rourke: Du hast jedenfalls versucht, den Dingen auf den Grund zu gehen. Obwohl diese Dinge nicht existierten.

HST: Das war meine Aufgabe. Ich hatte zwei Aufgaben: Ich war dort, um über das Mint 400-Rennen und über die Konferenz der Bezirksstaatsanwälte zu schreiben. Worüber meckern die Leute also?

O'Rourke: Es war nicht so, daß du gar nichts geschrieben hättest. Das ist es doch, weshalb Redakteure für gewöhnlich sauer sind.

HST: Sports Illustrated lehnte die 2500 Worte ab, die ich ihnen geschickt hatte; die wollten bloß 250 für eine Bildunterschrift. »Nicht akzeptabel für unser Format.«

O'Rourke: Ich verstehe das Layout-Problem, das sie möglicherweise hatten. War Ralph Steadman auch in Las Vegas?

HST: Nein, wir schickten ihm alles auf einmal, sobald es fertig war. Als ich nach Las Vegas fuhr, bestand einer meiner Jobs darin, »Kunstwerke« zu finden, also Gegenstände, die wir benutzten, so was wie Cocktailservietten oder Photos vielleicht – wir hatten nämlich keinen Photographen. Aber diese Idee funktionierte nicht. Ich war dagegen. Es war ein kalter Freitagnachmittag, die Deadline im Büro des *Rolling Stone* rückte näher, als ich (Art

Director Robert) Kingsburys Illustrationsidee für die »Vegas«-Story verwarf. Eine echte Krise. »Was machen wir jetzt?« Das ist eine jener Geschichten, die man in schlechten Büchern liest. Ich sagte: »Scheiß drauf, holen wir Ralph Steadman. Wir hätte ihn sowieso von Anfang an dabei haben sollen.«

Wir hatten zusammen an dem Derby-Artikel und auch an dem alptraumhaften America's Cup-Artikel gearbeitet. Er wurde nie veröffentlicht. *Scanlan's* war Pleite gegangen. Ralph und ich waren auseinander. Wir waren einander fremd geworden aufgrund seiner einzigen psychedelischen Erfahrung, die er mit Psylocibin gemacht hatte. Und er hatte geschworen, nie wieder in dieses Land zurückzukehren, und ich war das übelste Exemplar eines amerikanisches Schweins, das jemals geboren wurde.

Wäre es nach mir gegangen, wäre Ralph mit mir nach Las Vegas gekommen. Es war ja so eine Art Versammlung von Buchhaltern: »Sparen wir bei der Kunst«, selbstverständlich. Ich war sauer auf die Cocktail-Servietten-Idee, aber es war auch keine so riesige Story. Und Ralph hätte es sowieso nicht gemacht, höchstens für 100000 $ oder sowas in dem Dreh. Aber als die Kunst-Idee abgelehnt wurde, sagte Jann: »Rufen wir Ralph an.« Die Story war fertig. Die Frage war: »Wie schnell können wir sie ihm schicken? Wie schnell bekämen wir etwas zurück?« Und in der Tat kriegten wir ihn ans Telefon. Das hörte sich dann so an (britischer Akzent): »Dieser Bastard. Okay, ich werde mir das angucken. Ähem, ja, ich kanns wahrscheinlich machen.« Man schickte ihm das Manuskript. Er war nie in Las Vegas gewesen.

O'Rourke: Ich glaube allerdings, um diese Story zu illustrieren, hätte niemand unbedingt in Las Vegas gewesen sein müssen. Ich meine, die optischen Eindrücke waren quasi »innerlich.«

HST: Schon, aber es gab für etwa drei Tage keine weitere Kommunikation mit ihm. Wir waren alle ein wenig nervös. Ich sagte immer: »Keine Angst, er hat gesagt, er macht es.« Aber sein Herz war voller Haß. Nach etwa drei oder vier Tagen kam eine lange Rolle ins Büro. Große Aufregung. Ich war dabei, als ein Bote sie hereinbrachte: ein dickes, rundes Ding. Wir gingen zur Reproabteilung. Die Rolle war riesig. Wir zogen die Bilder sehr vorsichtig heraus und legten sie aus. Und, den Göttern sei Dank, jedes einzelne von ihnen war perfekt. Es war, wie wenn man Wasser am Boden der Quelle entdeckt. Nicht ein Bild wurde abgelehnt; nicht eins wurde verändert.

O'Rourke: Es hatte mal den Anschein, als gäbe es ein richtiges Festival der Biographien, die über dich geschrieben wurden. Hast du eine davon gelesen?

HST: Gab es da nicht drei Biographien in einem Jahr? Ich glaube, die spekulierten alle auf meinen Abgang – es gab nämlich eine Pool-Wette, an welchem Tag des Jahres ich sterben würde. Nein, ich habe keine davon gelesen. Ich habe hier und da Teile davon gesehen. Aber ich wollte sie nicht lesen, denn ich wollte nicht auf meine Freunde sauer werden.

O'Rourke: Du könntest auch deine eigenen Memoiren schreiben.

HST: Ja, ich habe an den Briefen gearbeitet, die sich bei mir angesammelt haben. Eine unglaubliche Sache, zu sehen, wie sich mein Leben vor mir ausbreitet. Man weiß ja nicht, was die nächste Schachtel enthält, wenn man sein Leben Seite für Seite nachliest. Ich weiß nicht, wie viele Leute das freiwillig tun würden. Wenn es dann in der Öffentlichkeit besprochen und veröffentlicht wird. Es war demütigend, zu sehen, wieviel Zeit ich dafür aufwenden mußte, mich wegen kleiner Geldbeträge zu zanken und pleite zu sein. Der ganze Aufwand, es ist ein Wunder, daß irgendjemand überhaupt noch Zeit zum Arbeiten hatte.

O'Rourke: Eines der Mysterien der Jugend, nicht wahr?

HST: Ja, besoffen, geil und pleite. Irgendwie gab es 48-Stunden-Tage und 18-Tage-Wochen. Aber es ist qualvoll, sich durch ein ganzes Jahrzehnt hindurcharbeiten. »Freier

Journalismus« – das klingt jetzt richtig romantisch, nicht? Aber diese Verzweiflung, dieses Sich-von-einem-Wort-zum-anderen-Hangeln.

EPILOG: ROAD MAN FOR THE LORDS OF KARMA .... MR. NABOKOV WIRD SIE JETZT EMPFANGEN ... SEX UND GOTT

O'Rourke: Bist du religiös? Glaubst du an Gott?
HST: Vor langer Zeit schon habe ich den Glauben abgeschüttelt, daß die Leute, mit denen ich es auf dieser Welt zu tun hatte, die Mächtigen, wirklich wußten, was sie überhaupt taten. Und das beinhaltete auch Religion. Die Idee von Himmel und Hölle – und damit bedroht zu werden – ist absurd. Ich denke, die Kirche wollte das, um die Leute bei der Stange zu halten. In jüngster Zeit bin ich zu einer anderen Erkenntnis gekommen, nämlich daß ich selbst verantwortlich bin. Daß es um das Karma geht. Karma bedeutet in verschiedenen Ländern verschiedenes, aber im Orient kommt Karma in der nächsten Generation.
O'Rourke: Und unseres kommt mit der Post.
HST: Ich habe den Buddhismus quasi modernisiert. Man bekommt seine Belohnung bereits in diesem Leben und ich glaube, daß ich ziemlich schnell wieder hier sein werde. Karma beinhaltet einen Maßstab für Verhalten, und in meiner Interpretation ist es beschleunigt worden, wie auch alles andere in diesem amerikanischen Jahrhundert – also die Nachrichten, die Auswirkungen der Nachrichten, Religion, ihre Wirksamkeit. Die einzigen Pluspunkte, die man kriegt: Daß man manchmal eine Zeitlang in Ruhe gelassen wird. Ich werde zurückgeschickt werden. Ich sehe mich selbst als einen Road Man für die Lords of Karma und ich habe keine Angst davor, nicht auserwählt zu werden. Aber natürlich haben eine Menge Leute Grund genug, sich zu ängstigen.
O'Rourke: Ich glaube, ich kenne einige Leute, die derzeit wahrscheinlich als Käfer herumlaufen.

HST: Dreibeinige Hunde in einem Navajo-Reservat. Pat Buchanan reinkarniert als Ratte auf dem großen Freßhügel in Calcutta. Im Buddhismus gibt es eine Akzeptanz der absoluten Sinnlosigkeit und Verkommenheit des Lebens. Ich denke, Nixon hat sein Karma rechtzeitig bekommen.

O'Rourke: Okay, haken wir Gott ab. Was ist mit Sex? Du schreibst nicht oft explizit darüber. Ist Schreiben über Sex genauso hart wie Schreiben über Drogen?

HST: Es ist schwierig.

O'Rourke: Gibt es irgendwelche Schriftsteller, die es deiner Meinung nach können? Effektiv, ehrlich, dreckig?

HST: Ja, ich glaube Nabokov konnte es.

O'Rourke: Ein wunderbarer Schriftsteller.

HST: Ein teuflisch guter Schriftsteller. Ein Freund, Mike Solheim war in den frühen Sechzigern oben in Sun Valley (Idaho). Er erzählte mir, daß Nabokov häufig mit einem elfjährigen Mädchen in die Sun Valley Lodge kam. Er sagte, es war bizarrer als in Lolita:»»Ach, das ist ja nett, ihre Nichte kennenzulernen, Herr Nabokov.« Das führt jetzt uns zurück auf die Frage nach dem New Journalism, auf das Schreiben aus Erfahrung.

O'Rourke: Bei der Lektüre wußte man sofort, das kam aus eigener Erfahrung. Das war nicht Thomas Mann, der »Tod in Venedig« schrieb, in dem lediglich die Idee eines Studenten von einer hoffnungslosen Leidenschaft zu stecken schien, als ob Mann jemand beobachtet hätte, der das durchmachte.

HST: Und der Grund dafür ist, daß sich Nabokov mit einem elfjährigen Mädchen oben in der Sun Valley Lodge herumtrieb.

O'Rourke: Ich schätze, Lolita paßt genau in das Gonzo-Schema.

HST: Aber ja doch, das macht doch den Spaß daran aus. Warum über die Erfahrungen anderer schreiben?

Atlantic Unbound – 26. August 1997

Die Zeichen an der Wand

Matthew Hahn

> »Die Absicht eines jeden Künstlers ist es, Bewegung, also Leben, mit künstlerischen Mitteln festzuhalten und so zu fixieren, daß es sich hundert Jahre später wieder bewegt, wenn es ein Fremder anschaut, weil es lebt. ... Das ist die Methode des Künstlers, jenes Vergessen schriftlich festzuhalten, durch das er manchmal hindurch muß.«
>
> William Faulkner,
> Interview mit der *Paris Review*, 1956

Das Interview fand am Abend des 15. Juli in Thompsons Wohnung statt und zog sich bis in die frühen Stunden des 16. Juli 1997 hin. Sowohl die Niederschrift als auch die Audio-Exzerpte wurden aus Gründen der Klarheit und der Länge bearbeitet. Manchmal passen sie nicht zusammen.

Matthew Hahn: Das Internet ist als eine neue Mode im Journalismus beschrieben worden – manche gehen sogar so weit zu behaupten, es könne den Journalismus demokratisieren. Sehen Sie für das Internet eine Zukunft als journalistisches Medium?

HST: Ich weiß nicht so recht. Es gibt eine Grenze zwischen der Demokratisierung des Journalismus und der Tatsache, daß jedermann Journalist ist. Man kann ja wirklich nicht glauben, was in den Zeitungen steht, aber es gibt dort wenigstens ein gewisses Spektrum an Seriosität. Vielleicht wird es so etwas wie die TV-Talkshows oder die Sendungen, wo alles akzeptiert wird, so lang es interessant ist. Ich glaube, daß die größte ethische Macht in der amerikanischen Gesellschaft das Fernsehen ist, nach ihm besteht momentan die größte Nachfrage und der größte Bedarf. Ich war im Fernsehen. Ich könnte andauernd im Fernsehen sein, wenn ich wollte. Aber die meisten Leute werden nie ins Fernsehen kommen. Das wäre ein echter Durchbruch für sie. Und das Problem ist, die Leute würden fast alles machen, um hinein zu kommen. Sie würden sogar Verbrechen gestehen, die sie nicht begangen haben. Man existiert nicht, wenn man nicht im Fernsehen ist. Das ist sozusagen der Nachweis für die Existenzberechtigung. Faulkner sagte, daß amerikanische Truppen im Zweiten Weltkrieg in Europa »Killroy was here« auf die Mauern schrieben, um zu beweisen, daß jemand dort gewesen war – »Ich war dabei« – und daß die ganze Geschichte der Menschheit einfach nur ein Unternehmen ist, um den eigenen Namen auf die große Mauer zu schreiben. Man kann ins Internet gehen und eine Story über mich schreiben und man kann meinen Namen darunter setzen. Man kann auch sein Bild dort einstellen. Ich habe keine Ahnung, welcher Prozentsatz vom Internet wichtig ist. Wissen Sie es? Jesus, es macht Angst. Ich surfe nicht im Internet. Ich hab's eine Zeitlang gemacht. Ich dachte, ich hätte ein bißchen Spaß und würde etwas lernen. Ich habe eine E-mail Adresse. Niemand kennt sie. Aber ich würde sie ohnehin nicht benutzen, weil es einfach absolut zu viel ist. Es ist einfach der Umfang. Das Internet ist wahrscheinlich die erste Welle von Leuten, die einen anderen Umgang mit dem Fernsehen gefunden haben – wenn man schon nicht im Fernsehen ist, dann kann man wenigstens 45 Millionen Leute im Internet erreichen.

Matthew Hahn: Sprechen wir über Ihre Aufnahme in die Modern Library. Sie stecken jetzt zwischen Thackeray und Tolstoi. Was bedeutet das für Sie? Fünfundzwanzig Jahre nach Erscheinen ist »Fear and Loathing in Las Vegas« in der Modern Library.[*]

HST: Das ist ein wenig schneller als man üblicherweise erwarten würde. Die meisten dieser Autoren der Modern Library sind tot. Aber nein, ich bin nicht überrascht, dort vertreten zu sein. Ich schätze, es ist eher ein wenig überraschend, immer noch hier herumzulaufen und Leuten die Hand zu schütteln. Es sagt mir, daß die Modern Library auf dem Stand der Zeit ist. Aber es ist jetzt ja alles schneller geworden. Schnelle Kommunikation. Schnelle Nachrichten.

Matthew Hahn: Als Sie achtzehn waren und anfingen, Briefe zu schreiben, die in »The Proud Highway« veröffentlicht wurden, dachten Sie damals, daß ihr Werk jemals als Klassiker eingeschätzt werden würde?

HST: Ich habe niemals dagesessen und daran gedacht und darauf gestarrt. Wenn man »The Proud Highway« liest, ist es offensichtlich, daß ich schon in solchen Begriffen dachte. Ich habe die Modern Library niemals bedrängt, mehr lebende Schriftsteller aufzunehmen. Ich war immer der Annahme, sie sei für tote Schriftsteller. Aber ich ging schon sehr früh und verdammt noch mal jedes weitere Jahr danach davon aus, daß ich sehr bald sterben würde. Die Tatsache, daß ich nicht tot bin, erstaunt mich irgendwie. Eine merkwürdige Angelegenheit.

Matthew Hahn: Sie schrieben 1977, in der Einleitung zu »Die große Haifischjagd« (eine Sammlung von Hunter Thompsons journalistischen Arbeiten, der Band 1 seiner

---

[*] Die Modern Library ist eine Reihe von einflußreichen und weltbekannten Büchern, die von Random House verlegt wird. 1996 wurde »Fear and Loathing« in der Modern Library aufgenommen.

»Gonzo Papers«): »Ich habe das Leben, das ich zu leben plante, bereits gelebt und beendet – (de facto also 13 Jahre länger) ...« Dreizehn Jahre früher wäre in etwa die Zeit gewesen, als Sie »Hells Angels« schrieben. Jetzt ist es zwanzig Jahre her, seit Sie diese Einleitung geschrieben haben. Haben Sie immer noch dasselbe Gefühl? Was war damals der Hintergrund?

HST: Ich saß da allein in einem Büro in New York, am Tag vor Heiligabend, und bearbeitete mein eigenes Lebenswerk – die Auswahl, die Reihenfolge –, weil ich niemand sonst fand, der es herausgegeben hätte. Einer stieg aus, weil er das Gedicht »Collect Telegram from a Mad Dog« nicht veröffentlichen wollte. Ich schätze, er brachte das als Ausrede vor. Also mußte ich es schließlich selbst machen. Es war ein wenig deprimierend, da zu sitzen und es selbst machen zu müssen. Einer der Vorteile, wenn man tot ist, besteht vermutlich darin, daß ein anderer das alles herausgeben kann. Ich ging also ziemlich lange Zeit davon aus, daß ich niemals irgendwo herauskommen würde, geschweige denn in der Modern Library.

Matthew Hahn: Wie steht es mit Ihrer Gesundheit? Wie fühlen Sie sich zur Zeit?

HST: Ich habe keine Sparkonten angelegt ... Ich sage Ihnen, Sie würden sich anders verhalten, wenn Sie dächten, Sie würden morgen Mittag sterben. Sie wären vermutlich nicht hier, um mich zu interviewen. Ich dachte mir bloß: »Bye, bye, Miss American Pie, good old boys drinkin' whisky and rye, singin' this'll be the day that I die.« Ja, genau so fühlte ich mich.

Matthew Hahn: Lebe jeden Tag so, wie wenn es dein letzter wäre, weil du nicht weißt, wie der Tag danach wird?

HST: Es gibt nun mal keinen Plan dafür. Es ist so, wie wenn man in einem Baseballspiel ins 27. Inning geht. Man denkt sich: »Was zum Teufel mach ich eigentlich hier, Mann?«

Matthew Hahn: Es geschieht eine Menge in diesen Tagen, was Sie betrifft: »Fear and Loathing« als Film; die Modern Library; fünfundzwanzig Jahre »Angst und Schrecken im Wahlkampf 72«. Können Sie diese Zeit mit irgendetwas aus früheren Zeiten vergleichen – vielleicht die Aufregung, als Sheriff zu kandidieren, oder über Nixon zu schreiben –, jetzt, wo Sie hier sitzen und auf das alles zurückblicken?

HST: Es war schon ein größerer Kick, Nixon aus dem Amt zu jagen, als diese Verlagsparties. Sie wissen, Gonzo-Journalismus ist ein Begriff, den ich nicht mehr besonders mag, wegen der Art und Weise, wie er gebraucht wurde: ungenau, verrückt. Es mag ja ein wenig klingen wie »Worüber beklage ich mich?« Aber es gibt einen großen Unterschied. Was ich Nixon an den Kopf geworfen habe, ist wahr – bloß ein wenig derb.

Matthew Hahn: Wenn Sie heute noch einmal anfingen, glauben Sie, Sie würden es wieder genauso angehen?

HST: Ob ich es wieder tun würde? Ist es das, was Sie meinen? Ich rede vom Wort »Gonzo«. Ja, ich würde es wieder so machen. Und das ist der Test für alles im Leben. Die Art und Weise, wie man darauf zurückschaut. Ich mache das oft, es ist ein großartiger Maßstab. Einen guten Krieg, einen guten Kampf, das hätte ich immer gern. Ich werde faul, wenn es keinen gibt. Einer der Gründe, warum ich am Journalismus Vergnügen habe, ist der politische Faktor. Es ist die Wirkung, die man durch den Journalismus erzielen kann. Es ist wie ein Gedicht schreiben in den Wäldern ... Sie wissen schon, die alte Sache von wegen »wenn ein Baum umfällt im Wald«.

Matthew Hahn: Wenn es keiner gehört hat, ist es dann passiert?

HST: Ja. Technisch gesehen, nein. Es gibt kein Geräusch, wenn man es nicht hört. Beim Journalismus ist es der Effekt, der Sound, wenn man das Geräusch hört.

Matthew Hahn: Es geht um den Effekt? Und in diesem Kontext würden Sie sich selbst bezeichnen ...

HST: ... als erfolgreich. Ich brauche keine Preise oder Parties, um meine Selbstachtung aufzubauen. Wenn ich sehe, wie Nixon ein Flugzeug besteigt, dann bin ich da. Und er fliegt nach Westen und ich nicht.
Matthew Hahn: Darum ging es also? Nixon ins Flugzeug zu setzen?
HST: Ja. Das könnte der Gipfel der Effizienz gewesen sein.
Matthew Hahn: Was haben Sie an diesem Tag gemacht? Erinnern Sie sich daran?
HST: Aber sicher. Ich war im Rosengarten des Weißen Hauses. Ich stand am Ende eines roten Teppichs, der von den Stufen zu dem Hubschrauber führte, der auf dem Rasen landete. Links von mir standen einige Marines, aber ich war das letzte menschliche Wesen in der Reihe. Annie Leibovitz[*] stand gleich neben mir. Und ja, einfach dort zu sein und zu beobachten, wie er abging, das war – nicht der totale Sieg, aber es gab mir das Gefühl, nicht nur Teil meiner Realität zu sein, sondern auch derjenigen aller anderen. Es macht einen großen Unterschied, ob man zwanzig Jahre lang gegen einen Unterdrücker schimpft und dann in der Bastille endet, oder ob man einen zwanzigjährigen Krieg führt und dann dabei zusieht, wie der Feind verschwindet.
Matthew Hahn: Was waren Ihre Gedanken, als Sie ihn in den Hubschrauber steigen sahen?
HST: Er tat mir leid. Er stieß sich den Kopf an. Gleich nachdem er an der Tür des Hubschraubers diesen da gemacht hatte (zeigt das Victory-Zeichen), drehte er sich um und stieß mit seinem Kopf an das obere Teil der abgerundeten Tür, stolperte zur Seite. Er war so ... ich weiß nicht, in manchen Urteilssprüchen hätten wir es wahrscheinlich »durch Drogen ruhig gestellt« genannt. Man

---

[*] Eine amerikanische Porträtphotographin, mit der Hunter S. Thompson befreundet war. Von 1970 bis 1983 Chefphotographin des *Rolling Stone*. Veröffentlichte später in *Vanity Fair*.

hatte ihm Tranquilizer verpaßt. Es gibt ein zivilisiertes Wort dafür: sediert. Man führte ihn fast die Treppe hinauf. Ja, er tat mir leid. Können Sie sich diesen Flug nach Westen vorstellen? Jesus, sie flogen zur Andrews Air Force Base mit dem Hubschrauber, schätze ich, und dann hatten sie einen Sechs-Stunden-Flug nach San Clemente. Wow. Das muß ein echt düsterer Flug gewesen sein.

Matthew Hahn: Hatten Sie danach noch eine Beziehung oder einen Briefwechsel mit ihm?

HST: Nein. Man bedrängte mich deswegen und ich dachte darüber nach, aber nein, ich tat es nicht. Ich schätze, das ist eine politische Technik: der Krieg ist vorbei, das Spiel ist aus. Aber ich will kein Spielchen daraus machen, wiewohl ich denke, es ist eines, so wie man die Präsidentenwahlen natürlich auch als Spiel sehen kann. Es ist ein tödlich ernstes Spiel. Eine sehr böse Angelegenheit. Ich weiß nicht, warum die Leute meinen, die Mafia sei gnadenlos und schlimmer, als man es sich denkt – und trotzdem glauben sie nicht daran, daß der Präsident der Vereinigten Staaten eine so machtvolle Position innehat und daß er selbstverständlich dieselben verfluchten Mittel anwendet wie die Mafia.

Matthew Hahn: Das letzte, was wir von Ihnen über Politik lasen, war in »Better Than Sex« (die »Gonzo Papers« Vol. 4, 1994) und das liegt ein paar Jahre zurück. Was halten Sie vom derzeitigen Zustand der Politik?

HST: Ich würde sagen, ich bin stärker in Politik involviert als ich es '92 war. Ja, ich war ein bißchen mesmerisiert durch den Zugang, den mir Clinton anbot – quasi völlig freien Zugang. »Kommen Sie vorbei«, so in der Art. »Gehen Sie einen heben mit Hillary.« Ja, die machten einen guten Job, was mich betrifft. Aber ich war darauf aus, Bush zu schlagen. Ich dachte, wir würden Bush bei den Iran-Contra-Hearings erwischen, und ich machte Überstunden. Er war schuldig wie fünfzehn Hyänen, und er kam frei, und das ärgerte mich maßlos. Also wäre ich '92 für jeden gewesen, bloß um Bush zu schlagen. Und das ist eine gefährlich Falle – wissen Sie, das kleinere von zwei Übeln.

Matthew Hahn: Heutzutage sind viele apathisch. Die Leute wollen nicht mehr zur Wahl gehen.

HST: Warum auch? Ich hatte dasselbe Gefühl und stimmte '96 nicht für Clinton. Ich stimmte für Ralph Nader. Es ist extrem gefährlich für das kleinere Übel zu stimmen, weil die Parteien das so planen können.

Matthew Hahn: Was halten Sie vom derzeitigen Zweiparteiensystem hier?

HST: Ich glaube, es ist gar keines. Der Grund für die Wiederwahl Clintons ist, daß er das begriffen hat. Er nahm den Republikanern das Thema »Verbrechen« und jetzt nimmt er ihnen das Thema »Steuern« weg. Er verspricht eine niedrigere Steuer für Kapitalgewinne als sie die Republikaner schon versprochen hatten. Also sind jetzt die Demokraten die Champions des Big Business. Er ist ein extrem geschickter Scheißpolitiker. Die Clinton-Leute hatten alle E-mail, Piepser ...

Matthew Hahn: Sie waren vernetzt.

HST: Ja, im Gegensatz zum Weißen Haus (von Bush). Die Clintons zogen in das Weiße Haus und es war der Einzug in eine Höhle. Ein guter Freund rief mich an – ein Photograph, der den Clintons sehr nahe stand – und erzählte mir: »Jesus, wir ziehen hier ein und die haben immer noch ein Telefonsystem, an dem Abraham Lincoln seine Freude gehabt hätte.«

Matthew Hahn: Clinton wollte JFK sein. Darüber hat er in seinen Wahlkämpfen gesprochen.

HST: Erzählen Sie Mr. Bill, daß es einen Grund gibt, warum Jack Kennedy erschossen wurde und er nicht.

Matthew Hahn: Wieso?

HST: Es gibt keinen Grund, Clinton zu erschießen. Hingegen zögerten sie nicht, als Kennedy den Anschein machte, gegen sie vorzugehen. Sie erschossen ihn. Und sie erschossen Bobby.

Matthew Hahn: Die?

HST: Die. Wenn man den Präsidenten der Vereinigten Staaten erschießen will, wenn man es plant und ausführt, dann muß man extrem gut vernetzt sein und schlau und gut organisiert. Jeder, der es organisieren kann, daß aus drei Positionen und drei Richtungen auf den Präsidenten der Vereinigten Staaten geschossen wird, ist sehr gut.

Matthew Hahn: Ihre Theorie über den Mord an JFK lautet also?

HST: Daß er von der Mafia ausgeführt, aber von J. Edgar Hoover organisiert und geplant wurde.

Matthew Hahn: Wenn die Popkultur JFK hochhält als etwas Gutes, das hätte sein können, und Nixon als das andere Extrem gesehen wird, welchen Platz nimmt dann Clinton ein im Spektrum zwischen JFK und Nixon?

HST: Naja, Clinton hat Glück, wenn er auf der langen Liste vor Ulysses Grant oder Warren Harding[*] steht. Und das wird er, solange die Wirtschaft brummt. Carville[**] hatte recht – es ist die Wirtschaft, Dummkopf. Und Clinton hat sich das schließlich zu Herzen genommen. Ich glaube, es gab nur drei Fälle in der Geschichte der amerikanischen Präsidentenwahlen, wo die Leute nicht offensichtlich mit ihrem Geldbeutel abgestimmt haben.

Matthew Hahn: Welche waren das?

HST: Oje. Da bin ich in die Falle getappt, oder? Ich glaube, eine war die JFK-Wahl 1960. Ich kann jetzt nicht so schnell zurückblenden. Aber in jedem Fall ging es dabei um eine aktuelle, leidenschaftliche Angelegenheit – Woodrow Wilson könnte eine davon sein. Wie zum Teufel Kennedy es 1960 schaffte, Nixon zum schlimmen Finger zu machen, weiß ich nicht. Das war Realpolitik. Ein spinnerter katholischer Playboy aus Massachusetts,

---

[*] Ulysses Grant war 18. Präsident und Warren Harding der 29. Präsident der Vereinigten Staaten von Amerika.
[**] James Carville war Berater der demokratischen Partei und 1992 einflußreicher Stratege im Wahlkampf Bill Clintons gegen den amtierenden George W. Bush.

dessen reicher Vater 1940 die Nazis unterstützte – ich war erstmal gegen JFK.
Matthew Hahn: »The Proud Highway« enthält einige Briefe, die am 22. November 1963 (am Tag, als JFK erschossen wurde) an Ihre Freunde Paul Semonin und William Kennedy gerichtet waren. In dem an Kennedy schrieben Sie: »Es gibt im Umkreis von 500 Meilen kein menschliches Wesen, mit dem ich über irgendetwas reden kann – geschweige denn über die Angst und die Abscheu, die ich nach dem Mord heute habe ... Heute ist auf jeden Fall das Ende einer Ära. Schluß mit fair play. Von jetzt an ist es dreckiges Billard und Judo mit Anfassen. Diese wildgewordenen Irren haben den großen Mythos des amerikanischen Anstands zertrümmert.« Damals haben Sie das erste Mal die Worte »fear and loathing« benutzt.
HST: Ich war verblüfft, daß das so weit zurücklag. Ich hatte keine Ahnung, daß man mich beschuldigte, es von Kierkegaard gestohlen zu haben. Manche Leute beschuldigten mich, »fear and loathing« geklaut zu haben – zum Teufel, nein, das kam direkt aus meiner Gefühlslage. Wenn ich es gelesen hätte, hätte ich es wahrscheinlich gestohlen. Aber ich erinnere mich, daß ich über Kennedy nachdachte und daß das so schlimm war, daß ich neue Wörter dafür brauchte. Und »fear and loathing« – das definiert einen gewissen Zustand, eine Haltung.
Matthew Hahn: Clinton hatte eine Vision von einer Great Society, als er gewählt wurde. Was ist Ihrer Meinung nach seither geschehen?
HST: Auf den ersten Blick sind die Dinge, deren Clinton beschuldigt wurde, schlimmer als das, wofür Nixon aus dem Amt gejagt wurde. Nixon wurde nie auch nur angeklagt für Sachen, die man Clinton jetzt vorwirft: daß er die Chinesen in den politischen Prozeß eingebunden hat, daß er zu den Indonesiern übergelaufen ist, Lincolns Schlafzimmer nachts vermietete, daß er die Hosen herunterließ und versuchte, kleine Mädchen in Little Rock

zu belästigen. Gott, was ist das für eine degenerierte Stadt. Puh.

Matthew Hahn: Wie wird Bill Clinton in der Geschichte dastehen?

HST: Ich weiß nichts über Geschichte. Der althergebrachte Journalistenstandpunkt befriedigt mich nicht – »Ich hab gerade die Story geschrieben. Ich habe einen unparteiischen Standpunkt eingenommen.« Objektiver Journalismus ist einer der hauptsächlichen Gründe, warum Politik in Amerika so lange Zeit so korrupt sein konnte. Man kann Nixon gegenüber nicht objektiv sein. Wie kann man es Clinton gegenüber?

Matthew Hahn: Objektiver Journalismus ist der Grund, warum Politik so lange Zeit korrumpiert war?

HST: Wenn man die großen Journalisten der Geschichte betrachtet, dann sieht man auf dieser Liste nicht allzuviele objektive Journalisten. H. L. Mencken[*] war nicht objektiv. Mike Royko[**] nicht, der gerade gestorben ist, und auch I.F. Stone[***] war nicht objektiv. Mark Twain war nicht objektiv. Ich verstehe diese Verehrung der Objektivität im Journalismus sowieso nicht. Derzeit unterscheidet sich anscheinend bloß noch die dreiste Lüge von der Subjektivität.

Matthew Hahn: Wenn Sie selbst einen Journalismus-Lehrgang halten würden – Dr. Thompsons Journalismus 101 –, was würden Sie den Studenten erzählen, die Reportagen machen wollen?

HST: Sie bieten mir einen Job an? Scheiße. Also, ich würde es vermutlich nicht machen. Für mich ist es nicht wichtig, angehende Journalisten auszubilden.

---

[*] Amerikanischer Journalist und Kolumnist, der von 1906 bis 1948 für die *Baltimore Sun* schrieb. Mencken ist bekannt für seinen expressiven Stil und seine beißenden politischen Analysen.
[**] Amerikanischer Journalist und Pulitzer Preisträger der *Chicago Tribune*.
[***] Isidor Feinstein Stone, investigativer Journalist, der in den Fünfzigern und Sechzigern *L.F. Stone's Weekly* herausgab.

Matthew Hahn: Aber wenn Sie es täten, wie sähe dann Ihre Leseliste aus?
HST: Also, ich würde mit Henry Fielding anfangen. Ich würde Conrad lesen, Hemingway, Leute, die mit Sprache etwas anzufangen wissen. Darum geht es doch im Grunde. Es geht darum, Worte zu finden, um an ein Ende zu kommen. Und das Buch der Offenbarung. Ich lese immer noch im Buch der Offenbarung, wenn ich meine Sprache ankurbeln will. Ich würde Harrison Salisbury von der *New York Times* empfehlen. Alle bekannten Journalisten sind berühmt geworden, weil sie subjektiv schrieben. Ich glaube, der Trick dabei ist, daß man so gut schreiben muß, daß diese Kleingeister, die mit ihrer Objektivität daherkommen oder die Inserenten, die es nicht mögen, einfach durch die Tatsache, daß es so gut ist, ausgehebelt werden. Auf diese Weise haben manche über die konventionellen Weisheiten im Journalismus triumphiert.
Matthew Hahn: Wer schreibt heutzutage so?
HST: O Mann. Fragen wir uns einfach: wer ist in jüngster Zeit verhaftet worden? Das ist üblicherweise der Fall. In den Sixties etwa Paul Krassner[*] und I.F. Stone. Ich glaube nicht, daß meine Art des Journalismus jemals universell populär war. Es ist einsam hier draußen. Ich erkenne auch im Feind oft Qualität. Ich habe von Anfang an Pat Buchanan bewundert, der nicht einmal ein Schriftsteller ist. Er weiß mit Worten umzugehen. Ich las neulich etwas von ihm und ich war total anderer Meinung. Aber wissen Sie, ich war drauf und dran, ihm eine Notiz zu schicken: »Großartig!«
Matthew Hahn: Wenn Sie eine Zeitung gründen würden und Sie wären der Herausgeber, wen würden Sie anstellen? Wer wäre in Ihrer Redaktion? Tot oder lebendig.

---

[*] Ein amerikanischer Satiriker, Journalist und eine Persönlichkeit der Gegenkultur. Er veröffentlichte von 1958 bis 1974 die gegenkulturelle Zeitschrift *Der Realist*. Krassner war in den Sechzigern zusammen mit Abbie Hoffman und Jerry Rubin Mitbegründer der Yippies.

HST: Wow! Das wäre lustig. Wir denken darüber nach, hier eine Zeitung zu machen. Das sind also keine abstrakten Fragen. Wenn ich mich mit Experten umgeben könnte, dann würde ich P.J. O'Rourke, Tom Wolfe und Tim Ferris anheuern. Ich würde Jann Wenner einstellen und ihn richtig arbeiten lassen.

Matthew Hahn: Was ist die Absicht dieser Publikation, über die Sie derzeit nachdenken?

HST: Ich kann nicht in Begriffen von Journalismus denken, ohne an politische Ziele zu denken. Wenn es keine Reaktion hervorruft, ist es kein Journalismus. Es geht um Ursache und Wirkung. (Eine Flasche Wild Turkey kommt auf den Tisch). Ja, Mann. Das habe ich wie ein Sakrament zu mir genommen – ich meine, regelmäßig, circa fünfzehn Jahre lang. Kein Wunder, daß mich die Leute komisch anschauten. Nichts für ungut. Das habe ich getrunken und ich stand darauf und ich trank es regelmäßig und ich mochte es. Jesus. Ich hörte sechs Monate lang damit auf und fing dann wieder an – nach einem Vorfall eines Nachts in einer Bar – und es haute mich fast vom Hocker. Es ist wie Benzin zu schlucken. Ich dachte, verflucht nochmal, was soll's? ... Er war ein krummer Hund

(Auf Verlangen von Thompson wird ein auf Pappe aufgezogenes Plakat [*Rolling Stone*, 16. Juni 1994] ins Zimmer gebracht, das Thompsons Nachruf auf Richard Nixon für den *Rolling Stone* zeigt, datiert auf den 1. Mai 1994, und betitelt ist mit: »Er war ein krummer Hund«.)

HST: Das ist eines der Dinge, auf die ich am meisten stolz bin. Es ist an der Zeit, daß Sie etwas lesen. Warum lesen Sie es uns nicht vor? Das wird eine Lektion für Sie sein. Fangen Sie mit dem Anfang an. Falls Sie es noch nicht gelesen haben, könnte es noch einiges mehr erklären. Fangen Sie oben an. Schlagzeile und alles.

(Matthew Hahn fängt an, den bissigen Nachruf laut vorzulesen.)

Matthew Hahn: Er war ein krummer Hund. Von Hunter

S. Thompson. Memo aus der innenpolitischen Redaktion. Datum: 1. Mai 1994. Betreff: Der Tod von Richard Nixon: Anmerkungen zum Dahinscheiden eines amerikanischen Scheusals ... Er war ein Lügner und ein feiger Drückeberger, und man hätte ihn auf See bestatten sollen ... Aber er war immerhin der Präsident.
»Richard Nixon ist jetzt weg, und ich bin umso ärmer. Er verkörperte für mich ›die Quintessenz‹ – ein Monster, ein Grendel[*] der Politik und ein sehr gefährlicher Feind ...«

HST: Langsamer, langsamer, langsamer. Ich hab das auf die harte Tour gelernt. Sie müssen es langsamer vorlesen, Wort für Wort.

Matthew Hahn: Okay. Okay. (Langsam) »Richard Nixon ist jetzt weg.«

HST: Gut.

Matthew Hahn: »Und ich bin umso ärmer.«

HST: Gut.

Matthew Hahn: » Er verkörperte für mich ›die Quintessenz‹ – ein Monster, ein Grendel der Politik und ein sehr gefährlicher Feind. Er konnte dir die Hand schütteln und gleichzeitig einen Dolch in den Rücken rammen.«

HST: Das ist gut.

(Das Vorlesen geht weiter. Thompson unterbricht Hahn häufig und verlangt, er solle die lezten Passagen nochmals vorlesen, die er nicht zur Zufriedenheit des Autors interpretiert hat. Bei mehreren Gelegenheit lacht Thompson laut auf. Thompson wird bald abgelenkt und schweift ab. Hahn legt das Plakat weg.)

HST: Legen Sie das nicht weg! Ganz bis zum Schluß!

Matthew Hahn: Ganz bis zum Schluß?

HST: Aber sicher doch. Das soll Ihnen eine Lehre sein. Sie werden davon profitieren. Das garantiere ich Ihnen. Sie werden am Schluß glücklich darüber sein.

Matthew Hahn: Ein glückliches Ende?

HST: Nehmen Sie erstmal einen Drink, nachdem Sie es

---

[*] Gegenspieler von Beowulf im altenglischen Epos.

schon vermurkst haben. Da können Sie auch ein Glas mit mir trinken.

(Ein Glas Wild Turkey und Eis werden Hahn hingestellt, und er fährt fort, bis zum Ende zu lesen.)

Matthew Hahn: Was hat Sie inspiriert, das zu schreiben?

HST: Ich weiß nicht, ob inspiriert das richtige Wort ist. Es ist wie in eine Ader stechen. Aber die Geschichte ist durchaus lehrreich.

Wie es manchmal eben so geht, saß ich gerade in einem Haus in New Orleans mit Steve Ambrose, dem Biographen von Nixon zusammen. Er ist ein Freund. Und wir sahen uns die letzten Stunden von Nixon an. Und Ambrose brachte mich mit all seiner Niederträchtigkeit und seinem eigensüchtigen Geschick dazu, weinerlich zu werden: »Ja, er war schon ein netter Kerl…« Also, der Tod von Nixon. Ich mußte entweder selbst sterben oder darüber schreiben. Damals wohnte ich im Ponchartrain Hotel in New Orleans. Und ich versuchte dort, darauf zu reagieren. Und nach vielleicht zwei Tagen – totaler Fehlschlag. Ich konnte es nicht. Ich war der Größe des Ereignisses nicht gewachsen. Ich hatte eine so hohe Meßlatte angelegt – H.L. Menckens Nachruf auf William Jennings Bryan, der damals als der wüsteste und unnatürlichste Nachruf galt, der jemals über den Tod einer berühmten oder überhaupt einer Person geschrieben worden war. Mencken ist einer, den ich in meine Redaktion einstellen würde. Aber mit Mencken als Vorgabe fühlte ich mich, als ob ich die Meile in drei Minuten laufen müßte. Und verdammt nochmal, ich versuchte es ungefähr zwei Wochen lang. Ich schaffte es in New Orleans nicht und ich kam hierher zurück und ich schaffte es wieder nicht. Ich verzweifelte. Jann Wenner und Tobias Perse, der Redaktionsassistent des *Rolling Stone*, saßen verzweifelt am anderen Ende der Leitung. Aber ich wollte den Artikel nicht hergeben, solange er nicht angemessen war und es war noch nicht einmal annähernd angemessen.

Matthew Hahn: Was hat Sie dann auf die richtige Spur gebracht?
HST: Aja, danke. Ich habe mir seine Beerdigung im Fernsehen angeschaut. Das hat mich dermaßen wütend gemacht. Es war eine solche rührselige, rücksichtslose Angelegenheit. Ich dachte daran, hinzugehen, aber ich hätte es nicht mit solcher Klarheit erkannt wie hier, als ich vor dem Fernseher saß. Es war so ein klassisches – da haben wir wieder Ihren objektiven Journalismus! – es war eine dieser Angelegenheiten ... bloß nicht schlecht reden über den Toten. Aber warum denn nicht? Und wieso nicht um alles in der Welt? Nixon erstrahlte plötzlich als Meister des amerikanischen Traums und als Held. Das machte mich wütend. Es war diese Wut, die mir den Weg bahnte.
Matthew Hahn: Sie sagen, »Gonzo-Journalismus« ist ein Begriff, den Sie nicht mehr so gern hören, da er mit ungenau oder verrückt konnotiert wird. Hat außer Ihnen irgendjemand gonzomäßig geschrieben?
HST: Ist der Nachruf auf Nixon für Sie Gonzo? Unterzeichnet und photographiert vom Autor.
Matthew Hahn: Nein. Wenn ich an Gonzo denke, dann denke ich an Ihre Story »The Kentucky Derby Is Decadent And Depraved«. Sie werfen sich selbst mitten in eine Story hinein und schreiben sich dann wieder aus ihr heraus. Hat jemand anderes das auch getan?
HST: O ja, es gibt ein paar gute. Nicht sehr viele, aber es gab in den Siebzigern einen Roman namens »Snow Blind« über den Kokainhandel.[*]
Matthew Hahn: Warum mögen Sie den Begriff »Gonzo« nicht mehr?
HST: Vielleicht darum, weswegen ich Sie gerade gefragt habe. Weil laut dem Random House Dictionary

---

[*] Ein autobiographischer Roman des amerikanischen Autors Robert Sabbag: »Snowblind: A Brief Career In The Cocaine Trade«, erstmals erschienen 1976.

»Gonzo« alles ist, was immer ich schreibe oder mache. Und ich frage Sie, kommt Ihnen der Nixon-Nachruf vielleicht wie Gonzo-Journalismus vor? Und Sie sagen nein, und da muß ich mich doch wundern, oder?

Matthew Hahn: Wie sehen Sie Gonzo im Verhältnis zum New Journalism? Sind das verschiedene Dinge oder haben sie miteinander zu tun?

HST: Sie haben schon miteinander zu tun. Es ist kein Zufall, daß Gonzo in Tom Wolfes Anthologie »The New Journalism« (1973) auftaucht.

Matthew Hahn: Als Sie auf diese Art schrieben, hatten Sie da das Gefühl, Teil einer Bewegung, eben des New Journalism zu sein, oder eher, ihr eigenes Ding durchzuziehen?

HST: Ich war einfach ein Journalist mit einem Auftrag, ehrlich gesagt.

Matthew Hahn: In einem frühen Brief an William Kennedy sprachen Sie von der »Trockenfäule« des amerikanischen Journalismus. Was denken Sie jetzt. Wie ist der derzeitige Zustand der amerikanischen Presse?

HST: Die Presse ist heutzutage so wie der Rest des Landes. Vielleicht braucht man einen Krieg. Kriege haben die Tendenz, das Beste in ihr hervorzubringen. Wohin man schaute in den Sechzigern, überall war Krieg, der sich bis in die Siebziger hineinzog. Jetzt gibt es keine Kriege zu führen. Sie kennen den alten Vorwurf: »Warum bringt die Presse keine guten Nachrichten?« Zur Zeit bringt die Presse die guten Nachrichten und das macht nicht halb soviel Spaß.

Die Presse ist von Clinton kassiert worden. Und von der Verschmelzung mit der Politik. Niemand wird mehr bestreiten, daß sich die Parteien mehr ähneln als unterscheiden. Nein, die Presse hat versagt, ganz und gar versagt – die Presseleute sind faule verrottete Säcke. Vor allem die *New York Times*, die eine Bastion der political correctness geworden ist. Ich glaube, wenn die politisch korrekten Leute meinen Platz in der Geschichte definieren würden, stünde ich komplett als Versager da. Eventuell könnte ich sogar als Zielscheibe am anderen Ende des Spektrums aufgestellt werden. Ich fühle mich jetzt noch mehr als Außenseiter als unter Nixon. Ja, das ist bizarr. Da geht was vor sich, Mr. Jones, und Sie haben keine Ahnung, was es ist, oder?

Ja, Clinton ist ein weit erfolgreicherer Schurken-Präsident als Nixon es war. Sie können darauf wetten, wenn der Aktienindex auf 4000 fiele und einige Millionen Menschen ihre Jobs verlören, dann wäre die Hölle los, aber was soll's? Er ist schon gewählt. Das System der Demokratie hat sich zu etwas entwickelt, das Thomas Jefferson nicht vorhersah. Oder vielleicht sah er es, gegen Ende seines Lebens. Er war sehr verbittert über die Presse. Und was sagte er? »Ich zittere für meine Nation, wenn ich darüber nachdenke, daß Gott gerecht ist.« Das ist einer, der die dunklere Seite gesehen hat. Ja, wir sind eine Nation von Schweinen geworden.

Matthew Hahn: In »Fear and Loathing in Las Vegas« haben Sie den amerikanischen Traum gesucht. Was gibt es 1997 zu finden?

HST: Glauben Sie, wir wären (in Fear and Loathing) überrascht gewesen, herauszufinden, daß der amerikanische Traum ein Nachtclub war, der vor fünf Jahren niedergebrannt war? Daß wir etwa überrascht gewesen wären, als wir nachforschten, daß es der alte Club der Psychiater gewesen war? Und vorher »The American Dream« geheißen hat? Glauben Sie, daß uns das überrascht hat? Nein. Ich ging dorthin, um Horatio Alger[*] zu bestätigen. Ich wußte, was lief. Und davon handelt das Buch.

Matthew Hahn: Nach allem, was ich gelesen habe und was Leute mir sagten, finden die meisten in »The Proud

---

[*] Ein führender Vertreter des Sozialdarwinismus im späten 19. Jahrhundert. Schrieb über 130 Groschenromane, in denen er schilderte, wie der Amerikanischen Traum verwirklicht werden kann.

Highway« am eindrucksvollsten, daß Sie mit siebzehn oder achtzehn schon wußten, wohin Ihr Weg führt ...
HST: Mit Fünfzehn.
Matthew Hahn: Die Leute sind beeindruckt von Ihrem Sinn für Schicksalhaftigkeit. Ich weiß, Sie erwähnten, daß Sie in Schwierigkeiten gerieten und Journalismus oder Schreiben das einzig Mögliche für Sie war, aber mit siebzehn, achtzehn – oder sogar fünfzehn – standen Ihnen doch viele Wege offen.
HST: Richtig, die Welt ist deine Auster. Ich fand vermutlich früh heraus, daß Schreiben ein Mittel war, effektiv zu sein. Man kann die Anfänge davon in »The Proud Highway« sehen. Ich wuchs heran in der Überzeugung, daß ich Erfolg haben würde, egal womit und trotz der Hindernisse, die mir die Schweine in den Weg legten. Ich glaube, das ist eines von diesen Dingen, wenn man in den fünfziger Jahren aufwuchs. Ich zweifelte zu keiner Zeit daran, daß ich mindestens so erfolgreich werden würde wie meine Eltern. Heutzutage ist das die Ansicht einer Minderheit.
Matthew Hahn: Es gibt einen Brief aus dem Jahr 1965 in »The Proud Highway«, in dem Sie schrieben: »Ich hätte mit dem Journalismus aufhören sollen ... und Literatur schreiben, egal, was dabei herausgekommen wäre. Und wenn ich jemals etwas von Wert hervorbringen werde, dann glaube ich ehrlich daran, daß es im Reich der Literatur sein wird.« Was wäre, wenn Sie beim konventionellen Journalismus geblieben wären? Was wäre Ihrer Meinung nach das Ergebnis gewesen?
HST: Es hätte sich möglicherweise alles aus dem Freitod von Phil Graham im Jahr 1963 ergeben. Er war der Herausgeber der *Washington Post*. (HST hatte eine Korrespondenz mit Graham angezettelt). Es ist eine wilde Spekulation – wir müssen damit aufhören, bevor ich wirklich durchdrehe und anfange laut zu denken –, aber ich könnte heute Herausgeber der *Washington Post* sein.

Esquire (London) – November 1998

Night of the Hunter

Bill Dunn

Der Doktor erwartet Sie jetzt ...
I Got Rhythm ...
Je länger die Nacht sich hinzieht, desto klarer wird es, daß der Doktor keine konventionellen Interviews geben mag; er muß jemanden erst kennenlernen – mit ihm trinken, seine Gewohnheiten studieren. Wir landen schließlich in der Küche, wo er mir spontan Unterricht gibt. Wir lesen Auszüge aus seinem Werk laut vor und er dirigiert von seinem hohen Stuhl aus mit den Händen, indem er rhythmisch in die Luft schlägt und gelegentlich ein »Langsamer!« intoniert oder ein ermunterndes »Genau!« ausstößt. »Sechzehn Zeilen hintereinander; ohne Punkt und Komma. Das ist viermal so lang wie Joyce es jemals konnte.«

HST: Laut lesen ist eine Notwendigkeit – erstaunlich, wie das, was man geschrieben hat, wie durch einen Filter zu einem zurückkommt. Ich mag es, wenn Frauen meine Sachen vorlesen. Ich erkläre es in musikalischen Begriffen.
Esquire: Als Sie noch lernten, tippten Sie Passagen aus dem Werk anderer Autoren ab ...
HST: Haben Sie das nie getan? Nehmen Sie eine Seite aus meinem Werk, von Conrad, von wem auch immer, und tippen Sie sie. Das ist ziemlich schwierig, weil jeder verschiedene Rhythmen benutzt. Das ist eine Basisübung – damit fängt es an.

Esquire: Es erinnert mich an Ginsbergs »Howl«.
HST: Ja? Anderer Rhythmus. Allen und ich haben viele gemeinsame Kämpfe bestanden. Wir waren bei Ken Kesey (LSD-Prediger und Autor von »Einer flog über das Kuckucksnest«), als die Bullen jeden verhafteten, der abhauen wollte. Allen und ich fuhren in einem kleinen Ford Anglia davon, um sie im Namen des Journalismus herauszufordern. Mein Sohn Juan lag auf dem Rücksitz – er war acht Monate alt. Die Bullen sagten: »Was haben Sie da hinten? Ist das ein Kleinkind?« Ich sagte: »Logisch ist das ein Kleinkind, ich bin ein Journalist bei der Arbeit!« Und die ganze Zeit machte Ginsberg im Hintergrund »OM ... OM ... OM ...« und versuchte, sie abzuwehren.

Esquire: Ich dachte, sie hätten ihm Handschellen verpaßt, weil er sich so bizarr benahm.
HST: (Lacht). Nein, er brachte das voll. Er sagte, sie verströmten schlechte Energie, deswegen habe er gesummt. Als Allen starb, sollte ich nach LA zur Gedächtnisfeier fahren – ein großes Dinner für circa 2500 Leute. Ich litt eine ganze Woche – ich konnte einfach keine nette sentimentale Sache über Ginsberg verfassen. Dann sagte ich mir, Johnny Depp würde dort sein und es vorlesen. Ich gebe sehr selten auf, aber diesmal tat ich es – ich schickte Depp ein Fax, in dem stand: »Viel Glück – du bist auf dich selbst gestellt, ich habe versagt.« Und wenn ich aussteige, dann hundert pro. Leute liefen davon. Ich schrie: »Okay, ich hab's vermasselt, ihr könnt mich gleich erschießen!« Ich hatte allen gegenüber versagt – Depp, Allen, all meinen Freunden. Es deprimierte mich so sehr, daß ich zwei Halcions schluckte, die einen ungefähr 12 Stunden lang umhauen sollten und ging schlafen. Vielleicht zwei Stunden danach stand ich auf, bekam eine Art von Murmelanfall, setzte mich an die Schreibmaschine, verströmte schmierigen Schweiß und schrieb das Ding. Johnny bekam es ungefähr zwei Stunden vor seinem Auftritt. Ich wäre heute eine ganz andere Person, wenn ich das nicht gemacht hätte.

(Er spielt das Video der Gedächtnisfeier vor. Die Atmosphäre ist ziemlich trist und traurig, als auf einmal Depp auftritt und die anrührende, wenn auch respektlose Würdigung vorliest. Thompson beschreibt Ginsberg so: »Ein gefährlicher irrer Schwuler mit einem Hirn wie eine offene Kloake und dem Bewusstsein eines Virus« ... und später ... »er war verrückt und schwul und klein. Er war andersrum geboren und er wußte es.« Kein Auge im Saal blieb trocken.)

Esquire: Sie tippen Ihre Sachen immer noch in die Schreibmaschine. Dabei scheinen Sie jedes andere denkbare Hilfsmittel zu haben – warum keinen Computer?

HST: Es gibt eine bestimmte negative Kraft, wenn man eine Schreibmaschine benutzt, die einen dazu zwingt, nachzudenken. Manchmal schreibe ich absichtlich mit einzeiligem Abstand, weil ich dann keinen Fehler machen darf.

Esquire: So viel Zeit haben Sie in die Seite investiert?

HST: Genau. Ich benutze einen Computer – »The Rum Diary« wurde auf eine Diskette geschrieben –, aber das geschieht normalerweise nach dem Kampf. Und ich muß erst noch ein wirklich gutes Buch lesen, das auf einem Computer geschrieben wurde.

Esquire: Haben Sie eine besondere innere Ruhe, die Sie befähigt, halluzinogene Drogen einzunehmen und einigermaßen normal zu handeln?

HST: Ich bin früher als die meisten mit Acid in Berührung gekommen – 1960 in Big Sur. Ich hatte Angst davor. Man sagte mir: »Du bist zu gewalttätig, um LSD zu nehmen.« Das ist ein ganz schönes Pfund für den Anfang, das einem da aufgebürdet wird.

Esquire: Sie hätten sich in eine Mr. Hyde-Figur verwandeln können ...

HST: Ja – wenn man auch nur im geringsten außer Kontrolle gerät, dann kann man zu etwas werden, was man nie gesehen, aber immer gefürchtet hat. Hoppla! Ich hielt mich jahrelang davon fern. Es geschah schließlich bei Ken Kesey. Hells Angels vergewaltigten Leute und schlugen sie nieder. Ich ging zu Kesey und sagte: »Egal, vergiß, was ich vorher gesagt habe. Das ist zu bizarr – ich brauche jetzt Acid.«

Esquire: Die meisten Leute wären nüchtern geblieben, um die Gewalt zu vermeiden.

HST: Da gab es keine andere Lösung, außer abzuhauen, und das ging nicht, weil die Bullen draußen in ihren Autos warteten. Ich sollte das nämliche Buch schreiben, das Tom Wolfe schrieb (»The Electric Kool-Aid Acid Test«). Ich habe es nie geschrieben – ich fing damals gerade mit dem Hells-Angels-Buch an.

Esquire: Was wären Ihre bevorzugten Gesetzlosen, wenn Sie heute zu schreiben anfangen würden?

HST: Es ist schwer, heutzutage durchzukommen – jeder wird reich, indem er Klatsch schreibt. Aber nicht reich, weil er Klatsch schreibt. Die Honorare für Schreiber sind tatsächlich im Lauf der Jahre niedriger geworden. Wenn ich heute anfangen würde, wäre ich schockiert über die Bezahlung – freie Journalisten sind deswegen so rar geworden wie fünfzehige Faultiere. Es ist vor allem eine Sache des Überlebens in einer Welt, wo man das tun muß, was man am besten kann.

Esquire: Deswegen Gonzo?

HST: Das war nichts als rein kommerzieller Journalismus: Wenn es keine Story gibt und man auf die Titelseite will, dann erfinde verdammt noch mal eine Story! Im Wesentlichen ist es das – also: »Es gab keinen Aufruhr, also zettelten wir einen an …«

Esquire: Ihre Mutter hat erst nach dem Erfolg von »Hells Angels« wirklich begriffen, daß Sie einen »anständigen« Job hatten.

HST: Ja (lacht). Wirklich!

Esquire: Naja, wenigstens mußten Sie sich kein Geld mehr von ihr leihen.

HST: Ich tendierte dazu, keinen Gedanken auf den Geldeintreiber oder den Wolf vor der Haustür zu verschwenden. Aber das ist ein übler Bestandteil des Lebens eines freien Schriftstellers.

Esquire: Die Philosophie, die in Ihrem Werk erkennbar wird, ist sehr liberal, aber verquickt mit Anarchie und grimmiger Wut ... laßt die Leute machen, was sie wollen – bis zu einem gewissen Punkt.

HST: Aber Vorsicht!

Esquire: ... Was die Haltung der Angels war?

HST: Ja. Massive Vergeltung – sofort. Das war immer eine Möglichkeit.

Esquire: Etwa, als die Angels Sie verprügelten?

HST: Also, das hätte ich wissen müssen. Ich verletzte alle meine eigenen Regeln. Es war Selbstüberhebung. Ich hatte das Buch fertig ...

Esquire: Glauben Sie, die Gesellschaft ist jetzt weniger gewalttätig?

HST: Heutzutage sind es die Bullen, die prügeln. Und dahinter steht Clinton. Er ist der bestrafungswütigste amerikanische Präsident aller Zeiten – und das schließt Nixon mit ein. Der kannte wenigstens noch seine Feinde genau.

Esquire: Hat Clinton Nixon als Ihren persönlichen Satan abgelöst?

HST: Clinton ist weißer Abschaum und er hat diese spezifische Spießigkeit des weißen Abschaums, die im wesentlichen darin besteht, die verdammten Filter zu verstopfen und nichts an die Oberfläche kommen zu lassen. Ja, Sie haben recht. Ich bring mich allmählich in Stimmung.

Hunter S. Thompson: Die Kunst des Journalismus Nr. 1

**Douglas Brinkley
unter Beihilfe von Terry McDonell und
George Plimpton**

The Paris Review: Beim Lesen von »The Proud Highway« hatte ich den Eindruck, Sie wollten schon immer Schriftsteller werden.

HST: Also, wollen und müssen, das sind zwei verschiedene Dinge. Ursprünglich hatte ich Schreiben nicht als Mittel zur Lösung meiner Probleme gesehen. Aber ich hatte ein gutes Grundlagenwissen in Sachen Literatur in der High School. Wir schwänzten regelmäßig die Schule und gingen in ein Café in der Birdstown Road, wo wir Bier tranken und lasen und Platos Höhlengleichnis diskutierten. Wir hatten eine literarische Gesellschaft in der Stadt, das Athenaeum; Samstag nacht trafen wir uns in korrekter Kleidung. Ich war gesellschaftlich nicht allzu gut angepaßt – in der Nacht meiner High-School-Abschlußfeier saß ich im Gefängnis –, aber ich lernte mit fünfzehn, daß man die eine Sache finden mußte, die man besser konnte als alle anderen, um durchzukommen … zumindest in meinem Fall. Ich kam früh darauf. Es war Schreiben. Das war mein Pfund. Leichter als Algebra. Immer Arbeit, aber immer die Arbeit wert. Meinen Namen gedruckt zu sehen, das faszinierte mich schon früh.

Es war ein Kick. Ist es immer noch.

Als ich zur Air Force kam, half mir das Schreiben aus der Verlegenheit. Ich war zur Pilotenausbildung auf der Eglin Air Force Base nahe Pensacola im Nordwesten von Florida eingeteilt, wurde aber in die elektronische Abteilung versetzt ... fortgeschrittene, sehr intensive, achtmonatige Schulung mit hellen Köpfen ... ich genoß das, aber ich wollte zurück zur Pilotenausbildung. Außerdem habe ich Angst vor Elektrizität. Also ging ich eines Tages zum Ausbildungsbüro und schrieb mich für einige Klassen im Staatsgefängnis von Florida ein. Ich kam mit einem Typ namens Ed gut klar und fragte ihn, ob es Möglichkeiten zum Schreiben gäbe. Er fragte mich, ob ich irgendwas von Sport verstünde und ich sagte, ich sei Redakteur bei meiner Highschool-Zeitung gewesen. Er sagte: »Ja, da könnten wir Glück haben.« Es stellte sich heraus, daß der Sportredakteur der Stützpunktzeitung, ein Feldwebel, in Pensacola verhaftet und wegen öffentlicher Trunkenheit ins Gefängnis gebracht worden war, weil er gegen die Mauer eines Hauses gepißt hatte; es war schon das dritte Mal und deshalb blieb er erstmal eingebuchtet.

Ich ging also in die Stützpunktbibliothek und fand drei Bücher über Journalismus. Ich blieb dort und las, bis sie schloß. Journalisten-Einmaleins. Ich erfuhr etwas über Schlagzeilen, Leitartikel: Wer, wann, was, wo, solche Sachen. Ich schlief so gut wie gar nicht in dieser Nacht. Das war mein Fahrschein, mein Ticket, um von diesem verfluchten Ort wegzukommen. Ich fing also als Redakteur an. Was für ein Spaß. Ich schrieb lange Geschichten in der Art von Grantland Rice.[*] Der Sportredakteur meines heimatlichen *Louisville Courier-Journals* hatte immer eine Kolumne auf der linken Zeitungsseite. Also schrieb ich eine Kolumne.

---

[*] Einflußreicher Sportreporter, der in der ersten Hälfte des 19. Jahrhunderts durch seinen zum Teil poetischen Stil viel zur Popularität des Sports und von Sportlern beitrug.

Nach der zweiten Woche hatte ich die Sache im Griff. Ich konnte nachts arbeiten, ich trug Zivilkleidung, arbeitete außerhalb des Stützpunkts und hatte keine geregelte Arbeitszeit, aber ich arbeitete immerzu. Ich schrieb nicht nur für die Stützpunktzeitung, den *Command Courier*, sondern auch für örtliche Zeitungen, wie die *Playground News*. In der örtlichen Zeitung brachte ich Sachen unter, die ich im Stützpunktblatt nicht veröffentlichen konnte. Echt aufrührerisches Zeug. Ich schrieb für einen professionellen Wrestling-Rundbrief. Die Air Force wurde deswegen ziemlich sauer. Ich machte ständig Sachen, die irgendwelche Regeln verletzten. Ich schrieb eine kritische Kolumne darüber, daß Arthur Godfrey,* der auf den Stützpunkt eingeladen worden war, um eine Demonstration der Leistungsfähigkeit von Waffen zu moderieren, in Alaska verhaftet worden sei, weil er aus der Luft Tiere erlegt hatte. Der Stützpunktkommandeur sagte zu mir: »Verdammt nochmal, mein Sohn, warum nur mußtest du so etwas über Arthur Godfrey ablassen?«

Als ich die Air Force verließ wußte ich, ich konnte als Journalist durchkommen. Also bewarb ich mich bei *Sports Illustrated* für einen Job. Ich hatte meine Ausschnitte, meine Verfassernachweise dabei und ich dachte, das sei angewandte Magie ... quasi mein Ausweis. Der Personalchef lachte mich einfach aus. Ich sagte: »Moment mal. Ich war Sportredakteur von zwei Zeitungen.« Er sagte mir, daß ihre Redakteure nicht danach eingeschätzt würden, was sie geschrieben hatten, sondern wo. Er sagte: »Alle unsere Schreiber sind Pulitzer-Preisträger der *New York Times*. Das hier ist entschieden der falsche Platz für Sie als Anfänger. Gehen Sie lieber in die finsterste Provinz und lernen Sie besser schreiben.«

Ich war schockiert. Immerhin hatte ich die Bart-Starr-Story aufgerissen.

---

* Eine bekannte Radio- und TV-Persönlichkeit der dreißiger bis fünfziger Jahre.

The Paris Review: Was war das?

HST: Wir hatten immer diese großartigen Football-Mannschaften auf der Eglin Air Force Base. Wir konnten die University of Virginia schlagen. Unser Oberst Sparks war nicht irgendein Wald- und Wiesentrainer. Wir holten Leute. Wir hatten großartige Spieler, die ihre Dienstzeit in ROTC[*] verbrachten. Wir hatten Zeke Bratkowski, den Quarterback von Green Bay. Wir hatten Max McGee von den Packers. Gewalttätig, wild, ein wunderbarer Suffkopf. Am Anfang der Saison absentierte sich McGee ohne offizielle Erlaubnis, tauchte im Green Bay-Camp auf und kam nie mehr zurück. Ich wurde quasi verantwortlich gemacht für sein Verschwinden. Die Sonne fiel vom Firmament. Dann war zu hören, wir würden Bart Starr bekommen, den All-American aus Alabama. Die Eagles würden loslegen, und wie! Doch dann kam der Feldwebel von der Straße gegenüber und sagte: »Ich hab eine schlimme Nachricht für Sie. Bart Starr kommt nicht.« Ich schaffte es, in ein Büro einzubrechen und seine Akte zu klauen. Ich druckte den Befehl ab, der bewies, daß er aus medizinischen Gründen entlassen wurde. Das war ein sehr schwerwiegendes Leck.

The Paris Review: Die Bart-Starr-Geschichte hat *Sports Illustrated* nicht sonderlich beeindruckt?

HST: Der Personal-Typ sagte: »Also gut, wir haben da so ein Ausbildungsprogramm.« Ich wurde eine Art Kopierautomatenbediener.

The Paris Review: Sie landeten schließlich in San Francisco. Ihr Leben muß mit der Veröffentlichung von »Hells Angels« 1967 einen ziemlichen Schwung nach oben bekommen haben.

HST: Auf einmal hatte ich ein Buch draußen. Damals war ich neunundzwanzig und konnte in San Francisco

---

[*] Reserve Officer Training Corps, deutsch etwa Reserveoffizier-Ausbildungskorps, ist ein Ausbildungsprogramm der US-Streitkräfte an Colleges.

nicht einmal einen Job als Fahrer kriegen, geschweige denn als Autor. Sicher, ich hatte wichtige Artikel für *The Nation* und den *Observer* geschrieben, aber meinen Namen kannten nur ein paar gute Journalisten. Das Buch ermöglichte es mir, eine nagelneue BSA 650 Lightning zu kaufen, das schnellste Motorrad, das je von der Zeitschrift *Hot Rod* getestet wurde. Das rechtfertigte alles, worauf ich hingearbeitet hatte. Wenn »Hells Angels« nicht gewesen wäre, wäre ich nie in der Lage gewesen, »Fear and Loathing in Las Vegas« zu schreiben oder irgendetwas anderes. In diesem Land seinen Lebensunterhalt als freier Schriftsteller zu verdienen, ist verdammt hart; es gibt sehr wenig Leute, die das können. »Hells Angels« bewies mir plötzlich, daß ich das vielleicht kann. Jesus, ich wußte, ich war ein guter Journalist. Ich wußte, ich konnte gut schreiben, aber ich hatte das Gefühl, als ob ich durch eine Tür geschlüpft war genau in dem Augenblick, als sie sich zu schließen anfing.

The Paris Review: Damals schwappte ja eine Welle kreativer Energie durch die ganze San-Francisco-Szene. Haben Sie daran teilgenommen oder wurden Sie von irgendwelchen anderen Schriftstellern beeinflußt?

HST: Ken Kesey, um nur einen zu nennen. Seine Romane »Einer flog übers Kuckucksnest« und »Manchmal ein großes Verlangen« beeindruckten mich ziemlich. Ich sah von sehr weit unten zu ihm auf. Eines Tages ging ich zu einem Fernsehsender, um eine Diskussionsrunde mit anderen Schriftstellern wie Kay Boyle zu absolvieren, und Kesey war auch dort. Danach gingen wir über die Straße in eine Kneipe und tranken einige Biere miteinander. Ich erzählte ihm von den Angels, die ich später am Tag besuchen wollte und sagte: »Warum kommst du nicht einfach mit?« Er sagte: »Whow, ich würde diese Typen gerne treffen.« Dann kamen mir Bedenken, weil es nie eine gute Idee ist, bei einem Treffen mit den Angels Fremde mitzubringen. Aber ich sagte mir: »Das ist Ken Kesey und einen Versuch wert.« Am Ende der Nacht hatte Kesey sie alle nach La Honda eingeladen, das war sein bewaldeter Unterschlupf außerhalb von San Francisco. Es war eine extrem turbulente Zeit – es gab Aufstände in Berkeley. Er wurde ständig von der Polizei belästigt – tagein, tagaus. La Honda war sozusagen ein Kriegsgebiet. Aber es besuchten ihn viele Literaten und andere Intellektuelle dort, auch Leute aus Stanford, Verlagsleute, und die Hells Angels. Keseys Ort war eine echte kulturelle Schnittstelle.

The Paris Review: Haben Sie jemals mit dem Gedanken gespielt, über die ganze Bay-Area während der sechziger Jahre einen Roman zu schreiben, in der Art von Tom Wolfes »Electric Kool-Aid Acid Test«?

HST: Ja, ich hatte daran gedacht, das aufzuschreiben. Damals war mir klar, daß die Kesey-Aktion eine Art Fortsetzung des »Hells Angels«-Buchs war. Wahrscheinlich hätte ich dasselbe Buch wie Wolfe geschrieben, aber zu der Zeit war ich echt nicht so drauf. Ich konnte kein weiteres journalistisches Stück liefern.

The Paris Review: Hatten Sie während der Hochkonjunktur San Franciscos Kontakt mit Tom Wolfe?

HST: Das ist interessant. Ich wollte Wolfes Buch »Das bonbonfarbene tangerinrot-gespritzte Stromlinienbaby« rezensieren. Ich hatte einen Auszug davon in *Esquire* gelesen, bekam ein Exemplar, schaute hinein und war schwer beeindruckt. Der *National Observer* hatte mich damals aus der Politik entfernt, also waren Buchbesprechungen das einzige, was ich schreiben konnte, falls sie das Buch nicht für umstritten hielten. Also schrieb ich eine begeisterte Besprechung und sandte sie dem *Observer*. Meinem Redakteur, Clifford Ridley, gefiel sie gut. Ungefähr eine Woche verging und ich hatte nichts gehört. Dann rief mich mein Redakteur an und sagte: »Wir werden die Besprechung nicht drucken.« Das war die erste, die sie ablehnten; bis dahin waren meine Rezensionen ganzseitige Leitartikel gewesen, so wie in der *Times Book Review* und ich war schockiert, daß sie sie nicht wollten.

Ich fragte also: »Warum wollt ihr sie nicht? Was stimmt da nicht?« Der Typ hatte offensichtlich Schuldgefühle und ließ mich wissen, daß es einen Redakteur beim *Observer* gab, der mal mit Wolfe zu tun hatte und ihn nicht mochte. Deshalb hatte er meine Besprechung verhindert.

Also nahm ich die Rezension und schickte sie an Tom Wolfe zusammen mit einem Brief folgenden Inhalts: »Der *Observer* druckt das nicht, weil jemand dort einen Haß auf Sie hat, aber ich wollte auf jeden Fall, daß Sie das lesen, weil ich sehr hart daran gearbeitet habe und weil Ihr Buch brilliant ist. Ich bin der Ansicht, Sie sollten die Besprechung haben, auch wenn die sie nicht abdrucken.« Dann schickte ich den Durchschlag des Briefes an den *Observer*. Die sagten, ich hätte mich nicht loyal verhalten. Das war der Grund, warum ich rausgeworfen wurde. Ich hatte das Gefühl, daß es nicht nur für Wolfe wichtig war, Bescheid zu wissen, sondern auch, daß die Redakteure des *Observer* wußten, daß ich sie verpfiffen hatte. Es klingt etwas pervers, aber ich würde es wieder tun. Und so haben Tom und ich uns kennengelernt. Er rief mich an und fragte nach Tips und Ratschlägen für sein »Acid«-Buch.

The Paris Review: Hatte diese Freundschaft und Wolfes Journalismus großen Einfluß auf Ihre Schreibweise?

HST: Wolfe trat den Beweis an, daß man sozusagen damit durchkommen konnte. Ich schätzte mich selbst als jemanden ein, der eine Tendenz hatte, die Zügel schleifen zu lassen – so wie Kesey – und Wolfe schien das auch gern zu tun. Wir waren eine neue Art von Schriftstellern, und ich hatte das Gefühl, wir seien eine Art Bande. Jeder von uns machte verschiedene Sachen, aber es war ein natürliches Zusammengehörigkeitsgefühl.

The Paris Review: Wolfe hat Sie später in sein Buch »The New Journalism« aufgenommen.

HST: Tatsächlich war ich der einzige mit zwei Einträgen. Er mochte, wie ich schrieb, und ich mochte seine Texte.

The Paris Review: Hat Timothy Leary Sie jemals gefühlsmäßig beeindruckt, als Sie die Acid-Szene erforschten?
HST: Ich kannte ihn ganz gut, den Bastard. Ich traf ihn in diesen Tagen häufig. Ich kriegte tatsächlich eine Einladung per Postkarte von einem sogenannten Futique Trust in Aptos, Kalifornien, und sollte das vierte jährliche »Timothy Leary Memorial Celebration and Potluck Picnic« besuchen. Die Einladung war in lustigen Buchstaben gedruckt, mit einem Friedenssymbol im Hintergrund, und ich bekam einen Haßausbruch, als ich es sah. Jedesmal wenn ich an Tim Leary denke, werde ich zornig. Er war ein Lügner und ein Quacksalber und ein schlechterer Mensch als Richard Nixon. Die letzten sechsundzwanzig Jahre seines Lebens arbeitete er als Informant für das FBI und lieferte seine Freunde an die Polizei aus und betrog das Friedenssymbol, hinter dem er sich versteckte.
The Paris Review: Die San-Francisco-Szene brachte viele ungleiche Paare zusammmen – beispielswiese Sie und Allen Ginsberg. Wie lernten Sie ihn damals kennen?
HST: Ich traf Allen in San Francisco, als ich zu einem Marihuana-Dealer ging, der unter der Hand verkaufte. Ich erinnere mich, daß das Gras damals zehn Dollar kostete und später dann fünfzehn. Ich kam ziemlich häufig in das Apartment des Dealers – es lag in Haight Ashbury –, und Ginsberg war auch immer da und auch auf der Suche nach Gras. Ich stellte mich vor und wir redeten bald ausgiebig miteinander. Ich erzählte ihm von dem Buch, das ich gerade schrieb und fragte, ob er mir dabei helfen könne. Er half mir mehrere Monate lang; so wurde er mit den »Hells Angels« bekannt. Wir waren auch zusammen bei Kesey in La Honda. Eines Samstags fuhr ich die Küste von San Francisco entlang nach La Honda und nahm Juan, meinen zweijährigen Sohn mit. Da hatte sich diese wunderbar gemischte Gesellschaft von Leuten zusammengefunden. Allen war dort, die Hells Angels – und die

Cops waren auch da, um einen Aufruhr der Hells Angels zu verhindern. Sieben oder acht Polizeiautos. Keseys Haus lag auf der anderen Seite des Bachs und der Straße, eine Art zweispuriges asphaltiertes ländliches Grundstück mit Lagerhalle, ein ziemlich bizarrer Ort. Riesige Verstärker waren in den Bäumen angebracht und einige standen jenseits der Straße, mit Draht verbunden. Auf der Straße zu fahren hieß also, sich mitten in einem schrecklichen Wirrwarr von Geräuschen zu befinden, einem Pulsieren, in dem man kaum noch seine eigenen Gedanken hören konnte – Rock'n'Roll auf voller Lautstärke. An diesem Tag, noch bevor die Angels ankamen, nahmen die Cops jeden fest, der das Gelände verließ. Ich war vor dem Haus; Juan schlief friedlich auf dem Rücksitz des Wagens. Es wurde allmählich ungeheuerlich. Die Cops fingen an, auf die Leute einzuschlagen. Man konnte sie ungefähr aus hundert Meter Entfernung beobachten. Dann nahmen sie jemanden auf brutale Weise fest und Allen sagte: »Wir müssen etwas unternehmen.« Ich stimmte zu. Ich fuhr, Allen saß auf der Beifahrerseite und Juan schlief hinten. Wir fuhren den Cops hinterher, die gerade noch jemanden, den wir kannten, verhaftet hatten. Er hatte einfach nur in das Restaurant an der nächsten Ecke gehen wollen. Dann kamen die Cops auf uns zu.

Beim ersten Anblick der Cops fiel Allen in seinen Hum- und Om-Modus und wollte sie einfach weghummen. Ich redete mit ihnen, wie ein Journalist geredet hätte: »Was ist hier los, Officer?« Allens Hummen sollte eine buddhistische Barriere gegen die schlechten Vibes sein, die die Cops produzierten. Er war sehr laut und weigerte sich, mit ihnen zu sprechen, machte bloß: »Om! Om! Om!« Ich mußte den Cops erklären, wer er war und warum er das machte. Die Cops schauten auf den Rücksitz und sagten: »Was ist das da hinten? Ein Kind?« Und ich sagte: »Das ist mein Sohn.« Und während Allen immer noch »Om« machte, durften wir weiterfahren. Ich schätze, es war ein vernünftiger Cop, der einen Poeten, einen Journalisten und ein Kleinkind erkannte. Aus Ginsberg freilich konnte niemand jemals schlau werden. Es klang wie das Summen einer Biene. Es war eine der irrsten Szenen, die ich je erlebte, aber fast jede Szene mit Allen war auf die eine oder andere Art irre.

The Paris Review: Hat Sie ein anderer Autor aus der Beat Generation beeinflußt?

HST: Jack Kerouac hat mich als Schriftsteller sehr beeinflußt ... im Sinn des arabischen Sprichworts, daß der Feind meines Feindes mein Freund ist. Kerouac lehrte mich, daß man über Drogen schreiben und veröffentlicht werden konnte. Es war möglich, und auf eine symbolische Art und Weise erwartete ich, daß Kerouac in Haight Ashbury auftauchen würde, um für die Sache zu kämpfen. Ginsberg war da, also war es gewissermaßen logisch zu erwarten, daß Kerouac auch auftauchen würde. Aber nein. Damals ging Kerouac zurück zu seiner Mutter und stimmte 1964 für Goldwater. Das führte zu meinem Bruch mit ihm. Ich versuchte nicht, so zu schreiben wie er, aber ich konnte sehen, daß ich so wie er gedruckt werden und den Durchbruch schaffen konnte, den Durchbruch durch das Eis des Ostküstenestablishments. Das gleiche Gefühl hatte ich Hemingway gegenüber, als ich mit seinem Leben und Schreiben bekannt wurde. Ich dachte, Jesus, manche Leute schaffen es. Lawrence Ferlinghetti beeinflußte mich natürlich auch – sowohl seine wunderbare Lyrik als auch die Ernsthaftigkeit seines City Lights Buchladens in North Beach.

The Paris Review: Sie verließen Kalifornien und die San-Francisco-Szene kurz bevor sie ihren Höhepunkt erlebte. Was bewegte Sie dazu, nach Colorado zurückzukehren?

HST: Ich spüre immer noch Nadeln im Rücken, wenn ich an all die schrecklichen Unglücksfälle denke, die mir passiert wären, wäre ich dauerhaft nach San Francisco gezogen und hätte ein großes Haus gemietet. Dann wäre ich bei irgendeiner Firma eingestiegen, wäre innenpolitischer Redakteur für eine neu gegründete Zeitschrift geworden – das war jedenfalls der Plan um 1967 herum. Aber das hätte regelmäßige Arbeitszeiten bedeutet, von neun bis fünf Uhr im Büro sitzen – ich mußte da raus.

The Paris Review: Warren Hinckle war der erste Redakteur, der Ihnen erlaubte Gonzo-Journalismus zu schreiben und dabei zu bleiben. Wie haben Sie sich kennengelernt?

HST: Ich traf ihn wegen seiner Zeitschrift, *Ramparts*, und schon lange bevor es den *Rolling Stone* überhaupt gab. *Ramparts* war ein Wendepunkt in meiner Welt in San Francisco, denn *Ramparts* war die schlauere Version von *The Nation* – mit Hochglanzcover und allem drum und dran. Warren war genial darin, Stories aufzutreiben, die auf die Titelseite der *New York Times* gehört hätten. Er hatte ein wunderbares Gespür dafür, welche Story einen extrem bizarren Anstrich hatte. Das Verteidigungsministerium verarschen, beispielsweise – *Ramparts* war echt links und radikal. Ich widmete der Zeitschrift viel Aufmerksamkeit und wurde schließlich ihr Kolumnist. *Ramparts* war das Blatt der Szene, bis irgendein Streber seine finanzielle Unterstützung zurückzog und alles zusammenbrach. Jann Wenner, der den *Rolling Stone* gründete, arbeitete dort im Zeitungsarchiv – er war ein Kopierknecht oder sowas.

The Paris Review: Was macht den »gesetzlosen« Schriftsteller, wie Sie einer sind, attraktiv?

HST: Ich verhalte mich für gewöhnlich meinem eigenen Geschmack entsprechend. Wenn ich etwas mag und es ist zufällig gegen das Gesetz, dann habe ich möglicherweise ein Problem. Aber ein Gesetzloser kann als jemand definiert werden, der außerhalb des Gesetzes lebt, unterhalb des Gesetzes, aber nicht notwendig gegen das Gesetz. Das ist eine altehrwürdige Sache. Sie geht zurück auf die Geschichte Skandinaviens. Leute wurden zu Gesetzlosen erklärt und sie wurden aus der Gemeinschaft verstoßen und in fremde Länder geschickt – exiliert. Sie operierten außerhalb des Gesetzes und lebten in Gemeinschaften überall in Grönland und Island, wohin auch immer es sie verschlug. Außerhalb der Gesetze der Länder, aus denen sie kamen – ich glaube nicht, daß sie absichtlich Gesetzlose sein wollten ... Ich habe nie absichtlich versucht, ein Gesetzloser zu sein. Es hing bloß von dem Ort ab, an dem ich mich jeweils befand. Als ich »Hells Angels« anfing, fuhr ich mit ihnen durch die Gegend und es war klar, daß ich unmöglich wieder zurückkehren und als gesetzestreuer Bürger leben konnte. Zwischen Vietnam und Gras – in dieser Zeit wurde eine ganze Generation kriminalisiert. Man merkt plötzlich, daß man verhaftet werden kann. Viele Leute wuchsen mit diesem Bewußtsein auf.

Es gab viel mehr Gesetzlose als mich. Ich war nur ein Schriftsteller. Ich versuchte, ein gesetzloser Schriftsteller zu sein. Ich hatte noch nie von diesem Begriff gehört; jemand anderes hat ihn erfunden. Aber wir standen alle außerhalb des Gesetzes: Kerouac, Miller, Burroughs, Ginsberg, Kesey; ich hatte keinen Maßstab dafür, wer der schlimmste Gesetzlose war. Ich erkannte bloß Verbündete: meine Leute.

The Paris Review: Die Drogenkultur. Wie schreiben Sie unter Drogeneinfluß?

HST: Jahrelang glaubte ich an die Theorie, möglichst schnell durchzuschreiben. Üblicherweise schreibe ich pro Nacht fünf Seiten und lasse sie für meine Assistentin liegen, die sie morgens abtippt.

The Paris Review: Und das nach einer durchzechten Nacht?

HST: Immer, klar. Ich habe herausbekommen, daß es nur eine Sache gibt, unter deren Einfluß ich nicht arbeiten kann, und das ist Marihuana. Sogar auf Acid konnte ich schreiben. Der einzige Unterschied zwischen den Normalen und den Verrückten ist, daß die Normalen die Macht haben, die Irren einzubuchten. Entweder man funktioniert oder man funktioniert nicht. Ein funktionierender Irrer? Wenn man dafür bezahlt wird, verrückt zu spielen, wenn man Geld dafür kriegen kann, Amok zu laufen und anschließend darüber zu schreiben ... ich nenne das gesund.

The Paris Review: Fast ohne Ausnahme haben alle Schriftsteller, die wir über die Jahre hinweg interviewt haben, zugegeben, daß sie unter dem Einfluß von Alkohol oder Drogen nicht schreiben können – oder zumindest, daß ihre Texte in der Kühle des Tages neu geschrieben werden müssen. Was sagen Sie dazu?

HST: Die lügen. Oder Sie haben ein sehr schmales Spektrum von Schriftstellern befragt. Das klingt fast wie: »Fast ohne Ausnahme schwören Frauen, die wir über die Jahre hin befragt haben, sich niemals der Sodomie hingegeben zu haben« – ohne zu erwähnen, daß all Ihre Interviews in einem Nonnenkloster geführt wurden. Hat Ihnen Faulkner erzählt, daß alles, was er trank, nur Eistee war und kein Whiskey? Bitteschön. Wer zum Teufel hat Ihrer Meinung nach die Geheime Offenbarung geschrieben? Ein Haufen stocknüchterner Kleriker?

The Paris Review: 1974 sind Sie nach Saigon gegangen, um über den Krieg zu berichten ...

HST: Der Krieg war so lange Teil meines Lebens gewesen. Mehr als zehn Jahre lang war ich geschlagen und mit Tränengas traktiert worden. Ich wollte sein Ende miterleben. Auf gewisse Weise hatte ich das Gefühl, eine Schuld abzutragen.

The Paris Review: Für wen?

HST: Weiß nicht genau. Aber es schien undenkbar, so lange Zeit von diesem Krieg beeinflußt zu sein, ihn so sehr in das eigene Leben integriert zu haben, so viele Entscheidungen seinetwegen getroffen zu haben und dann nicht dabei zu sein, wenn er zu Ende geht.

The Paris Review: Wie lange waren Sie dort?

HST: Ich war ungefähr einen Monat in Saigon. Der Krieg war eigentlich schon vorbei. Nicht vergleichbar mit dem Krieg, über den David Halberstam, Jonathan Schell und Phillip Knightley* berichtet hatten. O ja, man konnte immer noch umgebracht werden. Ein Kriegsphotograph, ein Freund von mir, wurde am letzten Kriegstag getötet. Verrückte Jungs. Die halfen mir am meisten. Das waren auch die Opiumraucher.

The Paris Review: Sie hofften darauf, mit dem Vietcong in Saigon einzuziehen?

HST: Ich schrieb den Vietcong-Leuten einen Brief. An Colonel Giang, in der Hoffnung, sie würden mich oben auf einem Panzer in Saigon einfahren lassen. Die Vietcongs hatten ihr Lager am Flughafen, zweihundert Leute, die für die ankommenden Truppen zuständig waren. Da war nichts Falsches dabei. Es war guter Journalismus.

The Paris Review: Haben Sie jemals daran gedacht, lieber in Saigon zu bleiben als auf einem Vietcong-Panzer dort einzuziehen?

HST: Ja, aber ich mußte meine Frau auf Bali treffen.

The Paris Review: Ein sehr triftiger Grund. Sie sind berühmt dafür anläßlich eines Auftrags mit extrem viel Gepäck zu reisen. Hatten Sie Bücher dabei?

HST: Ich hatte einige Bücher dabei. Mit Sicherheit Graham Greenes »Der stille Amerikaner«. Phil Knightleys »The First Casualty«. Hemingways »In unserer Zeit«. Ich brachte alle diese grundlegenden Dokumente mit. Die Lektüre von »Der stille Amerikaner« gab der Vietnam-Erfahrung eine ganz neue Bedeutung. Ich hatte jede Menge elektronische Ausrüstung dabei – viel zu viel. Walkietalkies, dann schleppte ich noch ein Tonbandgerät mit mir herum. Und Notizbücher. Wegen der Hitze konnte ich nicht mit Filzstiften schreiben, die ich

---

* David Halberstam war Pulitzerpreisträger und Kriegsberichterstatter, Sportjournalist und Autor von historischen Sachbüchern. Jonathan Schell war Journalist, Professor und Sachbuchautor von »The Village of Ben Suc« und »The Military Half« über den Vietnamkrieg. Phillip Knightley ist ein australischer Journalist und Sachbuchautor von »The First Casualty« und »The Second Oldest Profession« über internationale Spionage, Propaganda und Krieg.

üblicherweise benutze, weil die auf dem Papier ausliefen. Ich hatte ein großes Notizbuch im Zeichenblockformat dabei. Ich schleppte das ganze Zeug in einer Photographentasche auf meinen Schultern. Ich trug außerdem eine .45er Automatik. Die war bestimmt für ausgeflippte besoffene Soldaten, die in unser Hotel kamen. Sie ballerten auf den Straßen herum – es kam vor, daß jemand unter deinem Fenster eine ganze Ladung abfeuerte. Ich glaube, Knightley hatte auch eine. Ich bekam meine von jemand, der versuchte, Waisenkinder aus dem Land zu schmuggeln. Ich bekam nicht heraus, ob er auf dem Markt für weiße Sklaven oder auf dem für Wohltätigkeitszwecke zugange war.

The Paris Review: Warum nur ein Monat in Saigon?

HST: Der Krieg war vorbei. Ich wollte 1971 nach Saigon fahren. Ich hatte gerade angefangen für den *Rolling Stone* zu arbeiten. Bei einer Strategieversammlung aller Redakteure in diesem Jahr in Big Sur brachte ich das Argument vor, der *Rolling Stone* solle auch über Innenpolitik berichten. Über den Wahlkampf. Wenn wir über Kultur schreiben wollten, dann wäre es blöd, die Politik auszuschließen. Jann Wenner war der einzige, der mir halbherzig zustimmte. Die anderen Redakteure hielten mich für geisteskrank. Ich war eine Art wilde Kreatur für sie. Ich kam immer im Morgenrock. Drei Tage lang beackerte ich die Jungs leidenschaftlich. Schließlich konnte ich nur noch sagen: »Leckt mich, ich werde darüber schreiben. Ich werde es machen.« Ein dramatischer Moment, wenn ich darauf zurückschaue.

Man kann Innenpolitik selbstverständlich nicht von Saigon aus beobachten. Also zog ich mit Sack und Pack nach Washington. Ich nahm die Hunde mit. Sandy, meine Frau, war schwanger. Der einzige Typ, der mir helfen wollte, war Timothy Crouse, damals ganz unten in der Hackordnung beim *Rolling Stone*. Er stotterte schwer, was ihn wie einen Blödmann aussehen ließ und Jann vespottete ihn die ganze Zeit, echt grausam, und deswegen verteidigte ich ihn immer heftiger. Er hatte nie mehr geschrieben als dreihundert Wörter über irgendein Rock'n'Roll-Konzert. Er war der einzige, der sich freiwillig für den Umzug nach Washington meldete. »Also, Timbo. Wir beide. Wir werden ihnen den Arsch aufreißen.« Das Leben bringt so viele verdrehte Sachen hervor ... Kugellager und Bananenschalen ... einen politischen Reporter statt eines Kriegskorrespondenten.

The Paris Review: Crouse schrieb später dann einen Bestseller über die Presse und den Wahlkampf: »The Boys on the Bus«.

HST: Er war der Korrespondent des *Rolling Stone* in Boston. Er war Harvard-Absolvent und hatte ein Appartement mitten in Cambridge. Er fuhr damals voll auf Musik ab. Er war die einzige Person, die die Hand hob in Big Sur. Wir berichteten über den Wahlkampf 1972. Ich schrieb die Hauptartikel und Tim machte die Ergänzungen dazu. Und dann war da diese Nacht in Milwaukee, in der ich ihm sagte, ich sei krank, zu krank um den Hauptartikel zu schreiben. Ich sagte zu ihm: »Also, Timbo, ich sags dir äußerst ungern, aber du mußt diese Woche den Hauptartikel schreiben und ich mache den Ergänzungstext.« Er kriegte die Panik. Sehr schlimmes Stottern. Ich mußte etwas unternehmen. Ich sagte ihm, er solle mit dem Stottern aufhören. Ich sagte ihm, es sei nicht konstruktiv. »Verdammt nochmal, kotz es raus!«

The Paris Review: »Nicht konstruktiv?« Das konnten Sie leicht sagen.

HST: Ich sah einfach, daß ihm Selbstvertrauen fehlte. Also ließ ich ihn die Wisconsin-Geschichte schreiben und sie war wunderbar – auf einmal hatte er Vertrauen zu sich.

The Paris Review: In Ihrer Einleitung zu »Generation of Swine« behaupten Sie, daß Sie ihr halbes Leben lang versucht hätten, dem Journalismus zu entkommen.

HST: Ich hatte immer das Gefühl, Journalismus sei bloß die Fahrkarte, um loszulegen, und daß ich eigentlich für höhere Ziele bestimmt war. Romane. Ein Romancier hat einen besseren Status. Als ich in den sechziger Jahren nach Puerto Rico ging, stritten sich William Kennedy und ich darüber. Er war der geschäftsführende Redakteur der Lokalzeitung; er war der Journalist. Ich war der Schriftsteller, der nach Höherem strebte. Ich war so versessen darauf, daß ich fast nicht mehr als Journalist arbeitete. Ich dachte mir, um wirklich ein Schriftsteller zu sein, müsse ich Romane schreiben. Deshalb schrieb ich als erstes »Rum Diary«. Die Arbeit an »Hells Angels« fing zunächst als ein weiterer dieser Notnageljobs an. Dann überwand ich die Vorstellung, Journalismus sei eine minderwertige Beschäftigung. Journalismus macht Spaß, weil die Arbeit unmittelbarer ist. Man bekommt einen Auftrag und kann wenigstens über die beschissene Rathauspolitik berichten. Es ist aufregend. Es ist eine garantierte Chance zu schreiben. Es ist ein natürliches Rückzugsgebiet, wenn man keine Romane verkauft. Romane schreiben ist eine viel einsamere Arbeit.

Meine Erleuchtung kam in den Wochen nach dem Kentucky-Derby-Fiasko. Ich war aufgrund eines Auftrags für Warren Hinckleys Magazin *Scanlan's* nach Louisville gefahren. Ein Freak aus England namens Ralph Steadman war dort – ich traf ihn da zum ersten Mal – und zeichnete für meine Geschichte. Für den Leitartikel. Die depressivsten Tage meines Lebens. Ich lag im Royalton in meiner Badewanne. Ich dachte, ich hätte als Journalist total versagt. Ich nahm an, das sei wahrscheinlich das Ende meiner Karriere. Steadmans Zeichnungen waren fertig. Alles, an das ich denken konnte, war der weiße Fleck, wo mein Text hin sollte. Aus lauter Verzweiflung und Verlegenheit fing ich schließlich an, die Seiten aus meinem Notizbuch zu reißen und gab sie einem Kopierboten, der sie zu einem Fax-Gerät die Straße weiter runter brachte. Als ich wegfuhr war ich ein gebrochener Mann, ein totaler Versager und überzeugt, ich wäre bis auf die Knochen blamiert, wenn der Artikel herauskäme.

Es ging nur noch darum, wann der Hammer fallen würde. Ich hatte meine große Chance gehabt und ich hatte sie vermasselt.

The Paris Review: Wie benutzte *Scanlan's* die Seiten aus dem Notizbuch?

HST: Der Artikel beginnt mit einem sauberen Anfang über die Ankunft am Flughafen und das Treffen mit einem Typ, dem ich erzählte, die Black Panthers würden ankommen; und dann läuft der Artikel Amok, zerfällt in blitzlichtartige Ausschnitte und einen Haufen Punkte.

The Paris Review: Und die Reaktion?

HST: Lobeshymnen. Das ist wunderbar ... reiner Gonzo. Hörte ich von Freunden – Tom Wolfe, Bill Kennedy.

The Paris Review: Und was lernen wir daraus?

HST: Ich kapierte, ich war an etwas dran: Vielleicht konnte man mit diesem Journalismus doch Spaß haben ... vielleicht ist er doch keine so minderwertige Angelegenheit. Natürlich kannte ich den Unterschied zwischen dem Einsenden eines Artikels und dem Herausreißen von Seiten aus einem Notizbuch.

The Paris Review: Eine interessante redaktionelle Entscheidung, daß *Scanlan's* mit dem, was Sie schickten, einverstanden war.

HST: Sie hatten keine Wahl. Da war dieser große weiße Fleck.

The Paris Review: Was halten Sie von Redakteuren?

HST: Es gibt weniger gute Redakteure als gute Schreiber. Einige meiner schlimmsten Lektionen im Verhältnis von Schreibern und Redakteuren erhielt ich, als ich die bereits lektorierten Geschichten im Büro von *Time-Life* herumtrug. Ich las die Geschichte auf dem Hinweg und dann wieder nach der Bearbeitung. Ich war neugierig. Ich sah einige unglaublich brutale Eingriffe, die den Schreibern zugemutet wurden. Es gab da einen Typ, Roy Alexander, ein geschäftsführender Redakteur – mein Gott, Alexander strich ganze Leitartikel heraus. Und das, nachdem andere Redakteure daran gearbeitet hatten.

The Paris Review: Hat das jemand auch bei einem Ihrer Artikel gemacht?
HST: Nicht lang. Man kann mich leicht überzeugen, daß ich an einem bestimmten Punkt irre. Man sitzt nicht in einem Hotelzimmer in Milwaukee und schaut auf den Lake Superior, wie ich irrtümlicherweise geschrieben hatte. Ein Redakteur ist außerdem jemand, der mir dabei hilft, meine Sachen gedruckt zu bekommen. Sie sind ein notwendiges Übel. Falls ich jemals etwas fristgerecht abliefern würde, was bedeutete, ich würde es weggeben und es mögen ... also, das ist mir mein Leben lang nicht passiert ... ich habe nie etwas weggeschickt, das in meinen Augen wirklich fertig war ... es gibt nicht einmal einen richtigen Schluß von »Fear and Loathing in Las Vegas«. Ich hatte mehrere unterschiedliche Schlüsse im Sinn, ein weiteres Kapitel oder zwei, eines davon sollte vom Kauf eines Dobermanns handeln. Aber dann wurde es gedruckt – als zweiteiliger Zeitschriften-Artikel für *Rolling Stone*.
The Paris Review: Hätten Sie ein richtiges Ende anfügen können, als es in Buchform herauskam?
HST: Das hätte ich tun können, aber es wäre falsch gewesen. So falsch, wie die Briefe in »The Proud Highway« neu zu schreiben.
The Paris Review: Hätte es Ihnen geholfen, das Ende zuerst zu schreiben?
HST: Ich glaubte das. Das meiste von mir ist einfach eine ganze Reihe falscher Anfänge. Ich gehe eine Geschichte thematisch an und schreibe dann einen ganzen Haufen verschiedener Anfänge. Sie sind alle gut geschrieben, aber untereinander ohne Zusammenhang. Deswegen muß ich zum Schluß diverse Anfänge miteinander verknüpfen.
The Paris Review: Mit »Anfänge« meinen Sie Absätze, oder?
HST: Den ersten Absatz und den letzten. Das bestimmt, wohin die Story geht und wie sie aufhört. Andernfalls verzettelt man sich in hundert verschiedene Richtungen.

The Paris Review: Und in »Fear and Loathing in Las Vegas« passierte das nicht?
HST: Nein. Das war sehr guter Journalismus.
The Paris Review: Ihr Lektor in den Anfängen von »Fear and Loathing in Las Vegas« war Jim Silberman von Random House – es gibt einen ausgedehnten Briefwechsel zwischen Ihnen.
HST: Der Auftrag, den er mir gab, war fast unmöglich: ein Buch zu schreiben über den »Tod des amerikanischen Traums«, das war der Arbeitstitel. Ich suchte zuerst eine Antwort 1968 beim Parteitag der Demokraten in Chicago, aber ich fand sie erst 1971 im Circus-Circus Casino in Las Vegas. Silberman war ein gutes Schallbrett für mich. Er glaubte an mich, und das bedeutete mir viel.
The Paris Review: Wie ist das mit Raoul Duke? Wie entstand das Alter Ego, und warum und wann?
HST: Ursprünglich benutzte ich den Namen für Beiträge im *Scanlan's*. Raoul kommt von Castros Bruder. Und Duke ... weiß Gott warum. Ich fing wahrscheinlich an, mich mit diesen Namen in den Hotels einzutragen. Ich lernte beim Kentucky Derby, daß es extrem nützlich war, einen durch und durch normalen Mann dabei zu haben, jemand dessen Reaktionen man verwerten konnte. Ich war von Ralph Steadman fasziniert, weil er über das meiste, das er in diesem Land sah, entsetzt war. Häßliche Cops und Cowboys und Sachen, die er in England nie gesehen hatte. Ich nutzte das in dem Derby-Artikel aus, und dann merkte ich allmählich, daß es ein extrem wertvolles Werkzeug war. Manchmal führte ich Duke ein, weil ich mich selbst als die andere Figur darstellen wollte. Ich glaube, das fing bei »Hells Angels« an, als ich ich etwas ganz präzise formuliert haben wollte. Aber da ich keinen der Scheiß-Angels dazu bringen konnte, es richtig auszudrücken, schrieb ich es Raoul Duke zu.
The Paris Review: Werden die besten Sachen unter dem Druck von Deadlines geschrieben?
HST: Ich fürchte, das ist so. Ich sage das ohne jeden

Stolz, aber ich könnte es mir wirklich nicht vorstellen, ohne eine drohende Deadline zu schreiben.

The Paris Review: Der Anfang von »Fear and Loathing in Las Vegas«: »Wir waren irgendwo bei Barstow am Rande der Wüste, als die Drogen zu wirken begannen.« Wann haben Sie das geschrieben? Haben Sie das als erstes geschrieben?

HST: Nein, ich habe einen Entwurf ... chronologisch gesehen wurde etwas anderes zuerst geschrieben, aber als ich das schrieb .... tja, es gibt Augenblicke und viele passieren dann, wenn alles andere schief läuft ... wenn man in New York einen Tag zu früh aus dem Hotel geworfen wird oder wenn man seine Freundin in Scottsale verliert. Ich weiß, wann ich einen Treffer lande. Ich weiß, wann ich dran bin. Ich kann es meistens daran erkennen, wenn das Manuskript nicht korrigiert ist.

The Paris Review: Die meisten, die ein Mädchen in Scottsdale oder wo auch immer verlieren, würden irgendwo einen heben und verrückt werden. Es muß etwas mit Disziplin zu tun haben.

HST: Ich setze mich niemals hin und ziehe ein weißes Hemd und eine Krawatte und meinen schwarzen Geschäftsanzug an und denke mir: Jetzt wird geschrieben. Ich fang einfach damit an.

The Paris Review: Können Sie einen typischen Tag eines Autors beschreiben?

HST: Ich würde sagen, an einem normalen Tag stehe ich gegen Mittag so um eins auf. Ich denke, man muß sich auf gewisse Weise überwältigt fühlen, um anzufangen. Das habe ich vom Journalismus gelernt ... daß es nicht eher eine Story gibt, bevor man sie nicht auch hingeschrieben hat.

The Paris Review: Haben Sie irgendeine Methode, um in die Gänge zu kommen, wenn eine Deadline droht – Bleistifte spitzen, Musik, die Sie auflegen, ein bestimmter Sitzplatz?

HST: Bestialische Filme.

The Paris Review: Was benutzen Sie als Schreibzeug? Sie sind einer der wenigen Schriftsteller, die ich kenne, die immer noch mit einer elektrischen Schreibmaschine arbeitet. Was haben Sie gegen einen Computer?

HST: Ich hab's probiert. Die Versuchung, immer wieder über den Text zu gehen und ihn neu zu schreiben, ist zu groß. Ich glaube, ich werde mich nie an das Nicht-Geräusch der Tasten gewöhnen oder an die jederzeit löschbaren Wörter auf dem Bildschirm. Ich bilde mir gerne ein, wenn ich darauf (er deutet auf die Schreibmaschine) schreibe und wenn es fertig ist, daß es dann gut ist. Ich bin mit einem Schreibprogramm nie weiter gekommen als bis zum zweiten Absatz. Geh niemals zurück und schreibe etwas neu, wenn du arbeitest. Bleib dabei, als ob es endgültig wäre.

The Paris Review: Schreiben Sie für eine bestimmte Person, wenn Sie vor dieser Maschine sitzen?

HST: Nein, aber ich habe herausbekommen, daß die Briefform ein guter Weg für mich ist, um in die Gänge zu kommen. Ich schreibe Briefe, um mich aufzuwärmen. In einigen steht bloß: »Du Arsch, ich würde das nicht einmal für tausend Dollars verkaufen«, oder »Friß Scheiße und stirb«, und die verschicke ich dann per Fax. Ich komme durch die Briefe in die Stimmung und in den Rhythmus. Manchmal durch Lesen oder Vorgelesen bekommen – es geht einfach darum, die Musik zu spüren.

The Paris Review: Wie lang können Sie ununterbrochen schreiben?

HST: Ich habe schon fünf Tage und fünf Nächte durchgeschrieben.

The Paris Review: Wegen Deadlines oder aufgrund von Inspiration?

HST: Deadlines, im Normalfall.

The Paris Review: Hören Sie Musik, wenn Sie arbeiten?

HST: Während der ganzen Zeit, in der ich am »Las Vegas«-Buch arbeitete, spielte ich nur ein Album. Ich habe vier Tonbänder verschlissen. Die Live-Aufnahme der Rolling Stones, »Get Yer Ya-Ya's Out«, mit »Sympathy for the Devil«.

The Paris Review: Sally Quinn von der *Washington Post* hat sie einmal angegriffen, weil sie über bestimmte Ereignisse schreiben, aber nur 45 Prozent den Tatsachen entsprechen ... in welcher Relation sehen Sie den Journalismus dazu?

HST: Das ist ein harter Brocken. Das fällt mir sehr schwer. Schon von Anfang an. Ich erinnere mich an ein Notfall-Alarm-Treffen bei Random House mit meinem Lektor wegen »Fear and Loathing in Las Vegas«. »Was sollen wir der *New York Times* sagen? Soll es auf die Belletristikliste oder auf die Sachbuchliste? Das mag eine technisch bedingte Ausrede sein, aber ich meine, in fast jedem Fall gibt es einen Hinweis, daß das eine künstliche Kategorie ist. Ich habe nie wirklich herausbekommen, wie ein Leser den Unterschied erkennen soll. Entweder hat man einen Sinn für Humor oder eben nicht. Und denken Sie daran: Ich habe keinen objektiven Journalismus zu schreiben versucht, jedenfalls nicht objektiv nach meinem Maßstab. Ich habe noch nie jemanden gesehen – vielleicht kommt David Halberstam da noch am ehesten ran –, der objektiven Journalismus geschrieben hat.

The Paris Review: Sie können an jedem Platz schreiben? Oder gibt es einen Lieblingsplatz?

HST: Zur Zeit schreibe ich am liebsten hier. Ich habe mir dieses elektronische Kontrollzentrum eingerichtet.

The Paris Review: Wenn Sie einen Schriftsteller erfinden könnten, welche Eigenschaften würden Sie ihm zuschreiben?

HST: Ich würde ihm sagen: Es tut weh, wenn man recht hat, und es tut weh, wenn man falsch liegt, aber es tut wesentlich weniger weh, wenn man recht hat. Man muß mit seinen Einschätzungen richtig liegen. Das ist wahrscheinlich das Äquivalent zu Hemingways Ausspruch, daß man einen stoßfesten Scheiße-Detektor haben müsse.

The Paris Review: Weniger abstrakt gedacht, würden Sie beispielsweise Selbstdisziplin empfehlen?

HST: Man muß in der Lage sein, morgens Seiten zu füllen. Ich bemesse mein Leben nach Seiten. Wenn ich bei Morgengrauen Seiten vorweisen kann, dann ist es eine gute Nacht gewesen. Es gibt keine Kunst, bevor sie nicht auf dem Papier steht; es ist keine Kunst, bevor es nicht verkauft ist. Wenn ich ein Stiftungs-Baby wäre, wenn ich irgendein Einkommen von anderer Seite hätte ... oder eine Scheiß-Behinderung aus einem Krieg oder eine Pension ... Ich hatte nichts dergleichen, niemals. Also muß man für seine Arbeit Geld bekommen. Ich beneide Leute, die das nicht nötig haben ...

The Paris Review: Wenn Sie ein Vermögen auf der Bank hätten, würden Sie dann immer noch schreiben?

HST: Wahrscheinlich nicht, wahrscheinlich nicht.

The Paris Review: Was würden Sie tun?

HST: O... ich würde herumreisen wie König Faruk. Ich würde Redakteuren erzählen, daß ich etwas für sie schreiben würde und es dann wahrscheinlich nicht machen.

Yahoo! Internet Life – August 2001

Ein verdreht vernetzter Kerl

Der Original-Gonzo steht wieder im Rampenlicht, um den guten Kampf online zu kämpfen und einige alte Rechnungen zu begleichen.

Hugo Perez

Hugo Perez: Einige Leute werden verblüfft darüber sein, daß Sie jetzt für ESPN.com schreiben. Aber es scheint, Sie haben dort eine sehr große Flexibilität – und ein Forum für politische Themen.
HST: Absolut richtig – dieselbe die ich beim *San Francisco Examiner* hatte. Es gibt sehr wenige Einschränkungen. Ich sollte es vermeiden, über Religiöses zu reden. Etwa einen Kommentar von mir geben wie »Jesus, was für ein Idiot« oder sowas. Bei einigen Gelegenheiten hat das ein Redakteur zu »Geez« eingedampft. Ziemlich blödsinnig. Es gibt halt nicht allzuviele Medien, wo meine Exzesse erlaubt oder gefördert werden. Ja, »Bastard«, daran haben sich die Leute gewöhnt. »Schwein der Woche.« »Die ganze Bush-Familie sollte lebendig in einem Kessel voll siedendem Öl gekocht werden.« Da gibt es viele Beispiele. Wie bei jeder anderen Kolumne ist das Wichtigste, sie rechtzeitig hinzukriegen. Wie lautete doch der alte Showbusiness-Grundsatz? »Fünfundneunzig Prozent der Show besteht darin, zur richtigen Zeit anzufangen.« Ohne Deadline würde ich nicht viel schreiben. Ich hatte 24 Deadlines hintereinander bei ESPN.com.

Hugo Perez: Sie haben viele Beispiele erzählt, wie Sie als Journalist Technologie benutzen. Vor dem weitverbreiteten Internet haben Sie das Fax benutzt, um Ihr Manuskript so spät wie möglich schicken zu können.

HST: Ich habe ein Fax-Gerät mit mir herumgeschleppt, und das zu der Zeit, als die Besitzer elektrischer Schreibmaschinen ganz weit vorn waren. Ich konnte es bei einer Tankstelle anschließen – einer geschlossenen Tankstelle in South Miami oder wo auch immer. Ich hatte ein 15 Meter langes Verbindungskabel dabei, das ich am Gebäude in der Nähe der Toiletten einstecken konnte. Und solange ich ein Telefon hatte, in das ich einen Vierteldollar einwerfen konnte, funktionierte die Maschine und ich konnte von jeder beliebigen Telefonzelle aus in die ganze Welt faxen. Das ermöglichte es mir auch, eine Deadline auf mich zukommen zu lassen. Ich wußte, ich konnte mir erheblich mehr Zeit nehmen, als die Leute von der Zeitung glaubten. Deshalb habe ich mir in den Produktionsabteilungen keine Freunde gemacht. Es war ein Riesenluxus. Ich schickte einmal eine Story per Fax an das *New York Times Magazine* und die waren darüber total verblüfft. Sie wollten den Text als Telex oder was immer ihre Vorgabe war. Ich schickte ihnen mein Fax und kündigte das dem verantwortlichen Redakteur an, und der regte sich darüber auf. Dann fand er heraus, daß im Keller circa 40 Faxgeräte standen, von denen er keine Ahnung hatte. Alle Korrespondenten hatten diese Option. Ich glaube, das Internet ist ein wenig ähnlich.

Hugo Perez: Neulich haben Sie Ihre ESPN-Kolumne dazu benutzt, auf den Fall Lisl Auman aufmerksam zu machen, eine Frau, die Ihrem Gefühl nach im Zusammenhang mit dem Tod eines Polizisten zu Unrecht verurteilt wurde, weil sie zu der Zeit schon verhaftet war.

HST: Kennen Sie den Ausspruch Edmund Burkes, daß die Untätigkeit guter Männer das einzige ist, was für den Triumph des Bösen notwendig ist? Das erste Mal, glaube ich, als ich das hörte, sagte es Bobby Kennedy, so um

1968, und es setzte sich in mir fest. Die andere Sache ist, daß ich unerwarteterweise einen Brief von Lisl Auman bekam. Ich kannte den Fall. Ich hatte ihn in den Zeitungen verfolgt und ich wußte, es war eine Ungeheuerlichkeit. Ich kann nicht gegen jede Ungeheuerlichkeit vorgehen, aber wenigstens mache ich etwas. Es wird ein harter Kampf. Ich glaube, wir haben es zur Hälfte geschafft, weil wir die besten Anwälte im Land gewonnen haben. Aber man hätte sich keinen komplizierteren Fall aussuchen können. Also: verhaftet, verurteilt, Polizistenmörderin, das sind die ganz falschen Reizwörter.

Hugo Perez: Könnte dieser Fall die Beachtung bekommen, damit dieses Gesetz verschwindet?

HST: O Mann. Das ist ein drastisches, gemeines Gesetz, gemacht für Polizisten und für Ankläger, ein Gummiparagraph. Die müssen gar nichts beweisen. Das Felony Murder Statute und seine Anwendung, das ist eine große Sache. Deshalb steigt ja auch die NACDL[*] ein. Und inoffiziell hab ich Morris Dees vom Southern Poverty Law Center auch dabei. Er hat gerade die ganzen Nazis in Idaho eingebuchtet. Er ist ein wunderbarer Rechtsanwalt und ein echt guter Freund. Und dann hab ich noch ein paar auf Berufung spezialisierte Anwälte in Denver. Ich habe ein bewundernswertes Netzwerk.

Wenn ich etwas aus meinem lebenslangen Kampf gegen das kriminelle Justizsystem gelernt habe, dann, daß man die Sache nicht allein durchkämpfen kann. Man braucht professionelle Hilfe. Ich wäre schon vor 10 Jahren in den Knast gewandert, wenn ich nicht massive Unterstützung gehabt hätte, oder eine berittene Eingreiftruppe. Man kann kein besseres Anwaltsteam finden als unseres. Das hat den Fall gedreht. Man hat sie definitiv als unerwünschte Person vor Gericht gezerrt. Niemand hat sie je beschuldigt, das Verbrechen begangen zu haben.

---

[*] National Association of Criminal Defense Lawyers – der Verband der Strafrechtsverteidiger.

Hugo Perez: Glauben Sie, daß das Internet dafür Aufmerksamkeit herstellen und ein solches Netzwerk aufbauen kann?

HST: Es hat jedenfalls einen gigantischen Unterschied für sie und ihre Familie ausgemacht, die einen einsamen Kampf kämpften. Lisl hat eine eigene Webseite (lisl.com). Ihre Eltern betreiben eine, die in den ersten beiden Jahren pro Jahr circa 5000 Zugriffe verzeichnete. Als ich Lisl zum ersten Mal in der Kolumne erwähnte, hatte ihre Website 140000 Zugriffe an einem Tag und das erstaunte die Eltern. Sie dachten, die Maschine sei kaputt. Es war eine Riesenunterstützung.

Ja, ich glaube, das Internet ist für so etwas wie geschaffen. Der Fall litt an Nichtbeachtung und Desinteresse. Mein Job ist es, daraus ein Thema zu machen, ohne selbst das Thema zu erfinden. Ich versuche, die Presse dazu zu kriegen, das Wort Gonzo im Zusammenhang mit mir zu streichen. Denn deshalb glauben die Bullen, sie hätten einen Ansatzpunkt: »O ja, Gonzo, den Typen kenn ich.« Wenn ich es zulasse, daß sie einen Gonzo-Fall daraus machen, dann wird mich das bei den Berufungsverhandlungen nicht sehr weit bringen. Außerdem habe ich sowieso nie gewußt, was zum Teufel Gonzo bedeutet.

Hugo Perez: Und wie ist dann der Gonzo-Journalismus entstanden?

HST: Der entstand in der Tat aus angeborener Faulheit, die ich offen gesagt stolz bin, überwunden zu haben, wobei mir niemand je dazu gratuliert hat. Ich bin ein lebendes Denkmal für den Triumph der Faulheit, denn ich habe einfach nur die Notizbücher abgetippt. Ich versuchte, mit Photographen und Illustratoren zu konkurrieren. Immer wenn Annie Leibovitz eine Story fertig hatte, schickte sie einfach nur den Film ein. Und ich durfte mich mit den leeren Seiten abplagen; also dachte ich: »Das kann ich auch.« Eines Tages werde ich meine Notizbücher in eine Filmtasche stecken. Man verschickte sie in einer kleinen Fischnetztasche, auf der überall »Presse«

stand, und wenn ich arbeitete, versuchte ich mein Spiralnotizbuch in diese Tasche zu werfen, die nach New York ging. Ich schrieb sozusagen im Schnellgang. Sie sollten mal meine Notizbücher sehe. Da könnten Sie was lernen.

Hugo Perez: Was hat Sie veranlaßt, Ihre Briefe zu veröffentlichen? Welchen Stellenwert haben sie im Vergleich zum Rest Ihres Werks?

HST: Ich denke, es ist eine ständige Antriebsmaschine, die ich da für meinen Stamm erfunden habe – für meine Leute, die freiberuflichen Schreiber der Welt. Ich habe eine neue Autobahn als Gewinn für all diese Sachen gebaut. Ich werde jetzt für die Arbeit bezahlt, die ich damals machte, ohne einen Cent dafür zu erhalten. Dadurch wird auch klar, daß ich ein Jahrzehnt ohne Geld gelebt habe. Mein Jahreseinkommen in Big Sur war 780 $ und zwar ein gutes Jahr lang. Ich schrieb damals drei oder vier Briefe am Tag. In diesen Tagen hatte ich eine Menge Energie, die ich sonst nicht los wurde.

Hugo Perez: Viele von uns glauben, daß die kulturelle Revolution der Neunziger von Geld und Gier angetrieben wurde, aber einige Idealisten meinten, diese Technologie könnte einfachen Leuten helfen, sich zu verbünden und soziale Probleme zu lösen. Sehen Sie irgendeine Verbindung zwischen den Neunzigern und den Sechzigern?

HST: Nein. Ich warte immer noch darauf, daß die Computerrevolution, oder die Existenz von Computern mir irgendetwas bringt. Bis jetzt hat sie nur den Autoritäten große Vorteile verschafft – Polizeiagenturen, dem Militär. Ich brauche das echt nicht. Tatsache ist, ich habe mich um diese Dinge kaum gekümmert, bis ich sah, daß ich Geld damit verdienen konnte. Im Internet geht es nicht darum, Inhalte zu bezahlen, und es ist gefährlich überladen mit Geschwafel.

Es gibt ein paar nützliche Webseiten – natürlich die der *New York Times* und einige andere. Aber egal, ich bekomme die *Times* sowieso jeden Tag und ich bin es einfach gewohnt, sie auf Papier zu lesen.

Manchmal ist das Internet gut für Recherchen, aber es gibt echt zu viele Informationen. Und es gibt kaum Filter, wie sie etwa im Bildungssystem eingebaut sind. Man weiß nie, was zum Teufel wahr ist oder relevant. Es ist sehr gut für Leute, die einfach Dampf ablassen und ihr Gelaber an die Öffentlichkeit bringen wollen. Vielleicht hätte es mir an einem früheren Punkt meiner Karriere etwas gebracht.

Hugo Perez: Wenn Sie in den siebziger Jahren, als Sie als Sheriff in Aspen kandidierten, Zugang zum Internet gehabt hätten, glauben Sie, das hätte Ihrem Wahlkampf etwas gebracht?

HST: Ich hätte nichts besser machen können, als ich ohnehin tat. Wir waren die ganze Zeit weltweit in den Medien. Wir hatten die *New York Times*, und die BBC, die *Village Voice* und die *L.A. Times*. Es war eine riesige Hilfe, aber auch eine kleine Behinderung. Man konnte im Hotel Jerome keinen Schritt machen, ohne über Kabel zu stolpern, und sie lagen überall herum, im Eingang des Hotels und in der Lobby, sie führten sogar die Treppen hinauf zu unserem Hauptquartier im zweiten Stock. Es war eine große Hilfe, aber ich glaube immer noch, daß jede Politik lokal ist. Trotzdem ist es gut, wenn man nationale Aufmerksamkeit erregt und ins öffentliche Bewußtsein gelangt. Es erhöht das Level der Aufmerksamkeit für jede Sache.

Hugo Perez: Sie sagten einmal, daß Journalismus keinen Spaß macht, außer im Krieg. Haben Sie im Fall Lisl Auman das Gefühl, daß Sie einen Krieg anzetteln?

HST: Also, Krieg ist das falsche Wort. Sagen wir mal eine Kampagne oder ein Thema. Es hat jedenfalls das Level des Adrenalinausstoßes und des Engagements und der Konzentration definitiv erhöht. Ich habe Journalismus immer als politisches Handeln verstanden.

Schlafenszeit für Gonzo

J. Rentilly

Das erste Gespräch mit Hunter S. Thompson findet um 16 Uhr 30 nachmittags statt; er wartet auf sein Frühstück und versucht langsam, wach zu werden. In der Owl Farm, seiner ausgedehnten Ranch in Woody Creek, Colorada, südlich von Aspen, kommt der 63-jährige Thompson am Telefon genauso rüber wie erwartet: ein griesgrämiger, mümmelnder, furzender, Dunhill rauchender, Patrón schluckender Chemielaborant, der so tut, als sei er desorientiert, wenn ihm danach ist, einen nächtlichen Lebenswandel pflegt und zurecht kommt trotz oder wegen des »üblen und kauzigen Temperaments«, das er an diesem Nachmittag eingesteht. Das ist der Schriftsteller, der einmal behauptete, der einzige Weg, den Schmerz darüber, ein Mann zu sein, zu beenden, bestehe darin, zum Tier zu werden.

Dann kommt es zum zweiten Anruf. Noch vor der Morgendämmerung meldet sich Thompsons Lebensgefährtin Anita Bejmuk. »Sich um mich zu kümmern ist ein Job, der manchmal verdammt viel erfordert«, sagt Thompson. »Und ich versuche ebenfalls, mich um sie zu kümmern.« Bejmuk sagt, daß Thompson später am Tag bereit sei zu reden. Der Tag vergeht, ohne daß sich Thompson meldet. Der nächste auch. Thompson hat es versprochen, ruft aber nicht zurück. Offensichtlich sind Ikonen häufig indisponiert. Und dann endlich hat man ihn in der Leitung.

Rentilly: Mr. Thompson. Wie geht es Ihnen?
HST: Ich bin noch nicht richtig auf und noch nicht richtig wach. Ich gucke gerade das World-Series-Spiel an.
Rentilly: Ist jetzt eine schlechte Zeit für Sie?
HST: Jedenfalls keine gute. Ich fühl mich wirklich nicht auf der Höhe. Über was wollten Sie reden?
Rentilly: Ich wollte über das neue Buch reden, »Königreich der Angst«, und ...
HST: Ich könnte das sehr viel besser, wenn ich ... verdammt nochmal ... wenn ich wach wäre und mich ein wenig besser fühlte.
Rentilly: Möchten Sie lieber zu einer anderen Zeit?
HST: Sagen wir ungefähr um ... Oh, keine Ahnung ...

Und auf einmal merkst du, wie alles den Bach runter geht, und zwar ziemlich schnell. Thompson möchte sich das Spiel zu Ende ansehen und du ahnst, danach wird irgendwas anderes sein und danach wieder etwas anderes.

Während die Deadline naht, kannst du über die Möglichkeit nachgrübeln, eine Story über Hunter S. Thompson zu schreiben, den Vater des Gonzo-Journalismus, die legendäre Gestalt der Gegenkultur und der antiautoritären Bewegung, der sich eine Karriere und eine Reputation durch Drogenkonsum erworben hat, mit Nutten feilschte, an Käfigen rüttelte, Namen nannte, Konventionen und Etikette mißachtete, Leichen ausgrub, der einen Dreck auf alles Heilige und Falsche gab, und das in grundlegenden Werken der Sachliteratur wie »Fear and Loathing in Las Vegas«, »Fear and Loathing in the Campaign Trail« und »Hells Angels« sowie in Bänden unfeiner hartgesottener Romanliteratur wie »The Rum Diary« und »The Curse of Lono«.

Wenn die Deadline droht, kann man immer billige Witze darüber reißen, daß Woody Creek, Colorado, zweikommavier Kilometer über der Meereshöhe liegt und somit Thompson, der notorische bekennende Rauschgiftler im Sinn des Wortes immer »high« ist. Man kann ein Bild von Thompsons berühmten Pfauen zeichnen, wie sie frei auf der Owl Farm herumlaufen zwischen den Rehposten. Thompson, ein eifriger Schußwaffensammler, ballert gelegentlich in die Nacht hinaus, eine existentielle Handlung mit Artillerieunterstützung. Man kann über die gigantische amerikanische Flagge berichten, die nach Aussage Thompsons von seiner vorderen Veranda herunterhängt, um die Nazis fernzuhalten, während zur gleichen Zeit, vielleicht in ironischer Absicht, Wagner läuft, und zwar auf einem Sound-System mit mehr als stolzen 80 Lautsprechern, die die Musik in die Wildnis hinausblasen. Man kann hochtrabend über die Seiten herziehen, die Thompson jüngst geschrieben hat, wenn er die gegenwärtige Präsidialverwaltung als »das Vierte Reich« bezeichnet, das von einem »grenzdebilen Kindskopf-Präsidenten« geführt wird, und wenn er beklagt, daß wir dabei sind »für die Sünden unserer Väter und Vorväter zu zahlen, sogar wenn sie unschuldig waren« ... und »daß wir unsere letzte Kugel verschossen haben«.

Aber nichts davon stimmt. Nichts davon könnte stimmen. Wenigstens nicht ganz. Der Versuch, sich den »echten« Hunter S. Thompson vorzustellen, gleicht dem Versuch, sich den amerikanischen Traum selbst vorzustellen, den Thompson in seinen Texten abwechselnd umarmt, definiert, neu definiert und total zerstört hat. In Thompsons neuem Buch »Kingdom Of Fear«, einer Sammlung einiger seiner neuesten und vielleicht großartigsten Artikel, beschreibt sich Thompson selbst als »einen professionellen Journalisten und Autor von Büchern über das Leben auf der schrägen Seite.«

Vielleicht. Aber unter dem schroffen, unzugänglichen Äußeren – dem Tier, das den Schmerz verbirgt, ein Mensch zu sein – versteckt Thompson ein aufrichtiges und nobles Herz, auch wenn es mit einer Prise des starken Schmerzmittels Percocet versetzt ist. Die Wahrheit über Thompson: er ist ein Romantiker in der großartigen, altehrwürdigen Tradition des Wortes. Ein Mann, der in seinen Schriften und in seiner Lebensführung dauerhaft eine überlebensgroße Person gegeben hat, eine laute und manchmal furchterregende, apokalyptische, aber absolut wahrhaftige Stimme und Haltung und Philosophie. Wie Lord Byron oder William Blake vor ihm – politische Aktivisten, unerschütterlich in ihren Leidenschaften, die ihr Leben an die äußersten Grenzen trieben, wo sich die meisten Leute schrecklich fühlen oder zumindest große Angst haben.

Wie Thompson in »Kingdom Of Fear« schreibt: »Es kann sein, daß jede Kultur eine Art Gott der Gesetzlosen braucht, und vielleicht bin ich das in unserer Zeit. Wer weiß?« *Razor*-Magazine fand es schließlich heraus, als sich Thompson während einer wilden Reise ins Herz des amerikanischen Traums öffnete.

Rentilly: Sie sind ein harter Brocken und schwer ans Telefon zu kriegen. Ich dachte schon, Sie mögen einfach keine Interviews geben. Das ist aber nicht der Fall, oder?

HST: Nein, nein. Ich wollte einfach keinen negativen Müll verzapfen, aber ich weiß nicht. Ich bin einfach nicht in einer sehr ... Ich bin nicht in der Stimmung, gut zu formulieren. Meine Zunge tut weh und es fällt mir schwer zu reden.

Rentilly: Als wir vor ein paar Wochen zum ersten Mal miteinander sprachen, waren Sie gerade schwer mit aufblasbaren Puppen und Haschisch beschäftigt. Sind das wirklich die Hauptgegenstände Ihres Denkens oder ist das bloß eine Methode, einem Journalisten zu sagen, daß er sich ins Knie ficken soll? In Ihrem neuen Buch »Kingdom Of Fear« schreiben Sie, »die Bilanz« Ihres Lebens ziehen zu wollen. Ich dachte diese Art der Selbstbetrachtung und der Suche nach der Seele ist alten Leuten und Männern, die im Sterben liegen, vorbehalten.

HST: Ich weiß nicht. Ich habe immer Bilanz gezogen. Ich habe ständig bilanziert.

Rentilly: Und wie sieht das Ergebnis für Mr. Thompson aus?
HST: Also ich fühle mich wohl. Sehen Sie, ich habe etwas bemerkt, weil ich jetzt fast zwei ganze Jahre lang gezwungen war, etwas für dieses Buch aufs Papier zu bringen. In meinem Alter und mehr oder weniger gezwungen, nimmt man sein Leben hin – nicht als Geschenk, aber – als Konfrontation, die es beinhaltete. Jeder in seinen sechziger oder siebziger Jahren, zur Hölle, sogar jeder in seinen vierziger Jahren muß sich selbst konfrontieren, schätze ich. Aber dieser Text – dieses Buch – macht das absichtlich. Das ist ein Parforceritt durch mein ganzes Leben. Ich habe überall in meinem Haus Tafeln hängen mit großen Bildern, die mich zu verschiedenen Zeiten meines Lebens zeigen. Ich bin meiner selbst so müde. Ich muß all diese Bilder erklären, all diese Episoden in meinem Leben. Ich muß mich ständig irgendwie erklären.
Rentilly: Hat Sterblichkeit viel mit ihrem Alltag zu tun? »Kingdom Of Fear« ist die Darstellung, wo Sie gewesen sind und was Sie getan haben.
HST: Das ist nicht meine Absicht. Aber es war die des Verlegers. Sowas wie Memoiren scheinen sich immer besser zu verkaufen. Jeder weiß ein paar gute Geschichten über sich selbst, oder? Aber der beunruhigende Teil dabei ist die Überprüfung deines Lebens, die wirklich freiwillige Auskunft darüber, das Reden über Leute, über Dinge, die man getan und vielleicht falsch gemacht hat. Das war immer mein Schutzmechanismus, alles unter Verschluß zu halten und mich nur zu erklären, wenn es wirklich nötig war.
Rentilly: In Ihren Schriften wirkten Sie immer wie ein Mann der geradeaus seinen Weg geht. Es muß seltsam sein, so zurückzublicken, wie Sie es in Ihrem neuen Buch tun.
HST: Folgendes habe ich bemerkt: Entweder bin ich der beständigste, zuverlässige Mann mit einem natürli-

chen Level von Integrität und Loyalität oder ... schätze, das hört sich nach Geschwafel an, aber Sie wissen, was ich meine: Ich bin entweder gut, weise, tapfer, stark, etc. Oder ich bin einfach der blödeste Mensch, der je gelebt hat. Ich habe nichts mehr dazu gelernt, seit ich fünfzehn Jahre alt war. Meine Haltung und meine Grundüberzeugung sind dieselben geblieben.
Rentilly: Ihre Werte, ihre Prinzipien.
HST: Ja. Ich habe nichts daran geändert. Ich schätze, ein Mann sagt gern von sich, er habe sich geändert, aber ich sehe es einfach nicht. Ich ändere mich nicht sehr.
Rentilly: Sie schreiben viel über ihre Kindheit als jugendlicher Straftäter, darüber, daß Sie einen Briefkasten der Bundespost vor einen heranfahrenden Schulbus geworfen haben und einige andere Kavaliersdelikte. In dem neuen Buch schreiben Sie: »Ich war mit einem Sinn für schwarzen Humor geschlagen, den viele Erwachsene an mir fürchteten, ohne genau den Grund dafür zu kennen.«
HST: Yep.
Rentilly: Wie hat die Tatsache, daß Sie ein verdorbenes Kind waren, Ihr Schreiben beeinflußt?
HST: Ich glaube, das ist ein ziemlich starker Faktor. Das verschaffte mir, ich weiß nicht, eine Art antiautoritärer Position. Und die ist mir meiner Meinung nach sehr zugute gekommen.
Rentilly: Antiautorität? Ja, das scheint sich für Sie ausgezahlt zu haben.
HST: Ja. Ich hab's gut hingekriegt, wenn man bedenkt, daß man in diesem Land jederzeit an die Wand gestellt und hingerichtet werden kann, und zwar für viel weniger, als ich in meinem Leben angestellt habe.
Rentilly: Hunter Thompson mag damit durchkommen, aber die meisten von uns trauen sich heutzutage nicht mehr, die Autorität allzusehr in Frage zu stellen.
HST: Ja. Unser Regierungssystem entwickelt sich zu einem der gefährlichsten auf der Welt – überall auf der Welt – seit Adolf Hitler.

Rentilly: Es ist eine furchterregende Zeit. Ich bin 31. Ich habe zwei kleine Jungs. Schon einen Tag durchzustehen ist manchmal beängstigend.

HST: Ich beneide Sie nicht. Sie gehören zu der ersten Generation, der es schlechter gehen wird als ihren Eltern. Und Ihren Kindern wird es wahrscheinlich noch schlechter gehen als Ihnen. Ich wäre sehr unglücklich, wenn ich 31 wäre und zwei Kinder hätte.

Rentilly: Sie diagnostizieren eine Art »nationalen Nervenzusammenbruch«. Sie bezeichnen sich selbst als Dr. Thompson. Gibt es ein Mittel dagegen?

HST: Also üblicherweise hab ich eins. Aber gerade jetzt habe ich keines. Wir gehen offensichtlich in die verkehrte Richtung. Und ich überlege hin und her, ob es inzwischen wirklich mehr Nazi-Bastarde in den Straßen Amerikas gibt als vorher. Und ich frage mich: wenn jeder in Amerika wählen würde, hätten wir dann dieselbe Regierung wie jetzt? Ich habe das Gefühl, daß eine Wahlbeteiligung von knapp 50 Prozent ein wichtiger Faktor dafür ist, wer schließlich die Regierung kontrolliert.

Rentilly: Und daß man nicht in der Lage ist, die Stimmzettel zu zählen, ist auch nicht gerade hilfreich, oder?*

HST: Diese Nazis haben dieses System erfunden. Sie haben sehr langsam ein sehr rücksichtsloses, gnadenloses System geschaffen.

Rentilly: Meinen Sie mit »Nazis« die derzeitige Administration oder die Republikanische Partei? Das könnte eine wichtige Unterscheidung sein.

HST: Ja, das ist eine republikanische Tatsache des Lebens seit Nixon gewesen. Richtig angefangen hat es mit Reagan. Es waren die gleichen Leute, die mit Nixon und Reagan an der Macht waren, einige zumindest. Und sie holten Reagan; nicht umgekehrt. Damit fing alles an.

---

* Bezieht sich auf die Präsidentschaftswahlen 2000, als George Bush durch Manipulationen beim Auszählen der Wahlzettel in Florida die Wahl gegen Al Gore gewann.

Rentilly: Reagan sagte tatsächlich 1985: »Das ist vielleicht die Generation, die das Ende der Welt erleben wird.«
HST: Yep.
Rentilly: Ich weiß, Sie sind kein Fan von Baby Bush, aber ich muß Sie fragen: Glauben Sie, daß der Feind heutzutage in irgendeiner Hinsicht klarer definiert oder identifizierbarer ist als er es in den siebziger Jahren war?
HST: Reden wir jetzt über die »Kameltreiber« dort drüben oder die Nazis daheim? Man muß nach beiden Ausschau halten.
Rentilly: Man hat uns immer gesagt es gäbe nichts zu befürchten außer der Furcht selbst. Jetzt frage ich mich, wovor muß man sich nicht fürchten?
HST: Wovor nicht? Sehn wir mal ... Also gut, man kann die World Series anschauen, ohne Angst haben zu müssen, wer die Spiele gewinnt oder verliert. Nein, bei allen internationalen Entwicklungen, in der Politik oder in diesem andauernden Krieg, kann mal alles andere als optimistisch sein. Ich sehe überhaupt nichts, wo man optimistisch sein kann. Ich weiß nicht, wovor sich all diese Politiker fürchten. Ich weiß, wovor Sie sich fürchten und wovor ich mich fürchte. Aber wovor könnten die denn Angst haben, wenn sie ihre ganze Zeit damit verbringen, über den totalen Krieg zu reden, überall auf der Welt?
Rentilly: Was halten Sie vom Krieg im Irak? Ist das wirklich die Antwort auf unsere internationalen Probleme: 200.000 Jungs mit dem Gewehr loszuschicken und der Sieg in diesem sogenannten Krieg gegen den Terror?
HST: Es hilft uns sicher aus der Klemme. Da steckt wahrscheinlich eine echte Strategie dahinter. Ich habe darüber nachgedacht. Der Hauptgrund für diesen Auslandskriegsfetisch besteht darin, den Krieg besser auf der anderen Seite der Welt auszutragen.
Rentilly: Mit anderen Worten, scheiß nicht dort hin, wo du isst.
HST: Ja. Das ist eine etwas zynische Erklärung. Sie

ehrt nicht gerade die Leute, deren Söhne und Töchter und Eltern undsoweiter dort drüben abgeschlachtet werden, aber es geschieht dort.

Rentilly: Wenigstens sind es nicht unsere Wolkenkratzer, die zusammenkrachen.

HST: Ja. Genau.

Rentilly: Einigen Büchern zufolge, die Sie in den siebziger Jahren schrieben, leben wir sowieso in geborgter Zeit. In »Fear and Loathing in Las Vegas« haben Sie vermutet, daß wir das Jahr 2000 nicht erleben würden.

HST: Ja, ich sagte: »Es wird kein Jahr 2000 geben ...«

Rentilly: »Nicht so, wie wir es kennen.«

HST: Ja, das stimmt doch beinahe.

Rentilly: Haben Sie es wirklich kommen sehen – die Wahlen, den 9.11, diesen absoluten Wahnsinn?

HST: Ja, doch. Ich bin zwar kein Magier oder so. Ich beziehe meine Weisheiten nicht aus einem Haufen toter Tiere, die ich in der Küche sammle. Das alles hat einfach eine furchtbare Logik.

Rentilly: Der Untertitel von »Kingdom Of Fear«[*] bezieht sich auf das Ende des amerikanischen Jahrhunderts. Das Jahrhundert ging zu Ende ...

HST: Das Jahrhundert ist abgeschlossen. Es endete mit der Wahl (2000). Die Zahlen stehen klar vor unseren Augen. Das Jahrhundert ist vorbei. Aber hey, ich habe nicht erwartet, daß die Tür so krachend zufällt wie ein Banktresor, wie eine mechanische Tür. Das war ein gigantischer Paukenschlag, und dann standen wir draußen. Davon handelt das Buch. Es war notwendig aufzuzeigen, wo immer der amerikanische Traum sich am Ende des letzten Jahrhunderts befand. Denn er wird mit Sicherheit nicht mehr so sein wie er einmal war – nie mehr.

---

[*] Der Untertitel des Originals heißt: »Loathsome Secrets of a Star-Crossed Child in the Final Days of the American Century«. In der deutschen Ausgabe wurde daraus: »Aus dem Leben des letzten amerikanischen Rebellen«.

Rentilly: Ich habe momentan nicht die geringste Vorstellung, wie sich der amerikanische Traum beschreiben ließe. Können Sie das?

HST: Mein Gott, das ist eine schreckliche Unterhaltung, die ich da gerade führen muß ... Sie müssen einen naiven Glauben daran haben, daß das Recht obsiegt, daß es Erfolg haben könnte.

Rentilly: Es ist ein ultimativer Glaube.

HST: Ein naiver Glaube.

Rentilly: Beziehungen beruhen manchmal auch auf dieser Art von Glauben. Sie hatten einige erstaunliche Freundschaften in Ihrem Leben. Sie sagten, Ihr »erstaunlichstes Talent sei Ihre Fähigkeit, gute Freunde zu finden«.

HST: Ich weiß nicht, ob ich es verdiene, aber ich habe einige gute Freunde. Das ist eines der wertvollsten Dinge im Leben. An meinen Freunden habe ich unvorstellbares Vergnügen.

Rentilly: Ich habe das Thema Freundschaft aufgebracht, weil viele Ihrer Freunde zu früh und unerwartet abgetreten sind. Ginsberg hat uns vor einigen Jahren verlassen. Warren Zevon ist einer der großen unterschätzten Musiker aller Zeiten und ein guter Freund von Ihnen, und wenn dieses Interview erscheint, ist er vielleicht schon tot.

HST: Warren ist das, was einen guten Freund ausmacht. O ja. Warren ist auf eigene Kosten durchs Land geflogen, um mir bei politischen Kampagnen beizustehen und solche Dinge. Er steht öffentlich zu Themen, für die ich mich ebenfalls engagiere. Er geht hohes Risiko. Auf Warren kann man zählen. Er fehlt mir schon jetzt. Ich hoffe, er hält durch. Ich nehme das wie eine schlechte Phase. Er kann morgen abtreten, ich weiß es nicht. Wir alle leben von Tag zu Tag. Ich bin sehr erstaunt, daß ich mich immer noch herumtreibe und es mir gut dabei geht.

Rentilly: Ich glaube, Sie verkaufen sich unter Wert, wenn Sie sich selbst als einen »alten Drogenkopf, der allein in der Wildnis lebt«, bezeichnen. Sie haben dieses Image geschaffen, das ihrem wahren Herzen nicht entspricht.

HST: Ich versuche immer zu verstehen, wie mich die Eltern anderer Leute einschätzen. Anitas Mutter zum Beispiel, als sie hörte daß ihre Tochter mit einem wahrlich gefährlichen Brutalo abhaute. Meine erste Wahl wäre das nicht, meine Tochter in die Berge abhauen zu lassen mit einem ... Ich weiß nicht, wie würdest du mich nennen, Anita?

Anita: Einen weiblichen Teenager, gefangen im Körper eines alten Drogenkopfs.

Rentilly: Schlucken Sie mit 63 immer noch so viel wie früher? Sie haben die ganze Zeit, während wir telefonierten, mit einer Flasche Percocet gerasselt. Sind sie sparsamer geworden?

Anita: (lacht)

Rentilly: Welche Tabletten sind für heute vorgesehen?

HST: O, man nennt mich nicht umsonst Doktor.

Anita: Frisch gepreßter Orangen- oder Grapefruitsaft jeden Morden. Und sein Cholesterinspiegel ist besser als der seines Arztes.

Rentilly: Ausgezeichnet. Gibt es etwas, bei dem Sie auf jeden Fall »nein« sagen sollten?

Anita: Warmes Bier.

HST: Und billiger Whiskey. Aber schaun wir mal. Ich probiere immer noch so ziemlich alles gerne aus.

Rentilly: Ich möchte zum Schluß über ein Zitat aus dem neuen Buch reden, das sich in den letzten Tagen bei mir festgesetzt hat: »Moral ist zeitlich begrenzt. Weisheit ist dauerhaft.«

HST: Was zum Teufel ist das?

Rentilly: Das haben Sie geschrieben.

Anita: Ja, das warst du.

HST: Ja. Aber ich weiß nicht so recht, was ich dazu sagen soll.

Rentilly: Können Sie sagen, was Sie damit meinen?

HST: Habe ich das wirklich gesagt?
Anita: Ja.
Rentilly: Ich weiß. Manchmal ...
HST: Also, ich schätze, Moral ist Denken in der Gegenwart. Es ist fließend. Weisheit ist vielleicht der Luxus des Sehens im nachhinein.
Rentilly: Ist es das: »Wenn ich es bloß anders gemacht hätte.« Ist das Weisheit?
HST: Ein Großteil besteht genau darin. Weisheit ist am ehesten so etwas wie »Jesus Christ, war ich blöd.« Man macht etwas und weiß, man hätte es nicht tun sollen. Man hätte seinem Instinkt vertrauen sollen. Das ist grundsätzlich eine meiner wichtigsten Verhaltensweisen, meinem Instinkt vertrauen.
Rentilly: Gibt es irgend etwas, das Sie zurücknehmen würden?
HST: Zurücknehmen?
Rentilly: Irgendwas, was Sie anders machen würden? Ich meine, bedauern Sie etwas?
HST: Die Frage ist doch: Würde ich es wieder so machen? Das ist die Realität. Das können Sie sich unterstreichen. Würden Sie es wieder tun? Das ist der Test, vielleicht der endgültige Test, wenn man auf etwas zurückblickt. Ich habe das viele Jahre lang gesagt. Das ist die reife Frucht einer reifen Person. So ungefähr die einzige Regel, die ich gefunden habe und die ich auf Sachen anwenden kann, ist diese Frage: würdest du es wieder tun? Probieren wir das doch gleich mal aus. Schauen wir mal ... Ich kenne Sie dafür aber nicht gut genug, Ihre Stellung im Leben ...
Rentilly: Etwas aus meinem Leben?
HST: Ein Beispiel für Sie. Ich weiß ja gar nichts über Sie und Ihre Neigungen.
Rentilly: Wir könnten zum Beispiel sehr grundsätzlich werden und fragen: »Würde ich wieder heiraten?«
HST: Das ist ein gutes Beispiel. Würden Sie?
Rentilly: Ja.

HST: Okay. Aber wenn ich frage: Würden Sie es wieder tun?, dann impliziert das eine Regel. Die Regel heißt: »Würden Sie es wieder tun, ohne zu wissen, was Sie jetzt wissen, und ohne zu wissen, was dabei herauskommen wird.« Das gibt es aber nicht. Sie wissen, was sie jetzt wissen, und das Leben wird dadurch entschieden sicherer. Also muß man die Frage so stellen: »Würden Sie wieder heiraten, auch wenn das bedeutete, dreimal anläßlich verschiedener Gelegenheiten von der Polizei blutig geschlagen zu werden?« Oder so ähnlich.
Rentilly: Ich gebe einfach mal zu Protokoll, daß ich wieder heiraten würde, egal was danach käme. Ich habe eine gute Frau und ich bin ein sehr, sehr glücklicher Mann.
HST: Also gut, Sie sind gesegnet. Liebe, das ist eine sehr wertvolle Sache.
Rentilly: Ja.
HST: Nicht alles zahlt sich unmittelbar aus. Ich kriege oft Dresche. Risiko ist nicht einfach ein Schimpfwort. Es bedeutet, daß schlimme Sachen passieren können. Liebe ist auch so etwas. Man sitzt des Nachts am Steuer mit 150 Sachen. Es können Dinge geschehen, die nicht passieren würden, wenn man bloß 75 fahren würde.
Rentilly: Manchmal ist es nur das Aufwachen am Morgen.
HST: Ja. Man kann nicht erwarten, daß alles gut läuft, aber alles kommt ins Lot. Ich sehe das so: wenn ich es nicht wieder tun würde, dann hätte ich diese Zeit vergeudet.
Rentilly: Es hat nicht den Anschein, als hätten Sie in Ihrem Leben sehr viel Zeit vergeudet.
HST: O doch, ich habe das Gefühl, jede Menge Augenblicke vertan zu haben. Ja. Ich bin ein ziemlich mieser Aufgabenerlediger. Ich bin ein paar Mal im Knast gelandet. Ich würde das wieder tun. Es gibt womöglich ein paar Sachen, die ich nicht noch einmal tun würde, aber insgesamt bedeutet es, daß ich falsch lag, wenn ich das

Gefühl bekomme, etwas zurücknehmen zu müssen, oder daß ich etwas sehr bedaure. Es ist wie bei den Anonymen Alkoholikern. Man muß gestehen, daß man ein hoffnungsloser Alkoholiker für den Rest seines Lebens sein wird und daß dein Lebenswandel verkehrt war, so lang du dich erinnerst und daß das immer so sein wird. Du mußt eingestehen, daß du falsch liegst und daß dein Leben die ganze Zeit über voll daneben war.

Rentilly: Sie waren nie bei den Anonymen Alkoholikern.

HST: Nein. Aber ich werde immer wieder gebeten, Leuten da durchzuhelfen. Ich bin ab und an persönlich involviert und berate Leute, die ganzen Abschnitten ihres Lebens den Rücken kehren wollen. Man kann sich nicht auf Gedeih und Verderb anderen Krüppeln ausliefern, die auch verkehrt leben. Man darf das nicht. Ich hatte ein paar Augenblicke, in denen ich mir wünschte, ich hätte niemals angefangen, Gin zu trinken, oder daß es ein schrecklicher Fehler war, mich auf Drogen einzulassen, aber ich bereue es nicht. Ich hatte gelegentlich einige Schwierigkeiten damit, aber das ist unvermeidlich. So sehe ich das: wenn es Gedrucktes hervorbringt, dann muß es richtig sein.

Rentilly: Das klingt wie ein Schlußwort.

HST: Ich sehe das so: Was auch immer du machst, sogar wenn es verrückt ist, wenn du dafür bezahlt wirst, dann kann es nicht irre sein. Es gibt Irrsinn, der funktioniert, und es gibt das Gegenteil davon.

Salon.com – 3. Februar 2003

Der Pate von Gonzo sagt:

9/11 verursachte einen »nationalen Nervenzusammenbruch«. Die Bush-Anhänger plündern das Land und die amerikanische Demokratie barbarisiert.

John Glassie

3. Februar 2003: Er nennt sich selbst einen »alten Drogenkopf, der allein in der Wildnis lebt«, aber Hunter S. Thompson wird nun auch auf der Bestsellerliste der *New York Time* stehen mit einem neuen Erinnerungsbuch: »Kingdom Of Fear. Loathsome Secrets of a Star-Crossed Child in the Final Days of the American Century«.

Salon.com: Ihr neues Buch wird als definitives Erinnerungsbuch bezeichnet, obwohl fast alle Ihre Bücher auf die eine oder andere Art autobiographisch zu sein scheinen. Was ist der Unterschied zwischen den Berichten – über Drogenkonsum, Konfrontationen mit dem Gesetz, Sex, schnelle Autos, Waffen und Sprengkörper – und den Ereignissen im wirklichen Leben?
HST: Da sehe ich überhaupt keinen Unterschied. Die einfachste Methode ist doch, die Wahrheit zu erzählen; das spart eine Menge Zeit. Ich habe herausgefunden, daß die Wahrheit bizarrer ist als jede Erfindung, die ich je gesehen habe. Da gibt es ein Mädchen, das vor langer Zeit für mich gearbeitet hat, die als drittbeste ihrer Klasse die Georgetown Law School absolvierte und aus einer ziemlichen Oberschichtsfamilie in Chicago stammte und an-

statt zu einer großen Firma zu gehen, kam sie nach Aspen, und jetzt arbeitet sie für mich hier draußen in der Wildnis. Circa ein Jahr danach kamen ihre Mutter und ihr Vater zu Besuch. Ich hatte einige verständliche Probleme mit meinen Eltern – mein ganzes Leben lang. Und ich wäre auch besorgt um meine Tochter, wenn sie mit einem weithin berüchtigten Monster durchgebrannt wäre. Also fragte ich sie, einfach um für diese Situation gewappnet zu sein, für das Treffen mit ihren Eltern und deren Besuch im Haus: »Was ist schlimmer? Was du über mich weißt oder was du über mich hörst?« Sie ließ es schließlich raus und sagte, es sei gar keine Frage für sie, die Wirklichkeit sei viel heftiger und verrückter und gefährlicher. Es mit der Wirklichkeit zu tun zu haben ist ohne Zweifel ein bißchen traumatischer.

Salon.com: In der Tat. Im Klappentext steht, sie leben in »einem befestigten Anwesen bei Aspen, Colorado«. Wie ist es befestigt und warum muß das sein?

HST: Tatsächlich lebe ich in einer extrem friedlichen Umgebung in einem alten Holzhaus. Es ist eigentlich eine Farm. Ich bin von 30 Jahren hierher gezogen. Ich glaube, die einzige Befestigung könnte mein Ruf sein. Wenn Leute glauben, es wird auf sie geschossen, dann bleiben sie eher weg.

Salon.com: Ah, verstehe. Sie sind, vornehm ausgedrückt, ein Waffenliebhaber. Unterstützen Sie dennoch restriktivere Waffengesetze? Unterstützen Sie das Verbot von schweren Angriffswaffen?

HST: Ich besitze eine oder zwei davon, aber ich habe sie bekommen, bevor sie illegal wurden. Wenn ich mit Sicherheit wüßte, daß alle Tragödien oder Massenmorde dadurch verhindert würden, würde ich mein automatisches Gewehr aufgeben. Aber ich glaube nicht daran. Besitze ich illegale Waffen? Nein. Ich habe einen .454 Magnum Revolver, der riesig ist und absolut legal. Eines Tages war ich hier draußen mit Johnny Depp auf Trip und wir bestellten diese Waffen in Freedom, Wyoming und bekamen sie am nächsten Tag mit FedEx. Ich habe vor allem Gewehre, Pistolen, Schrotflinten; ich habe viele. Aber alles, was ich habe, ist beste Qualität; ich habe keinen Schrott. Ich habe auch keine militärische Waffe, ich würde höchstens eine Art Museumsstück akzeptieren. Angesichts von Ashcroft* und der klaren Vorgabe seiner Verwaltung, alles illegal und alles verdächtig zu machen – wie steht es da mit dem Verdacht, ein Terroristensympathisant zu sein? Verdammt, offensichtlich sollen wieder unsere Konzentrationslager gefüllt werden. Doch mein Polizeiakte ist sauber. Und das hier ist keine Festung.

Salon.com: Zur Klärung: Wie verhalten sich Ihre Ansichten zu denen der NRA (National Rifle Association)?

HST: Ich bin lebenslanges Mitglied der NRA. Ich habe hier draußen einen Schützenverein gegründet, einen offiziellen Sportclub, und ich habe eine Anerkennung der NRA bekommen. Das ermöglichte es mir, legal Waffen zu besitzen, Waffen hierher zu bringen, Munition per Post zu bekommen, solche Dinge. Ich habe herausgefunden, daß man mit dem System viel leichter umgehen kann, wenn man sich an deren Regeln hält – indem man ihre Regeln versteht und indem man ihre Regeln gegen sie anwendet. Ich rede mit vielen Rechtsanwälten. Sie wissen, ich halte Pat Buchanan für einen Freund. Ich stimme in vielen Dingen nicht mit ihm überein. Aber als Person gefällt er mir. Ich mag ihn einfach. Und ich lerne von Pat. Eine der Dinge, auf die ich am meisten stolz bin ist, daß niemals durch meine Schriften jemanden verhaftet oder eingesperrt oder ins Gefängnis gebracht wurde. Ich hatte niemals einen – wie sagt man? – Kollateralschaden.

Salon.com: Wenn wir von Regeln reden, Sie sind Dutzende Male in Ihrem Leben verhaftet worden. Abgesehen

---

* John Ashcroft war unter George W. Bush von 2001 bis 2005 Generalstaatsanwalt.

von speziellen Vorfällen, was hatten diese Arreste gemeinsam? Wie stehen Sie dem Gesetz gegenüber?

HST: Gottverdammt. Ja. Das stimmt. Aber erstens macht es einen riesigen Unterschied, ob man verhaftet wird oder ob man auch schuldig ist. Zweitens ändern sich die Gesetze, wie Sie sehen, aber ich nicht. Wie ich dem Gesetz von Fall zu Fall gegenüberstehe, das hängt vom Gesetz ab. Das Gesetz kann sich von Staat zu Staat, von Nation zu Nation, von Stadt zu Stadt ändern. Ich schätze, ich muß mich nach einem höheren Gesetz richten. Wie geht das? Jawohl, ich halte mich selbst für einen Agenten der Lords of Karma.

Salon.com: 1990 wurden sie vor Gericht gezerrt wegen »Sex, Drogen, Dynamit und Gewalt«, wie Sie es nennen. Die Anklage wurde schließlich fallengelassen. Seither haben Sie sich sehr offen zu Themen geäußert, die den vierten Verfassungszusatz betreffen: Durchsuchung und Verhaftung, das Recht auf Privatheit. Ich nehme an, Sie haben in der Debatte um bürgerliche Freiheitsrechte, die in der Folge von 9/11 aufkam, Stellung bezogen?

HST: Das ist eine Katastrophe undenkbaren Ausmaßes – ein Teil der abwärts führenden Spirale der Verblödung. Bürgerliche Freiheiten sind schwarz-weiß-Themen. Ich glaube nicht, daß die Leute weit genug vorausdenken, um die Auswirkungen zu erkennen. Der Patriot Act[*] war ein Dolchstoß ins Herz der Konzeption einer demokratischen Regierung, die frei, gleich und gerecht ist. Es gibt jetzt viel mehr Konzentrationslager als nur auf Guantánamo Bay. Aber die sind ausgewiesen. Jetzt kann jeder Knast,

---

[*] Der »Patriot Act« war fünf Wochen nach den Anschlägen vom 11. September 2001 vom Kongreß ratifiziert worden. Das Akronym steht für »Uniting and Strengthening America by Providing Appropriate Tools Required to Intercept and Obstruct Terrorism«. Das Gesetz schränkt die Bürgerrechte zu Gunsten der Suche nach Terrorverdächtigen ein. Es erlaubt die Überwachung von Telefongesprächen und des E-Mail-Verkehrs. Auch die Einsicht in Bankkonten oder medizinische Daten wird erleichtert.

jeder Bush-freundliche Cop ein Konzentrationslager führen. Ich glaube, es läuft praktisch auf einen militärischpolizeilichen Staatsstreich hinaus.

Salon.com: Einige Leute haben darauf hingewiesen, daß auch Lincoln während des Bürgerkriegs den »Habeas Corpus-Akt« außer Kraft gesetzt habe. Ist in Kriegszeiten die Aufhebung bürgerlicher Freiheiten jemals angemessen oder gerechtfertigt?

HST: Wenn es eine sichtbare, offenkundige Bedrohung gibt wie Hitler; aber aus meiner Sicht benutzt die Verwaltung diese Horrorpopanze für ihre eigenen Zwecke. Dieses Militärgesetz hat nichts mit der Verfassung zu tun. Die instrumentalisieren hier die Formel: Die Leute haben vor etwas Angst und man bietet eine Lösung an, egal wie drastisch, und sie stimmen zu. Eine Zeitlang jedenfalls. Mein Verdacht bestätigt sich von Tag zu Tag mehr, wenn wieder einmal gefährliche mörderische Schufte erfunden werden. Der Rest der Welt versteht nicht, daß so ein teufelsbehörnter Mini-Diktator im Mittleren Osten eine größere Gefahr für die Welt darstellt als die USA. Dieses Land ist abhängig vom Krieg als der wichtigsten Industrie. Das Weiße Haus hat den Gefahrenfaktor hochgefahren, weil das zu seinem Vorteil ist, zum Vorteil von John Ashcrofts. Es hat immer Diskussionen über die Richtigkeit des Lebens in Amerika gegeben, aber das hier scheint geplant zu sein, es hat Konsistenz und Tradition.

Salon.com: Was haben die davon?

HST: Sie bekommen die Kontrolle über die US-Wirtschaft, und ihre Freunde werden reich. Wir reden hier nicht über Philosophen-Könige. Das sind Politiker. Das ist eine sehr schäbige Art und Weise, das System zu benutzen. Eines der Probleme heutzutage besteht darin, daß das, was läuft, gar nicht so komplex ist, wie es scheint. Das Pentagon hat gerade um weitere 14 Milliarden mehr gebeten, und es sind schon 28 Milliarden. (Die Ausgaben für Verteidigung im Jahr 2003 stiegen um 19,4 Milliarden auf 364,6 Milliarden). Das ist ein Sektor der Wirtschaft, der nicht absäuft. Also werden einige Leute davon reich. Das ist die Oligarchie. Ich glaube, die Republikaner waren nie der Ansicht, Demokratie sei etwas anderes als ein Stammesmythos. Die GOP* ist die Partei des Kapitals. Das ist ziemlich simpel. Und es mag etwas mit der Verschlechterung des Erziehungssystems in diesem Land zu tun haben. Ich glaube nicht, daß Bush die geringste Absicht hat, daran etwas zu ändern, oder Besorgnis verspürt, was die Bildung der Bevölkerung angeht.

Salon.com: Viele Leute sagen, Sie sind unamerikanisch und unpatriotisch.

HST: Ich denke, ich bin einer der patriotischsten Menschen, die ich je in Amerika getroffen habe. Ich halte mich für einen felsenfesten Patrioten. Ich nehme sehr aktiv an der Lokalpolitik teil, weil meine Stimme wertvoll sein könnte. Ich nehme auf sinnvolle Art teil – nicht durch Spenden. Ich arbeite mit.

Salon.com: Was halten Sie für richtig?

HST: Die Demokratie blutet aus – sie stirbt –, wenn nur noch die halbe Bevölkerung abstimmt. Ich würde Abstimmungen nutzen. Ich denke, daß all die Leute, denen man Angst eingejagt hat, falls sie gegen das sind, was abläuft, falls sie nicht in den Krieg ziehen wollen, falls sie nicht pleitegehen wollen, daß diese Leute um Gotteswillen nicht genau diese Bastarde wählen sollten, die ihnen das eingebrockt haben. Das ist ein Stützpfeiler für jede demokratische Zukunft in diesem Land. Die Partei des Kapitals ist nicht daran interessiert, Schwarzen in Louisiana Zutritt zur Ivy League* zu verschaffen. Die brauchen keine gebildete Öffentlichkeit.

---

* Abkürzung für »Grand Old Party«, und gemeint ist die Republikanische Partei der USA.
* Eine Liga im US-amerikanischen Hochschulsport mit den acht ältesten Hochschulen. Der Ausdruck wird jedoch meist verwendet, um Bildungsdünkel, strenge Selektion und soziales Elitedenken zu bezeichnen.

Salon.com: Was ist dann während der letzten Wahl geschehen?

HST: Ich meine, die Republikaner haben erkannt, woran sie sowieso schon immer glaubten, nämlich daß dieses Demokratiezeugs Bockmist ist und daß die Leute nicht mit politischen Angelegenheiten belastet werden wollen. Daß es den Leuten lieber wäre, versorgt zu werden. Die Oligarchie braucht keine gebildete Öffentlichkeit. Und vielleicht zieht die Nation die Tyrannei vor. Das ist es, was mich plagt. Das geht zurück auf die Thematik des Vierten Verfassungszusatzes. Wieviel ist dir deine Freiheit wert? Würdest du deine Freiheit für irgendeine Illusion von Sicherheit eintauschen? Freiheit ist eine Sache, die stirbt, wenn sie nicht genutzt wird.

Salon.com: Und das sagt einer, der sich selbst als »alten Drogenkopf, der allein in der Wildnis lebt« beschrieb und als einen »besoffenen Wirrkopf.«

HST: Ein gefährlicher besoffener Wirrkopf.

Salon.com: Richtig. Entschuldigung. Warum also sollte jemand auf Sie hören?

HST: Ich muß mich für keine politische Einschätzung, die ich gemacht habe, entschuldigen. Was ich geschrieben habe, war erstaunlich genau. Ich war vielleicht ein bißchen grob zu Nixon, aber er war ja auch grob. Man mußte grob zu ihm sein. Das, woran man glaubt, muß etwas wert sein. Ich habe nie besonders intensiv darüber nachgedacht. Ich habe niemals Leute angeheuert, die sich ausdenken sollten, welches Image für mich am besten wäre. Ich arbeite immer auf die gleiche Weise und ich rede auf dieselbe Art und ich hatte oft genug recht und kann zu meiner Bilanz stehen.

Salon.com: Haben Sie das Gefühl, einige Ihrer Ansichten könnten als randständig angesehen werden, als Ansichten, die man einfach vernachlässigen kann?

HST: Das ist ein Problem und ich glaube »Fear and Loathing in Las Vegas« könnte die Wahrnehmung eingefärbt haben, wie Leute mich sehen. Aber ich habe mich nicht darum gekümmert, wenn die Leute mich als »Drogenkopf« sehen, ich würde lieber das »alter« loswerden als den »Drogenkopf«.

Salon.com: Seit Sie »Fear and Loathing in Las Vegas« geschrieben haben, ist das Wort Angst prominent und eng mit Ihrem Namen verbunden. Jetzt haben Sie »Kingdom of Fear« geschrieben. Wollen Sie das bitte erklären?

HST: Dieses Land hat seit 9/11 einen landesweiten Nervenzusammenbruch erlitten. Eine Nation brach plötzlich auseinander, die Marktwirtschaft ist beim Teufel und sie werden von allen Seiten von einem unbekannten düsteren Feind bedroht. Ich meine aber, Angst ist kein sehr guter Rateber, um auf die Wirklichkeit zu reagieren. Angst ist bloß ein anderes Wort für Unwissenheit.

Salon.com: In »Kingdom of Fear« schreiben Sie über das Ende des amerikanischen Jahrhunderts...

HST: Das ist amtlich, nebenbei bemerkt. Henry Luce[*] sagte: »Das zwanzigste Jahrhundert war das amerikanische.« Und wenn es aufhört, dann denkt man unvermeidlicherweise: »Ihr Götter!«

Salon.com: Wem oder was wird das 21. Jahrhundert gehören?

HST: Das ist etwas, das ich noch nicht vorhergesehen habe. Gottverdammt, ich hätte Ihnen auch 1960 nicht sagen können, was 1980 los sein würde.

Salon.com: Sie haben vom »Tod des amerikanischen Traums« gesprochen. Das war das Thema von »Fear and Loathing in Las Vegas«. Wurde dieser Traum seit 1968 eingesargt?

HST: Ich denke, das ist so.

Salon.com: Viele Leute würden Ihnen da widersprechen, die glauben, daß der amerikanische Traum sehr wohl am Leben ist.

HST: Die müssen sich genauer umsehen.

---

[*] Henry Luce war ein amerikanischer Pressemogul, der die Zeitschriften *Time, Fortune* und *Life* gründete.

Salon.com: Aber Sie haben doch auch in gewisser Weise den amerikanischen Traum gelebt?

HST: Gottverdammt! (Pause) Ich habe das so noch nicht gesehen. Ich vermute, in gewisser Weise könnte man das über mich sagen.

Salon.com: Sie sagten 1991, Sie seien »so erstaunt wie jeder andere« darüber, daß Sie immer noch am Leben waren. Drinken, rauchen und konsumieren Sie immer noch Drogen?

HST: Da muß ich zugeben, daß ich mich nicht geändert habe. Warum auch? Ich bin der zuverlässigste Nachbar an dieser Straße. Ich bin eine ehrenwerte Person. Es tut mir nicht leid, ehrenwert zu sein. Ich habe die Kleinkriminalität aufgegeben, als ich 18 wurde, nachdem ich kurz wegen Ladendiebstahl im Gefängnis war, weil ich erkannte, daß es so nicht funktioniert. Es gibt einen Satz: »Ich empfehle nicht den Gebrauch gefährlicher Drogen, unkontrollierter Mengen von Alkohol und Gewalt und Verrücktheit, aber für mich waren sie immer in Ordnung.« Ich glaube, ich sagte das in einer Rede in Stanford. Ich bin immer vorsichtig damit gewesen, meinen Lebenswandel zu empfehlen oder meinen Erfolg dadurch zu mehren, indem ich andere Leute dazu gebracht habe, meine Lebensweise zu kopieren, wie es Tim Leary getan hat. Ich habe mich darüber mit Leary immer gestritten. Ich hätte vor langer Zeit schon eine Religion gründen können. Ich würde nicht die Mehrheit der Leute hinter mich haben, aber es wären doch sehr viele. Aber ich habe keine Ahnung, wie weise ich bin. Ich weiß nicht, was für eine Art Vorbild ich bin. Und nicht jeder ist für dieses Leben gemacht.

Salon.com: Tatsächlich haben Sie mehr gefährliche Situationen erlebt als andere. Sie sind von den Hells Angels verprügelt worden. Sie waren mitten drin in den Unruhen während des Parteitags der Demokraten 1968. Man hat auf Sie geschossen. Was ist los mit Ihnen?

HST: Auch wenn man einen großzügigen Maßstab anlegt, hatte ich mehr als neun Leben. Ich habe einmal nachgezählt und es waren 13 Gelegenheiten, bei denen ich fast gestorben wäre – Unfälle mit Feuer, Gewaltakte, Ertrinken und Bomben. Ich glaube, ich bin ein Action-Junkie, jawohl. Vielleicht gibt es einen genetischen Imperativ in mir, der mich in bestimmte Situationen geraten läßt. Ich vermute, es ist Neugier. So lange ich etwas lerne, denke ich, daß ich okay bin – und dann ist es ein annehmbarer Tag.

Salon.com: Gibt es etwas, das Sie bereuen?

HST: Das geht wieder auf die Frage zurück: Würden Sie es nochmal tun. Würde ich meinen Keith Richards-Hut mit dem silbernen Schädel dran nochmal auf dem Stuhl im Coffee Shop in LaGuardia liegen lassen? Nein, das würde ich nicht noch einmal tun. Aber insgesamt gesehen, nein, da bedauere ich nichts.

Marty Beckerman Interview – 3. Februar 2003

Mein Schwätzchen
(eine Session im Haschischnebel)
mit der Gonzo-Legende

HST: Nixon wirkt wie ein Liberaler verglichen mit diesem Typen (George W. Bush). Ich hätte nie geglaubt, daß ich das einmal sagen würde. Ein schrecklicher Gedanke.

MB: (Die legendäre Reporterin im Weißen Haus) Helen Thomas nannte ihn vor ein paar Wochen den schlechtesten Präsidenten der amerikanischen Geschichte. Würden Sie dieser Einschätzung zustimmen?

HST: Genau das habe ich heute zu Charlie Rose[*] gesagt. Bush hat es locker geschafft, der schlechteste zu sein.

MB: Sie schreiben leidenschaftlich über den Parteitag der Demokraten 1968 in Chicago. War das für Sie der Tod des amerikanischen Traums?

HST: Nein, das war bloß der Anfang des Kampfes. Aber jetzt, zu diesem Zeitpunkt, würde ich sagen, wir verlieren ihn. Die haben das Land zu einem Polizeistaat gemacht. Ich weiß nicht, wie Sie auf diesen Begriff reagieren, aber ein Polizeistaat ist eine schwerwiegende Angelegenheit.

MB: Ja, Bush hat gerade das US-Militär autorisiert, amerikanische Bürger in Übersee zu töten, wenn sie im Verdacht stehen, Terroristen zu sein. (»*The Associated*

---

[*] Journalist und Fernsehmoderator, in dessen Sendung Hunter S. Thompson zweimal zu Gast war.

Press, 4. Dezember 2002 – Amerikanische Bürger in Übersee, die für al-Quaida arbeiten, können auf Anweisungen von Präsident Bush im Krieg gegen den Terrorismus legal von der CIA als Ziele ausgemacht und getötet werden, geben U.S.-Behörden bekannt.«)

HST: Ja, Verdacht auf Terrorismus. Es ist keine bizarre Vorstellung mehr, wenn wir aufgrund unseres Gesprächs von der Polizei als Sympathiesanten der Terroristen eingestuft werden. Was ist hier los? Walhalla. Alles was man tun muß, ist Richtung Westen zu fahren, und dann wird man immer noch verhaftet.

MB: Bush Senior ist in diesen Tagen recht still gewesen. Glauben Sie, daß er immer noch die Fäden zieht?

HST: Die Antwort ist ja, aber ich würde nicht nach einem Popanz des Horrors Ausschau halten. Er hat seine Finger im Spiel, denn schließlich ist sein Sohn Präsident. Ich erinnere mich immer noch an die furchtbare Nacht, als ich die Bush-Familie sah (am Abend der Wahl 2000) und der alte Mann wie eine Hyäne lachte. Ich glaubte, Gore würde gewinnen, und dann jubelten die – die ganze Familie, die in Texas versammelt war –, und sie sahen aus wie kleine Schweinchen, und dann der alte Mann und dieses schreckliche Lachen.

MB: Die Geschichte der Familie Bush ist furchterregend. Sie waren mit Hitler, Saddam und Osama im Geschäft ... (Der Großvater von George W. Bush, Prescott Bush mußte seine Aktien aus dem Nazi-Stahl-Geschäft 1942 auf Befehl des Kongresses aufgrund des Gesetzes gegen den Handel mit dem Feind zurückziehen.)

HST: Und der Gipfel ist, die sind auch noch Jesusfreaks. Carter war einer, und ich liebte Jimmy Carter – wir sind immer noch gute Freunde –, aber das ist ein dummer Jesusfreak. Carter hingegen hatte den Nobelpreis verdient.

MB: Glauben Sie, daß das Ende der Welt kommt?

HST: Ja, das ist das Ende der Welt. Glauben Sie vielleicht, das Ende wird in einer Fernsehshow angekündigt?

Scheiße. Die haben seit langer Zeit daran geschraubt. Lesen Sie das Buch der Offenbarung ... Das Ende der Welt kommt nicht; es ist schon da. Bevor Bush kam, war es immer noch möglich, erfolgreich und glücklich zu sein. Das war vor zwei Jahren und ich glaube nicht, daß sich unser jetziger Zustand auf irgendeine Weise bessern wird.

MB: Finden Sie es etwa nicht aufregend bei der Apokalypse dabei zu sein? Von allen Generationen in der Menschheitsgeschichte könnten wir diejenige sein, die das Ende erlebt.

HST: Das wird nicht so sein wie ein Donnerschlag. Mir wäre das echt lieber. Warum nicht? Ein gigantischer Donnerschlag ... Ja, die Fluten, die nachts reitenden Terrorbanden, die Plünderer ... Das wird ziemlich düster werden.

MB: Glauben Sie, daß nach Vietnam wieder Einberufungsbefehle verschickt werden?

HST: O Gott ... Jesus, ich hoffe es. Die Einberufung war eine Katastrophe. Die Armee ist zu einem Haufen von grausamen, raubgierigen für Geld angeheuerten mörderischen Söldnern geworden und eine Einberufung würde die Armee demokratisieren, wie immer. Das ist der Grund, warum Vietnam letztlich zu einem Sieg unserer Sache wurde – für die Kriegsgegner. Glaubst du, der Knast ist besser als zur Armee zu gehen? Wenn du sie nicht magst, dann meldest du dich nicht. Es gab genug Leute, die so dachten!

MB: »Kingdom of Fear« ist Ihr erstes Buch mit neuem Material seit zehn Jahren. Was haben Sie im letzten Jahrzehnt getrieben?

HST: Ach, immer das gleiche, schätze ich ... Ja, ich habe die gleichen Geschichten geschrieben.

MB: In »Kingdom of Fear« behaupten Sie, daß »Fear and Loathing in Las Vegas« so gut ist wie »Der große Gatsby« und besser als »Fiesta« von Hemingway. Das ist ein kühne Behauptung.

HST: (Lacht) Ja, in einer Anwandlung von Hedonismus. Es ist besser als »Fiesta«, besser als »Gatsby«.
MB: Ihr Buch steht jetzt auf dem College-Lehrplan. Sie sind Teil des Kanons der amerikanischen Literatur.
HST: Ja, das ist gut.
MB: Warum glauben Sie, ist »Las Vegas« das Buch, das im Lauf der Jahre die meiste Resonanz bei den Leuten gehabt hat? Wenn Leute an Sie denken, dann denken sie an dieses Buch.
HST: O Gott ... ich weiß, ich weiß. Warum glaube ich, daß es immer wieder bei Menschen verschiedenen Alters Resonanz findet? Also, ich halte mich da an Sie. Ich weiß es wirklich nicht. Ich könnte sagen, es ist lustig, aber es mehr als das. Was meinen Sie? Warum ist es für Sie wahrhaftig?
MB: Also, das Buch ist ein Ritt. Oberflächlich gesehen ist es dieses karikaturistische, Äther schluckende Abenteuer, aber dann gibt es all diese dunklen Themen – der Tod des amerikanischen Traums, die sofort einsetzende Freude darüber, wie Amerikaner das Glück finden –, all das ist unterschwellig vorhanden. Die Lektüre des Buchs ist also wie eine Achterbahnfahrt, aber dann nimmt man unterwegs andere Botschaften wahr.
HST: (lacht). Ja, genau, das ist gut für mich. Verrückt. Es ist sowas wie Huckleberry Finn. Oder? Reisejournalismus. Ich hab es einfach in mein Notizbuch hineingeschrieben ... Es gibt ja immer noch diese Kontroverse, ob Mark Twain Fiction geschrieben hat oder nicht.
MB: Sind Sie jemals von Ihren Fans unter Druck gesetzt worden, dem karikaturistischen Image gerecht zu werden, das Sie in den alten Tagen entworfen haben?
HST: Was meinen Sie mit entworfen? Sie meinen doch (den »Doonesbury«-Erfinder Garry) Trudeau. Ich kenne ihn nicht einmal. Ich war nie auf dem Publicity-Trip und habe niemals zu ihm gesagt: »He, Garry, warum tust du mich nicht in diesen Strip hinein? Das ist eine tolle Idee.«
MB: Lassen Sie uns eine Minute lang über »The Rum

Diary« reden. War es nicht bizarr, etwas zu veröffentlichen, ganze 40 Jahre, nachdem Sie es angefangen hatten?

HST: Also ich mag das Buch. Wenn ich viel darüber nachdenken würde, wäre es möglicherweise bizarr. Aber ich kümmerte mich nicht darum. Man kann es sich nicht leisten.

MB: Lag der Roman fertig in der Schublade oder haben Sie daran noch herumgeschraubt?

HST: (Lacht). Ich hab alles rausgeschnitten. Da standen Szenen drin, die die amerikanische Öffentlichkeit noch nicht verkraftet, um es locker zu formulieren.

MB: Da gab es das berühmte Fax, das sie einer Agentin schickten, die für die Verfilmung von »Rum Diary« zuständig war, in dem Sie drohten, ihr die Hand abzuhakken, falls es mit der Sache nicht voranging. Wie hat das geendet?

HST: Oh yeah ... Whoop! Whoop!

MB: Jann Wenner kommt auffälligerweise in der »Ehrenliste« von »Kingdom of Fear« nicht vor. Was um Gotteswillen ist mit dem *Rolling Stone* geschehen?

HST: Mein Gott ... Genau darüber haben Bob Dylan und ich neulich geredet. Was war los? Keine Ahnung. Gottverdammt.

MB: Werden Sie jemals wieder für den *Rolling Stone* schreiben?

HST: Ich bezweifle es. Als Spieler würde ich vermutlich sagen unwahrscheinlich.

MB: Wie fühlt es sich an, wenn mehrere Biographien über Sie geschrieben werden? Schmeichelhaft? Furchterrregend?

HST: Also, es gibt nun drei oder vier, richtig? Natürlich ist das so ähnlich wie Rezensionen lesen. Jean Carroll hat für ihr Buch (»Hunter«) jeden alten Freund von mir kontaktiert – Freunde, die ich schon vergessen hatte –, und ich bekam Anrufe von all meinen Freunden, die mir erzählten, daß diese Lady aufgekreuzt sei und versucht habe, Aussagen für ihr Buch zu bekommen. Meine Ex nannte mich einen Frauenverprügler und Dieb. Leute, von denen ich 30 Jahre lang nichts gehört hatte, riefen mich an und fragten, ob es okay war, mit dieser Lady zu reden, und manche taten nicht einmal das. Ich wollte auch nicht sagen: »Nein, du darfst nicht.« Aber, das war ein verrücktes Miststück.

MB: Sie sind jetzt ein *elder statesman* der Gegenkultur. Wie ist das?

HST: Keine Ahnung, wie das ist.

MB: Haben Sie jemals eine Überdosis genommen?

HST: (lacht) Vitamin A. Ich habe Beta-Carotin genommen und – ich versuche mich an die andern zu erinnern – ich habe eine absolute Überdosis von fünfunddreißig oder sechsunddreißig Vitamintabletten eingeworfen. Ich war zwei Tage lang wach, hatte an dieser Story gearbeitet auf die Deadline hin und ich war fast fertig, ich war total müde und erschöpft. Also nahm ich Vitamine statt Drogen. Ich dachte mir, scheiß drauf, ich bin zu müde für Speed; es wäre zu gefährlich. Warum also nicht auf den Gesundheitstrip gehen? Also fing ich an, diese Vitamine zu essen – C, D, E – und ich dachte mir, wenn Vitamine in Notfällen gut für einen sind, warum nicht die Dosis verdoppeln oder verfünffachen? Ich aß zwei Minuten lang pfundweise Vitamine und glaubte, sie würden mich fit machen. Wenn Vitamine gut sind, je mehr desto besser ... Heilige Scheiße. Ich lief dunkelrot an, schwitzte, war paralysiert – es ist ein wenig wie Haschisch.

MB: In Ihrem neuen Buch geben Sie zu, heimlich zu Gott zu beten.

HST: Nein, das geht viel weiter als Gott.

MB: Gott kann uns nicht mehr retten?

HST: Es gibt keinen Gott.

MB: Viele Gestalten der sechziger Jahre sind in den letzten zehn Jahren gestorben – Ginsberg, Leary, Kesey – was ist das für ein Gefühl, wenn man diese Ära verschwinden sieht?

HST: Sie morbider kleiner Bastard ... Ja, wie fühlt es

sich an, der letzte Büffel zu sein? Scheiße, ich weiß es nicht. Ich glaube, keiner weiß es. ... Wenn man über die sechziger Jahre redet, dann redet man über Leute, die total verängstigt waren und versuchten, ein Gefühl dafür zu bekommen, was verdammt nochmal los war.

(Thompson ruft plötzlich laut nach seiner Assistentin, um den Fernsehton auf ohrenzerschmetternde Lautstärke aufzudrehen. Der History Channel sendet die Ansprache des ehemaligen US-Botschafters Adlai Stevenson vom 25. Oktober 1962 an die Vollversammlung der Vereinten Nationen, in der er verlangte, dass die UdSSR sofort ihre nuklearen Sprengköpfe aus Cuba zurückziehen sollten. Diese Ansprache im Auftrag von JFK gilt in weiten Kreisen als erfolgreiche Verhinderung einer nuklearen Eskalation des Kalten Krieges.)

»Diese Ansprache berührt mich immer noch«, sagt Thompson wehmütig, die gesamte Dauer der Rede hindurch von ihr gefesselt. »Wissen Sie, es plagt mich, daß ich nie die ›Wer tötete Kennedy?‹-Geschichte verfolgt habe. Ich glaube, das ist eine Story, die ich vermasselt habe. Ja, ich hab sie vermasselt, und jetzt nimmt man an, daß Gehorsam normal ist – der Präsident ist König.«

High Times – 2. September 2003

Der Gonzo-König

Matt Higgins

Der Gonzo-Journalist Dr. Hunter S. Thompson ist ein Überlebender. Im Lauf seiner circa 40jährigen Karriere wurde Thompson von den Hells Angels schwer in die Mangel genommen und hat es überlebt, ebenso eine dauerhafte Fehde mit Richard Nixon und eine zweifelhafte Anklage wegen sexueller Belästigung und Drogenmißbrauch, und das alles, obwohl er Unmengen von Drogen und Alkohol konsumierte. Mit 65 kämpft dieses Schwergewicht der amerikanischen Briefschreiber immer noch, er raucht immer noch und verfaßt immer noch witzige und kraftvolle Prosa, wie in seinem letzten Buch, seinen Memoiren »Kingdom of Fear«. Seine Worte sind seine Waffen, seine Opfer sind diejenigen, die den amerikanischen Traum verschleudern wollen. Thompson sprach mit *High Times*, als Bomben auf den Irak abgeworfen wurden, über Themen die ihm wichtig sind: Pot, Politik, Krieg und das Gesetz.

High Times: Wie geht es Ihnen?
HST: Ich habe heute einen großen Justizfall gewonnen. Nicht ich. Wir natürlich. Sie fragten: »Wie geht es Ihnen?«, und ich sage: »Wir haben heute einen großen Justizfall gewonnen.« Ich glaube, *High Times* wäre daran sehr interessiert. Ja doch, verfluchte Scheiße, es geht ziemlich schnell voran. Vor ungefähr zwei Jahren enga-

gierte ich mich in einem Mordfall in Denver. Ein Cop wurde getötet. Ein Skinhead verübte Selbstmord, sagt die Polizei. Ein Mädchen, Lisl Auman, die nur flüchtig mit dem Skinhead zu tun hatte, wenn überhaupt, soll für den Rest ihres Lebens ins Gefängnis gesteckt werden, wegen Mord, ohne Bewährung.

High Times: Sie schreiben darüber in »Kingdom of Fear«.

HST: Genau. Aber gestern hat der Oberste Gerichtshof in Colorado zugestimmt, den Fall wieder aufzugreifen, und zwar auf der Grundlage einer Frage, die vom Berufungsgericht abgelehnt worden war. Deshalb gingen wir zur höheren Instanz, zum Obersten Gerichtshof. Zu meiner echten Überraschung stimmten sie einer Verhandlung zu. Das bedeutet, daß unsere Erfolgschancen von Null – lebenslänglich Gefängnis – auf etwa fifty-fifty gestiegen sind. Ziemlich gut, oder?

High Times: Das ist großartig.

HST: Allerdings, wir haben diesen Fall zusammen mit der National Association for Christian ... was ist los mit mir? Es heißt natürlich nicht Christian. Ich gucke mir gerade diese gottverdammten Jesusfreaks an, die das ganze Fernsehen vollquatschen. Christus, wo war ich? Ich habe gerade etwas Haschisch geraucht. O ja, die NACDL, die National Association for Criminal Defense Lawyers. Ich bin der poeta laureatus der NACDL.

High Times: Wie kamen Sie mit denen zusammen?

HST: Scheiße, ich war im Vorstand von NORML (National Organization for the Reform of Marijuana Laws), im nationalen Beraterkomitee und da lernte ich diese Leute kennen. Unnötig zu sagen, daß da eine Menge Anwälte für Strafrecht dabei sind. Als ich vor etwa zehn Jahren verhaftet wurde, kamen diese Jungs zusammen mit meinen Meisteranwalt Hal Haddon aus Denver und retteten mich. Diese Jungs sind auf die eine oder andere Art von NORML gekommen und von der Politik der siebziger und achtziger Jahre. Sie haben mir geholfen, eine häßliche Anklage gegen mich komplett und total zu zerstören. Wir lernten einander kennen und wir wurden Freunde. Das ist einer politischen Kampagne sehr ähnlich, mit schrecklichen Folgen für die Verlierer. Wenn ich damals verloren hätte, wäre ich zweifelsohne im Gefängnis gelandet. Ich bin den Jungs, die da über den Hügel kamen, wie Strafrechtsverteidiger und Gründer von NORML Keith Stroup, wirklich dankbar. Ich lernte sie durch die Mitchell-Brüder (Artie und Jim) kennen, und wir gründeten die Fourth Amendment Foundation. Der Zweck war, jederzeit in allen fünfzig Staaten einen hochkarätigen Anwalt zur Verfügung zu haben. Unsere Absicht war es, eine Gesetzeslage zu schaffen, daß der Staat die gerichtlichten Ausgaben für jeden übernehmen muß, den er wegen eines Verbrechens anklagte und der nicht verurteilt worden war.

Der Fall in Denver war eine verurteilte Polizistenmörderin. Viel schlimmer konnte es nicht kommen. Bei all diesen Fällen ... da kommt das Hirn auf Hochtouren. Halt! Reiß dich zusammen! Ich dachte, wenn wir die Möglichkeit hätten, beim Werfen der Münze zu gewinnen, dann sollten wir einen guten, einen Fall mit Gewinnchancen aussuchen. Die NACDL reichte einen Sachverständigenbericht ein, sie ließen bei der Berufung ihre Muskeln spielen. Im Büro des Pflichtverteidigers in Denver fand sich eine breite Koalition von Bürgern ein, darunter Benicio del Toro und Warren Zevon.

High Times: Bezieht sich das auf den Satz, der in »Kingdom of Fear« steht: »Damit das Böse siegt, benötigt es nichts weiter als gute Männer, die nichts tun«? Liegen der Fall Lisl Auman und Ihr Interesse, den Vierten Verfassungszusatz zu schützen, auf der Linie dieses Ausspruchs?

HST: Also ich denke, daß darin unser aller Interesse liegt. Bobby Kennedy sagte das, als ich den Satz zum ersten Mal wahrnahm. Es ist ein universeller Kernsatz. Wie zum Kuckuck bin ich selbst in das alles hineingeraten?

Zu sagen, daß »das Böse siegt«, das klingt wie eine entfernte Möglichkeit. Es wird schon nicht jetzt gleich passieren – aber nein! Es passiert genau jetzt in diesem verfluchten wüsten Scheißjahr. Das Böse triumphiert. Es ist direkt vor unserer Nase und es wendet sich gegen uns als Individuen und als Kollektiv. Es wird keinen Halt machen. Weißt du, Bürgerrechte sind nicht bloß für Neger da. Scheiße, wo kam das her? Bobby Kennedy sagte das.

»Kingdom of Fear« beruht genau darauf. Alles wurde viel schneller Wirklichkeit als ich dachte. Es fing an, wie geruhsame Memoiren eben anfangen, und dann in kürzester Zeit, Ereignisse wie Politik ... Das sind wir. Das sind du und ich, die da drüben kämpfen, die für diese Bomben im Irak zahlen. Ich schätze, ich bin ein wenig empört über meine Generation, die die erste seit langer Zeit in Amerika und die es vielleicht für immer ist, die die Welt, das Land, die Nation in schlechterem Zustand verläßt als sie sie vorfand.

High Times: Sie haben über den Tod des amerikanischen Traums geschrieben in »Fear and Loathing in Las Vegas«. Jetzt ist das Land im Kriegszustand und die Verfassung wird vom Justizministerium attackiert. Haben Sie das Gefühl, es war eine Prophezeiung, als Sie vor dreißig Jahren über diese Dinge schrieben?

HST: Genau das, was ich sage. Prophezeiung? Jetzt sieht es tatsächlich so aus. Wie nannte mich Edward Abbey?[*] Einen Seher? Das ist eines der größten Komplimente, die ich je von Abbey oder sonst jemandem bekam. Ein Seher, einer, der Dinge auf uns zukommen sieht. Da ist wirklich keine Mystik dabei. Wir alle konnten es kommen sehen. Einige sahen es und einige nicht. Ich weiß nicht, ob wir in diesen Krieg mit dem Irak ziehen wollen. Heben wir uns diese Frage für später auf. Wie Sie

---

[*] Schriftsteller und Essayist mit ökologischen Themen. Schrieb u.a. »Die Monkey Wrench Gang« über vier Öko-Saboteure und »Desert Solitaire«.

sehen, bin ich ziemlich auf Speed und ein bißchen ausgelassen.

High Times: Rauchen Sie immer noch Marihuana?

HST: Logisch. Warum sollte ich damit aufhören?

High Times: Als jemand, der im Ruf steht, alle Drogen probiert zu haben, die es gibt, mögen Sie eine besonders?

HST: Ich würde sagen, Acid ist immer noch der Königsweg. Nach all diesen Jahren ist es fast immer angenehm. Ich würde sagen, Acid ist mein Favorit. Ich nehme das nicht oft. Man muß vorsichtig damit umgehen. Aber das ist die wahre Droge. Ich rede aber von LSD-25, nicht von dem, was man heutzutage irgendwo kriegt. Echtes LSD-25 ist die Königin der Drogen. Ich nehme es. Ich empfehle es nicht unbedingt. Ich empfehle überhaupt nichts, was ich mache.

High Times: Gibt es eine Droge, die Sie auf keinen Fall mehr nehmen würden?

HST: Scheiße, ja. Eine, die mir da einfällt ist PCP. Zum Teufel, ich höre jeden Tag von irgendeiner Droge, die ich nicht nehmen würde – Drogen, über die ich Ihnen nicht einmal etwas erzählen oder deren Namen ich gar nicht wiederholen kann oder etwas, das einen in einen Steroid-Rausch versetzt. O ja, das ist das neueste. Es ist ein totaler Downer. Es ist wie ein steroider Wutausbruch. Downers im allgemeinen und solche Drogen machen einen völlig fertig. Ich habe immer gesagt, Drogen sind keine Entschuldigung und Alkohol auch nicht. Ich halte mich an diese Regel und andere Leute sollten das auch tun.

High Times: Letztes Jahr gab es ein Referendum, das Marihuana in Nevada legalisiert hätte. Ich glaube, die Leute waren optimistisch, aber dann wurde es abgelehnt. Warum glauben Sie gibt es immer noch Widerstand, Marihuana zu entkriminalisieren?

HST: Also, was Sie mir da erzählen ist kalter Kaffee. Das steht in den NORML-Akten. Wir haben diesen Kampf vor langer Zeit gekämpft. Es ist dieselbe Sache, über die wir vorher geredet haben. Ich bin überrascht und echt geschockt. Jesus, wir haben Marihuana in sehr kurzer Zeit in circa fünfundzwanzig Staaten entkriminalisiert (In Wirklichkeit waren es elf – Die Red.). Wir haben Nixon aus dem Weißen Haus geworfen, den Krieg in Vietnam beendet. Es war eine gute Zeit – zwanzig sehr besondere Jahre. Damals war mein Krieg mit Nixon ein Symbol für einen größeren Krieg, den Nixon mit sich brachte. All das wird jetzt vom Justizministerium zurückgenommen – alles, wofür wir standen.

High Times: Es hat den Anschein daß das Justizministerium die Bewegung für die medizinische Anwendung von Marihuana in Kalifornien gestoppt hat.

HST: Warten Sie eine Minute. Kalifornien hat es erlaubt und dann kam dieses gottverdammte Arschloch ... wie heißt er doch gleich? Ashcroft. Sie hoben die Entscheidung des Obersten Gerichtshof von Kalifornien auf und es war immer noch ein Bundesverbrechen in Kalifornien, obwohl es nach dem Gesetz des Staates keines war. Also gingen sie los und verhafteten alle Anbauer von medizinischem Marihuana. Die Marihuana-Gesetze werden härter. Das alles hat den Anstrich von Nazismus und es schaut sehr nach dem Dritten Reich aus. Ich habe »Aufstieg und Fall des Dritten Reichs« wieder gelesen. Haben Sie es jemals gelesen?

High Times: Nein.

HST: Das treibt Ihnen die Angstscheiße raus. Vielleicht auch nicht. Dieses Land ist niemals angegriffen worden, und auch Bomben fielen hier nie. Das ist natürlich eine der Ursachem. Das Pentagon-Denken fing im Ersten Weltkrieg an: Wenn man Krieg führen muß, dann sorge dafür, daß es nicht auf dem eigenen Boden geschieht. Also beschlossen sie, den Krieg woanders zu führen.

High Times: Sie haben Nixon erwähnt. Ich weiß, Sie sind kein Fan des gegenwärtigen Präsidenten. Wie schätzen Sie George W. Bush im Vergleich zu Nixon ein?

HST: Diese Regierung läßt Nixon und seine Leute aussehen wie eine Bande von Liberalen. Fast läppisch, kin-

disch. Die Mentalität, die Atmosphäre während des Watergate-Prozesses – das war lustig. Ja, ich bin stolz auf meinen Kampf.
High Times: Sie haben ja auch gewonnen.
HST: In den sechziger Jahren haben viele Leute wegen des Vietnamkriegs resigniert. Es dauerte eine Zeitlang, bis sogar der Präsident seine Meinung änderte. Wir hauten Lyndon Johnson aus dem Amt. Ich war ziemlich stolz darauf. Und dann kam Nixon. Das war Nummer zwei. Gewinnen wurde auf vielfache Art zur Gewohnheit. Gewinnen ist eine Gewohnheit und Versagen oder Verlieren auch. Die Niederlage McGoverns 1972 sah nicht gleich nach dem Ende der Welt aus. Wir wußten, wir würden Nixon kriegen. Watergate war schon passiert. Es war wie eine Pause im echten Krieg. George McGovern sagt das immer noch, er sagt es sprachgewandt und er hat immer noch recht. Ich rede oft mit ihm.

Der Abbau von allem, wofür wir gekämpft und was wir erreicht hatten seit dem Zweiten Weltkrieg, begann mit Reagan. Ja, ich bin schockiert und ich muß mich umgukken. Ich weiß, wieviel mehr Fortschrift wir gemacht hätten, und die Stimmung der Nation damals und heute, da liegt ein ganzes Universum dazwischen. Diesen Nachmittag redete ich mit Gary Hart und einigen anderen Leuten über dieses Thema. Ich drehe momentan fast durch. Damals war es eine hoch konzentrierte Zeit. Jetzt stellt sich heraus, daß wir nicht gewonnen haben. Wie das innerhalb von zwanzig Jahren geschah, ist eine echt interessante Frage. Es kam so schnell wie damals, als die Nation in den Zweiten Weltkrieg verwickelt wurde, der die ganze Welt verändert hat. Aber dies ist kein gottverdammter Zweiter Weltkrieg bevor wir nicht damit angefangen haben. Die Welt ist gegen diesen Krieg und ich stimme der Welt zu. Obwohl ich es ja gewohnt bin, eine Außenseiterposition einzunehmen.

Die USA haben den Völkerbund versenkt und diese Regierung ist verteufelt darauf aus, die UN zu versenken.

Es ist eine Tradition, aber für mich sieht es so aus, daß die Mächte der Finsternis eine Zeitlang siegreich waren. Das Böse in der Ferne ist in Wirklichkeit hier bei uns. Es hat eine Menge damit zu tun, daß die Leute sich weigern, zur Wahl zu gehen und sie für unwichtig halten. Das passiert dann eben, wenn Leute nicht wählen. Du glaubst, es ist cool, nicht zu wählen? Schau dich um, du Esel!

High Times: Wie hat es Ihrer Meinung nach die Bush-Regierung geschafft, Amerika derart hinters Licht zu führen, daß es glaubt, dieser Krieg sei richtig?

HST: Ich glaube eigentlich nicht, daß viele Leute außerhalb des Pentagons und des Weißen Hauses dieser Ansicht sind. Die haben diese Botschaft erfolgreich verkauft. Das geschieht immer in Kriegszeiten. Aber jetzt ist das ständig so. Clinton kam gestern oder heute daher und sagte: »Wir müssen jetzt unsere Differenzen vergessen und uns hinter unseren Präsidenten stellen und unsere Truppen unterstützen.« Und Clinton war ein Volldepp und ein verräterischer Bastard sowieso. »Wer nicht für uns ist, ist gegen uns.« Das haben sie verkauft, glaube ich. Amerikaner sind schäbig und feig, und sie akzeptieren den Polizeistaat. Ich weiß nicht genau warum, aber wir können in die amerikanische Geschichte zurückschauen. Seit meiner Geburt fnd immer irgendein Krieg statt. Es gab eine lange Pause zwischen dem Ersten und Zweiten Weltkrieg, keine allzulange, aber seitdem ist eigentlich andauernd Krieg. Gestern nacht war Cheney im Fernsehen und hat wieder die alte Leier angestimmt, daß Saddam getötet werden muß, weil er chemische Waffen gegen seine eigenen Leute einsetzte. Die sind als Massenvernichtungswaffen klassifiziert. Ich erinnere mich, daß auch gegen mich eine Menge Gas eingesetzt wurde. Scheiße, das CS-Gas und das Pfefferspray ließen sich mit Sicherheit als chemische Waffen einstufen. Und diese Regierung setzte sie in den sechziger Jahren gegen viele Leute ein, darunter auch mich.

High Times: Sie haben Bill Clinton erwähnt. Haben Sie

auch das Gefühl, wie viele andere Leute auch, daß Clinton Amerika heruntergewirtschaftet hat?

HST: Bush hat uns in einen gottverdammten bösartigen und stupiden Auslandskrieg getrieben und Clinton hat das Land ruiniert, weil ihm in seinem Büro einer geblasen wurde? Ich würde gern mit jemand im Fernsehen darüber reden und diese Frage gestellt bekommen. Das ist eine richtig gute Frage: »Glauben Sie, daß Clinton das Land ruiniert hat?« Und das möglichst im Kontext einer politischen Diskussion über Bush und den Krieg.

High Times: Glauben Sie, er hat das Versprechen erfüllt, das viele von ihm erwarteten, oder hat er versagt?

HST: Er war jedenfalls viel besser als Bush. In zwei Jahren hat dieser kleine grenzdebile Betrüger sich die Vereinigten Staaten von Amerika unter den Nagel gerissen, ein wohlhabendes Land, eine friedliche Nation, und sie zu einer bankrotten Nation im Krieg gemacht. Wie zum Teufel konnte das geschehen? Gehen wir zurück zu unserer ursprünglichen Frage der Generationen und wie ich eine gewisse Scham wegen dieser Bastarde verspürte. Ich respektiere Macht, wenn sie in Bewegung ist, wie der Bürgermeister (von Chicago) Daley zu sagen pflegte. Ich muß zugeben, daß die Bastarde gut sind, so wie Hitler auch. Gottverdammt, man kann Clinton und Bush gar nicht miteinander vergleichen. Ich weiß nicht, womit man Bush vergleichen könnte. Das ist völlig neu. Das amerikanische Jahrhundert endete mit dem Jahr 2000. Letzten September hatte ich eine Unterhaltung mit Bob Dylan. Er war hier, redete über die Bush-Regierung und schimpfte wie ein Rohrspatz über ihre derzeitigen Taten. Bob ist einer der echten Helden unserer Zeit. Ich sagte zu ihm: »Verflucht nochmal, wir sind in einen höllischen Konflikt mit diesen Bastarden geraten. Diese Gang muß man ernst nehmen. Das sind keine Amateure. Die werden nicht so leicht zu knacken sein wie Nixon.« Er schaute mich an, hatte so eine Art Grinsen im Gesicht, und sagte: »Ja, aber wir müssen uns ihnen nicht anschließen.«

Postkarten vom Proud Highway

Tim Mohr

Das Folgende ist die abschließende Zusammenarbeit zwischen Hunter Stockton Thompson und *Playboy*. Sie beruht auf einer Serie von Interviews, die er dem Herausgeberassistenten Tim Mohr im letzten Dezember gab. Die beiden verbrachten fast eine Woche lang auf der Owl Farm und besprachen eine Vielzahl von Themen, die Thompson in hohem Maß interessierten, angefangen von Schußwaffen bis zu körperlicher Fitness. Bob Dylan schrieb: »To live outside the law you must be honest.« Aber man muß auch große Sensibilität seiner Umwelt gegenüber und ein breites Spektrum esoterischer Fähigkeiten und Weisheit besitzen.

Mit seinen 67 Jahren auf Erden entwickelte sich Thompson zu einem Experten in großen und kleinen Dingen und mochte nichts lieber als auszuführen, was er gelernt hatte. Dieser Einsatz wurde von seinem Tod am 20. Februar 2005 unterbrochen. Wir konnten uns keine bessere Würdigung für den großen amerikanischen Schriftsteller vorstellen, als dieses wandelnde Lexikon lebendigen Wissens in seinen eigenen Worten reden zu lassen. Das ist den alten Fans ebenso gewidmet wie denen, die erst neulich zur Party dazugekommen sind.

Die Herausgeber

ÜBER FREIHEIT: Freiheit ist eine Herausforderung. Man entscheidet, wer man ist durch das, was man tut. Es ist wie eine Frage, wie eine Abzweigung auf der Straße. Eine anstehende Frage, die man korrekt beantworten muß. Es hat eine Anmutung von einem Drahtseilakt. Ich bin niemals in der Lage gewesen, auf dem Drahtseil zu balancieren, aber ich kenne das Gefühl.

ÜBER DAS FAHREN: Vollgas mit einem Wagen voller Whiskey, das ist die einzige Art zu fahren. Man muß voll dabei sein, vor allem hier draußen, wo es soviel Rotwild und Elche gibt. Autoscheinwerfer paralysieren Rehe. Man muß auf die Hupe hauen, das Steuer festhalten und Gas geben. Wenn man auf die Bremsen tritt, geht die Vorderseite des Autos nach unten – das schleudert das Tier gegen die Windschutzscheibe. Der Aufprall wird auch geschehen, wenn man Gas gibt, aber man ist nicht hilflos. Es wird auch den Kühlergrill und die Scheinwerfer zerstören, aber es wird das Tier aus dem Weg schleudern – außer es ist ein Elchbulle. Wenn man das Tier frontal trifft, dann fliegt es zu Seite anstatt auf die Windschutzscheibe.

Es ist das Schleudern, das die Leute umbringt.

Sie wissen, wie gut Pulverschnee fürs Schifahren ist? Er ist auch gut fürs Fahren. Man muß bloß die Grenzen des Wagens kennen, wenn man auf verschneiten Straßen fahren will. Wenn man einmal gekreiselt und seitlich weggerutscht ist, dann weiß man, wie die Straße beschaffen ist. Und ich teste immer die Bremsen, einfach um sicher zu gehen, daß ich nicht 120 Meter rutsche, wenn ich glaube, festen Griff zu haben. Wenn man erst einmal voll ins Rutschen kommt, hilft einfaches Herunterschalten nichts. Eine Kombination von Maßnahmen kann helfen, aber Herunterschalten allein funktioniert nur auf Asphalt. Und Jesus, fahren mit »Allwetterreifen« ... ich kann mir das Fahren damit nicht vorstellen. Ich benutze Schneereifen mit Spikes. Die Spikes aus Metall klingen wie ein Panzer und machen die Straßen kaputt, aber sie wirken wie Bärenkrallen. Der Unterschied zwischen Bremsen in einem Blizzard mit Schneereifen und den Allwetterreifen, die sie auf Leihwagen draufmachen? Gottverdammt.

ÜBER COURAGE: Ich fuhr den Geschwindigkeitsrekord auf der Saddle Road – in Kona, auf Hawaii – bei starkem Regen und Sturm. Es kommt immer etwas dazwischen wie z.B. Monsune, wenn man einen Geschwindigkeitsrekord zu fahren versucht. Aber was will man machen? Darüber nachdenken? Es an einem anderen Tag probieren? Solche Entscheidungen verändern dein Leben. Ich nehme da eine Straßenkämpfermentalität ein, die Haltung eines Berufsspielers auf einem Flußdampfer auf dem Ohio: Es kommt nicht in Frage, aufzugeben oder umzudrehen.

ÜBER GEWALT: Zögere nie, Gewalt anzuwenden. Es löst Probleme, beeinflußt Menschen. Die meisten Leute sind es nicht gewohnt, Situationen durch unmittelbare und scheinbar willkürliche Anwendung von Gewalt zu bewältigen. Doch schon die einfache Tatsache, daß man willens ist, Gewalt anzuwenden – oder es notfalls täte – ist ein sehr starkes Argument. Die meisten Leute sind darauf nicht vorbereitet. Man kriegt in dieser Hinsicht schnell den richtigen Ruf ab – man kann etwa mitten in einer Unterhaltung irgendein Arschloch durch den Raum schmeißen. Und zwar so, daß ihm das Blut in großen Mengen herausspritzt. Ich lüfte hier Betriebsgeheimnisse. Ich bin in New York City heftiger verprügelt worden als von den Hells Angels. In New York war ich auf der Suche nach Prügeleien. Und es war es wert, einen angreifenden Mob zorniger Privatschüler zu sehen. Das waren keine richtigen Kämpfe. Das war überhaupt nichts Persönliches. Ich haßte diese Leute nicht. Ich war bloß ein Schläger. Es war ein gutes, altes amerikanisches Vergnügen. Es war eine Frivolität. Es handelte sich nicht um Recht oder Unrecht, sondern nur um einen verdammten Samstagnachtrummel.

ÜBER SCHICKSAL: Ich bin mein Leben lang zu gewalttätigen Handlungen verdammt. Ich bin mit den Göttern der Unterwelt eng verbunden – nicht so sehr des Verbrechens, aber der Unterwelt.

ÜBER SCHUSSWAFFEN: Meine Eltern waren keine Waffenliebhaber. Als ich heranwuchs hatte ich praktisch keine Ahnung von Waffen außer, daß meine Eltern nicht wollten, daß ich eine .22 besaß. Eine Luftpistole war okay. Aber ich fand dann dennoch eine .22er. Ich schoß von meinem Schlafzimmer aus die Lichter hinter unserem Haus aus. Zwischen den Häusern war eine Gasse. An den gemauerten Garagen in der Gasse waren Glühbirnen angebracht. Sie waren durch Metallgitter geschützt, wie Gefängnisgitter. Es war also nicht ganz einfach, die Glühbirnen zu treffen. Es war extrem gefährlich. Ein Kind, das keine Waffe haben sollte, experimentiert, schießt aus seinem Zimmer heraus und ballert in die Gasse hinaus. Ich hatte nichts anderes im Sinn als Glühbirnen zu treffen. Aber wenn ich jetzt darüber nachdenke und mir vorstelle, was hätte passieren können. Die Chancen für eine Katastrophe erhöhen sich, wenn man andauernd auf denselben Durchgangsweg schießt.

Als ich zum Militär kam, kannte ich nur die .22er. Die genaueste Waffe in meinem Haus ist eine Olympic Luftpistole – Einzelschuß, .17er Kaliber, Luftdruck. Damit kann ich ein 10 Cent-Stück am anderen Ende des Wohnzimmers treffen. Die Mitchell-Brüder haben sie mir geschenkt. Ich hatte sie bei mir, als ich in ihrem Kino arbeitete. Damals war sie das Standardmodell für olympische Schießwettbewerbe. Um Gewehrläufe zu pflegen ist Leinsamen ein gutes natürliches Öl, aber es hat die Tendenz, klebrig zu sein. Lichtnußbaumöl ist das richtige.

ÜBER DIE JAGD: Ich habe das meiste Fleisch durch das Jagen von Wild bekommen. Ein wilder Eber, der im Freien herumrennt, ist eine Seltenheit. Aber er sorgt für einen Superjagdtag. Und diese Angst, ein rohes Schwein zuzubereiten? Scheiß drauf. Bei einem wilden Eber schneidet man einfach steakartige Scheiben heraus, mehr wie Schweinekoteletten und schmeißt sie auf den Grill. Schmeckt ausgezeichnet. Das beste, was ich je gegessen habe. Wie man das Tier zubereitet, ist dabei ungemein wichtig. Zunächst muß man es überraschend töten, damit das Adrenalin nicht freigesetzt wird. Ein erschrockenes Tier schmeckt viel schlechter als ein friedliches. Man sollte es schießen, wenn es frißt, nicht wenn es rennt oder in Panik ist.

Bei einem guten Gewehr ist es eher der Schock als der Schaden, den die Kugel im Gewebe anrichtet, das es umbringt. Der Schock schickt Todesstrahlen durch den ganzen Körper. Das Tier kann nicht reagieren. Sein Nervensystem ist zu sehr traumatisiert.

ÜBER PHOTOGRAPHIE: Ich habe alle Hells-Angels-Photos selber gemacht. Aber nachdem ich es viele Jahre lang versucht habe, merkte ich, daß ich nicht denselben Fokus hatte wie ein Photojournalist. »Mach deine eigenen Bilder, schreib deine eigene Story« ist ein Mythos und funktionierte bei mir nicht. Als Photograph mußte ich immer größere Linsen kaufen. Ich ging nicht gerne nahe heran. Ich wollte den Leuten nicht zu nahe kommen, weil man danach nicht mehr viel mit ihnen reden konnte.

ÜBER SPIELEN: Ich spiele nicht oft Karten. Nur manchmal aus Spaß, einfach so. Ich mag Spiele, bei denen mir mein Wissen hilft – wenn ich zum Beispiel beim Wetten clever bin und dadurch meine Gewinnchancen beeinflussen kann. Das ist anders als bei Automaten oder beim Würfeln.

Bei Sportwetten ist es immer besser, Wetten einzugehen mit dem Partisan, den Einheimischen, denen, die sich von Emotionen leiten lassen. Besuche nachts eine feindselige Stadt und wette gegen die verzweifelten emotionalen Wetter – man wird dich nicht ernst nehmen und auf diese Art gewinnt man. Um zu verlieren, muß man nur einer dieser emotionalen Wetter sein.

Als Junge spielte ich Football, Basketball, Baseball. Ich war voll dabei. Ich fing mit dem Glücksspiel erst an, als ich mit dem Sport aufgehört hatte. Nachdem ich die High School ungefähr zur Hälfte hinter mir hatte, beschloß ich, auf Football zu scheißen und kriminell zu werden. Ich traf die Entscheidung zwischen dem Leben als Sportler und dem Leben als Krimineller. Sobald man aufhört zu spielen, braucht man diesen Wettbewerbsfaktor. Ich gebe keinen Pfifferling auf ein Spiel, wenn ich keine Wette darauf abgeschlossen habe. Man muß das als Gelegenheit erkennen. Nichtspieler sehen darin lediglich die Möglichkeit zu verlieren – und oft haben sie das Gefühl, sie können es sich nicht leisten zu verlieren. Ein Spieler sieht vor allem die Möglichkeit, die man nicht vorbeigehen lassen kann. Was zur Hölle soll's, mach Schulden.

Ed Bradley kam eines Tages zu mir auf die Owl Farm und schlug mich bei einer circa 4000 $ teuren Wette auf ein Basketballspiel. Ich glaube, es fing als Hundertdollarwette an. Aber wir verdoppelten andauernd. Ich zahlte ihn selbstverständlich aus. Schließlich hätte ich sehr befremdet geschaut – und es öffentlich erwähnt –, wenn er mich nicht bezahlt hätte. Das ist doch der Spaß dabei: die Realität, daß man zahlen muß. Es ist gut, daß es weh tut. Als Betrüger oder als Drückeberger zu gelten, ist für einen Spieler wesentlich schmerzlicher, als auf einem Parkplatz verprügelt zu werden.

ÜBER KARMA: Es ist extrem schlechtes Karma, mit Dingen anzugeben, mit denen man sich durchgeschwindelt hat. Ich glaube fest an Karma in einem tiefen Sinn: Du wirst das kriegen, was dir zukommt.

ÜBER BÜCHER: »Das Spiel der Macht« von Robert Penn Warren ist seit jeher eins meiner Lieblingsbücher. Wenn Sie das Buch nicht kennen, sollten Sie es sich besorgen und so schnell wie möglich lesen, denn es wird Ihnen eine Menge beibringen. »Ginger Man« von J. P. Donleavy war einer meiner wesentlichen Einflüsse. In bestimmten Kreisen war es eine Art Paßwort. Wenn ich mich recht erinnere, kriegte der Ginger Man mehr als nur einmal Prügel, bei denen er sich anpißte. Die Leseerfahrung ist wichtig: »Das Spiel der Macht«, George Orwells »Erledigt in Paris and London«, F. Scott Fitzgeralds »Der große Gatsby«. »Gatsby« ist 55000 Wörter lang – eine erstaunliche Ökonomie bei einem solchen Buch. Bei »Fear and Loathing in Las Vegas« wollte ich noch kürzer sein. Vielleicht ist mir das nicht gelungen, aber ich glaube, ich hab's geschafft. Das ist wie der Geschwindigkeitsrekord auf der Saddle Road: Ich bin mir nicht sicher, ob ich ihn noch halte. Aber wenn ich einen Ferrari fahren könnte, wäre ich mir sicher, daß der Rekord nicht mehr hielte.

Ich habe ausnehmendes Vergnügen am lauten Lesen und ich bringe andere dazu, mir vorzulesen. Ich höre gern, wie andere Leute Dinge hören. Ich mag die Stimmen von Frauen, ausländische Akzente. Da ist Musik drin.

Wenn man laut liest, muß man daran denken daß man es selbst verstehen möchte. Man muß es hören. Das ist der Schlüssel dafür, daß andere Leute es begreifen. Man muß die Musik hören. Man muß jedes Wort treffen. Nicht so wie Journalisten lesen, sondern mit einer dramatischen Vortragsweise. Es dauert ein bißchen. Es ist leichter zu verstehen, wenn man entlang schleicht, wie wenn man im zweiten Gang fährt. Der Hörer sollte ungeduldig darauf warten, was als nächstes kommt.

ÜBER ABLEHNUNG: Fast zwei Jahre lang, als ich bei *Time Magazine* als Redaktionshilfe arbeitete – nach meiner Zeit bei der Air Force –, belegte ich Kurse in Columbia und in der New School. In Columbia hatte ich Rust Hills, den Belletristikredakteur von *Esquire* als Professor für kreatives Schreiben. Ich habe immer noch eine Nachricht von ihm, die lautet: »Bieten Sie *Esquire* nie wieder etwas an. Sie sind ein haßerfüllter dummer Bastard. *Esquire* haßt Sie.« In diesem zarten Alter war das ein gewisser Schock.

ÜBER DEN FREIEN WILLEN: In Orwells »1984« wird Härte ausgeübt durch den Willen des Staates. Hingegen ist es mittels der Droge Soma in Aldous Huxleys »Schöne neue Welt« der Wille der Leute. Ich habe immer mit der zweiten Theorie gearbeitet. Niemand stiehlt unsere Freiheiten. Wir verscherbeln sie. Das ist die dunkle Seite des amerikanischen Traums. Ich habe mich immer als Fackelträger gegen diesen Drang verstanden. Ich habe das immer als Selbstverständlichkeit betrachtet. Genauso wie die Tatsache, daß ich als Präsident kandidieren könnte, wenn ich nur wollte. Ich könnte es. Es ist doch nett, die meiste Zeit im Leben an die beste Möglichkeit zu denken, und daß man in der Lage ist, das durchzuhalten. Haltung zählt in vieler Hinsicht.

ÜBER ZERSTÖRUNG: Wenn man ein Auto über eine Klippe schiebt und explodieren läßt, sollte man sicher gehen und die Fenster herunterdrehen, um Schrapnelle zu vermeiden. Und man entferne das Nummernschild, um nicht für die Entsorgung zahlen zu müssen.

ÜBER KNAST: Meine Klasse war die erste in der Geschichte der Louisville Male High, die Mädchen aufnahm, wenngleich immer noch keine Schwarzen. Ich verliebte mich in ein Cheerleader-Girl. Ich kann nicht behaupten, es habe mich von etwas abgehalten – ich war sowieso kein regelmäßiger Schulgänger. Aber ich schwänzte die Schule nicht, um in eine stille Gasse zu gehen, zu wichsen und Zuckerwatte zu essen. Meine Freunde und ich gingen Bier trinken und lasen Platos Höhlengleichnis. Wir gingen in die Kneipen und lasen Sachen wie »Das Spiel der Macht«. Ja, das war eine smarte Gang. Als mich ein Richter beim Jugendgericht ins Gefängnis schickte, merkte ich, daß im Gefängnis keine große Zukunft lag. Das ist eine wichtige Erkenntnis. Ich kam nie wieder zurück ins Gefängnis. Ich war in Untersuchungshaft, aber sie haben mich nie verurteilt.

ÜBER DAS REDEN IN DER ÖFFENTLICHKEIT: Als ich in der Air Force war, nahm ich auf dem Stützpunkt Unterricht. Eine der Klassen, die ich besuchte, befaßte sich mit etwas, das ich mehr fürchtete als alles andere in meinem Leben: Reden in der Öffentlichkeit. Es war schrecklich. Ich weiß nicht, wie ich jemals ein gefragter Redner werden konnte.

Als das »Hells Angels«-Buch herauskam, mußte ich öffentlich Publicity dafür machen. Es war immer noch hart für mich. Sie sagten mir, wenn ich einen überzeugenden Artikel schreiben könne, dann könne ich auch eine Rede schreiben. Ich hatte gesehen, wie ältere Offiziere versuchten, das Reden in der Öffentlichkeit zu meistern, um in höhere Dienstgrade befördert zu werden. Schaff es oder stirb. Öffentliches Reden war einfach unumgänglich. Als ich Sportredakteur der Stützpunktzeitung wurde – weil der Typ, der sie machte, betrunken und zum dritten Mal wegen Pissen in der Öffentlichkeit festgenommen worden war –, mußte ich nie eine öffentliche Rede meistern.

Inzwischen habe ich nur noch ein Problem mit dem Reden in der Öffentlichkeit, und das ist die Lautsprecheranlage. Ich komme selten rechtzeitig, um einen Soundcheck zu machen. Also ist der Sound dann entweder verzerrt oder man verliert den Bass.

ÜBER ERNÄHRUNG: Grapefruit ist für meinen Lebensstil notwendig. Ich esse Grapefruits, Orangen, Limonen, Kiwis. Ich brauche auch zu jeder Mahlzeit etwas Grünes, irgendein Gemüse auf dem Teller. Auch wenn es bloß ein paar geschnittene Tomaten und grüne Zwiebeln in einem Tontopf sind. Es ist sowohl ästhetisch als auch gesund. Wenn ich auf einen Teller gucke und nur braun, grau und weiß sehe, dann kann ich es nicht essen. Ich will etwas Rotes und Grünes sehen.

Trinken Sie sechs bis acht Gläser Wasser am Tag. Wenn man nicht genug Wasser trinkt, verliert man seinen Geschmack dafür. Wenn man dauernd dehydriert ist, bekommt das dem Körper nicht. Aber er hat einen Selbsttäuschungsmechanismus, sodaß man es gar nicht merkt. Dann muß man seine Geschmacksknospen neu erziehen. Am Anfang kann man nicht viel reines Wasser trinken. Ich habe mich zu fünf oder sechs Gläsern pro Tag hochgearbeitet. Am Anfang schaffte ich gerade mal eins.

Ich hatte mit dem Hydrierungsprozeß angefangen, bevor ich mir in der Weihnachtszeit 2003 in Hawaii ein Bein brach. Jeder hatte es mir gesagt. Ich ging in den Aspen Club – in die Sportmedizinabteilung –, um nach meiner Rückgratoperation vorher im gleichen Jahr wieder gehen zu lernen. Niemand dachte, daß ich mich davon erholen würde.

Ich habe wirklich Freude an meinem Körper. Ich habe ihn benutzt. Eines der Dinge, die mich in meinem Leben am meisten beeindruckt haben, ist die Unverwüstlichkeit des menschlichen Körpers: Sie führten beide Operationen – die am Rückgrat und die am Bein – aus, ohne mir ein Metallteil zu verpassen. Kein Metall, mein Lieber.

ÜBER MEDIZIN: Viele Ärzte zögern, Verantwortung für mich zu übernehmen. Keiner will der Arzt sein, der Hunter Thompson umbrachte. Ich traue dem medizinischen Establishment nicht, aber ich vertraue einigen Ärzten. Ich bin geradeheraus zu Ärzten. Sie müssen lernen, auch mit mir Klartext zu reden. Es macht keinen Sinn, irgend etwas zu verheimlichen. Ich schätze die, die mit mir Risiken eingehen, und ich hüte mich vor den Lämmerschwänzchen.

Die meisten Chirurgen sind Quacksalber. Als ich mir in Hawaii das Bein brach, wollte man mir keine Schmerztabletten geben, weil ich etwas getrunken hatte. Alkohol soll im Zusammenhang mit Schmerztabletten gefährlich sein. Aber das hängt von der jeweiligen Person ab und diese Ansicht kann unnötig dogmatisiert werden. Das Körpergewicht spielt da eine große Rolle. Wenn ich mir zusammen mit einer 100-Pfund-Frau praktisch alles außer Acid einpfeife, wird sie doppelt so berauscht sein wie ich.

Egal, die Ärzte gaben mir keine Schmerztabletten. Sie wollten mich von der Insel weghaben. Die Ärzte, die Universität, in der ich eine Rede hielt, die Organisatoren des Marathons, über den ich berichtete, das Hotel, in dem ich wohnte – alle wollten mich weghaben. Es war die Hölle. Als sie versuchten, mich in einen vollen Linienflieger zu stecken, rammten sie mein gebrochenes Bein in den Fluzeugrumpf. Ich war der letzte Passagier. Man stelle sich die Verwunderung der anderen 200 Passagiere vor, als sie diesen unglaublichen Aufruhr im Vorderteil des Flugzeugs hörten – meine immer lauter werdenden wilden Schreie. All diese Passagiere hatten 45 Minuten Verspätung, ohne zu sehen, was los war, und ohne aus ihren Sitzen zu kommen. Schließlich mußte die Airline aufgeben. Ich habe dadurch gelernt, daß die meisten Leute vor einem zurückscheuen, wenn man dermaßen wild wird. Und wenn sie dazu verpflichtet sind, einen physisch anzufassen, dann wollen sie nichts lieber als weglaufen.

ÜBER MOBILITÄT: Als ich von Hawaii zurückkam, war ich hilflos. Ich mußte in Eimer scheißen. Ich mußte lernen, mich zwischen Rollstühlen zu bewegen. Ich mußte zum zweiten Mal in einem Jahr gehen lernen. Das war ein Überlebenskampf. Es ist sehr schwer, von einem Rollstuhl aus seine Umgebung zu kontrollieren. Oder wenn man Schmerzen hat.

Im Rollstuhl zu sitzen hat einige Vorteile, aber nur, wenn man ihn verlassen kann. Es kann eine wunderbare Art zu reisen sein. Nicht so angenehm wie in einem Privatjet. Ich würde fast alles auf der Welt tun, um normale Linienflüge zu vermeiden.

ÜBER DROGEN: Die meisten Drogen waren sehr gut zu mir. Ich benutze Drogen, und wenn ich sie mißbrauche, okay, dann zeig mir wo? Was meinen Sie mit Mißbrauch, Sie Esel? Was ist Mißbrauch? Wie fast immer, geht es um Aufmerksamkeit. Ganz einfach. Das ist keine exotische Denkschule, die ich irgendwo aufgeschnappt habe. Es geht um Aufmerksamkeit, um Konzentration. Das ist etwas, das man sein ganzes Leben lang praktizieren muß.

Ich beachte das und sorge dafür, daß Leute mit den Dingen auch umgehen können. Man muß außerordentlich genau beobachten, wer abgefuckt ist oder wütend. Nicht notwendigerweise auf einen selbst, aber wer eine Gefahr darstellt. Wer nicht derselbe freundliche Bursche ist, mit dem man gestern geredet hat. Schau hin, wie verschiedene Dinge auf verschiedene Leute wirken. Dann vermeide sie, wenn nötig, oder hab ein Auge auf sie. Man kann Leuten in einem bestimmten Stadium ihrer Wut helfen, aber es gibt einen Punkt, jenseits dessen nichts mehr geht. Nasenspray auf Steroidbasis kann einen in ein Monster verwandeln.

Die schlimmste Seite der Drogen ist ihre Beschaffung. Ja, die Polizei ist mein Drogenproblem. Man kann einfach nicht mehr mit Drogen reisen. Das bedeutet, daß man seine Drogen auf dem lokalen Markt kaufen muß, wenn man in eine fremde Stadt kommt. Das wirkt sich auf die Leute aus, mit denen man zusammen ist.

Ich habe nie auch nur einen Fünfer oder Zehner an Drogen verdient. Nie habe ich Drogen verkauft. Das ist lebenswichtig für das Karma. Die Balance halten – nicht gierig werden. Ich würde mich dann ja auch für meine Kunden in gewisser Weise verantwortlich fühlen. Und die meisten hauptberuflichen Dealer, die ich kenne, waren im Knast. Das gehört zum Geschäft. Man muß einen Teil des Gewinns auf die Seite legen – wahrscheinlich die Hälfte – für den Tag, an dem man eine größere Summe für die Kaution braucht oder einen Anwalt bezahlen muß.

Ich empfehle Drogen und Whiskey und Gewalt und Rock'n'Roll nicht, aber sie sind immer gut für mich gewesen. Ich habe niemals Leuten, die nicht mit Drogen umgehen können, geraten, welche zu nehmen, genauso wie Leute, die nicht Auto fahren können, nicht mit 120 Sachen über eine Straße brettern sollten.

ÜBER ALKOHOL: Ich habe keine Geduld mit bösartigen Betrunkenen. Einfach keine Geduld. Drogen, Saufen, das ist keine Entschuldigung. Alk ist wahrscheinlich die gefährlichste Substanz. Er ist so einfach zu kriegen und man kann sich so leicht damit kaputt machen. Ich war in gewisser Hinsicht amüsiert, als ich ein Buch mit dem Titel »Nation of Drunkards« las. Es ist ein schönes Buch, jedenfalls in der Kategorie »seltene Bücher«. Es ist eine Geschichte des Alkohols und der Entstehung Amerikas. Diese Nation wurde wirklich in einem Strom von Alkohol erdacht.

Es gibt einen grundsätzlichen Unterschied bei den Konsumenten von Whiskey oder jeder anderen Substanz, und das ist der Unterschied zwischen einem Trunkenbold und einem regelmäßigen Genießer.

Ich weiß seit vielen Jahren, daß ich zur letzteren Kategorie gehöre. Der Trunkenbold nimmt sich Auszeiten, um sich sinnlos zu besaufen. Der Genießer, so wie ich, trinkt ständig. Es braucht eine gewisse Zeit, bis man seine eigenen Gewohnheiten kennt, so wie ich – wenn man lang genug lebt.

ÜBER UNTERLEGENHEIT: Sich mit Leuten anzulegen war die absolute Spaß. Und dann mit ihren Weibern abzuhauen. So Dschingis Khan-mäßig. Das war romantisch. Ich bin ziemlich oft bis aufs Blut verdroschen worden. Aber es war lustig. Eine ziemlich ungesunde Angelegenheit, die ich anderen auch nicht empfehlen will.

Sich an Raufereien zu beteiligen, ohne eine Ahnung davon zu haben, was man macht, ist gefährlich. Ich tat es, aber ich habe daraus gelernt. Es gibt ein paar Grundregeln. Eine davon besteht in der Erkenntnis, daß einen jede beliebige Menschenmenge oder Gang umbringen kann – egal um was es sich für eine Menschenmenge handelt. Eine Gruppe von Schulmädchen kann einen umbringen.

Gegen Gangs zu kämpfen, ist sehr riskant. Wenn du

jemals in die Lage kommst, dich selbst verteidigen zu müssen, attackiere eine Person in der Menge. Versuche, diese Person umzubringen. Konzentriere dich, verhalte dich wie ein Hai. Greife nicht wahllos an. Ich habe herausgefunden, daß das wahrscheinlich die einzige Art ist, gegen einen Mob zu kämpfen. Töte einen von ihnen oder versuch es oder erwecke den Anschein, es vorzuhaben. Man wird dich deswegen umbringen wollen, aber für gewöhnlich ist das der Wendepunkt in einer sinnlosen Rauferei, in der du bloß ein Fußball bist. Aber wenn der Fußball dich angreift und dir die Backe abbeißt, dann ändert sich das Spiel.

Ich beherrschte das Spiel in dem Moment, als ich merkte, daß die anderen sich zurückzogen, wenn ich versuchte, eine einzelne Person zu töten.

Man suche sich einen auffälligen Gegner. Greif den symbolischen Anführer, den Sprecher, den Raufbold an. Ein schneller und brutaler Tritt in die Eier nach einem Glas Wasser ins Gesicht kommt immer gut – und ich meine Rühreier, mein Junge. Es ist ein gewaltiger Unterschied zwischen einem versuchten Tritt in die Eier und einem mit voller Durchschlagskraft, wo man mit Gewalt bis zu den Leisten durchtritt. Nimm das Bein – trete mit dem Knie zu, damit der Anlauf zum Einschlag kurz ist.

Obwohl es wahrscheinlich besser ist, Schlägereien fern zu bleiben, vermisse ich sie doch in gewisser Hinsicht. Ich hasse Raufbolde und ich greife sie gern an. Da gibt es diese rote Linie. Das ist wie ein Zweiminutendrill in einem Playoff-Spiel. Es gibt keinen Grund dafür, nur Überleben. Spielzeit. Ich habe mir selbst und anderen Leuten das Fürchten gelehrt durch die Extreme, zu denen ich fähig bin. Bloß weil man nicht mehr mit den Fäusten kämpft, heißt das nicht, den Kampf aufzugeben. Das ist der todernste Hintergrund von Gonzo – die Faust im Handschuh. Ich bin immer noch Willens einen Kampf anzunehmen. Man muß nur herausbekommen wo und wann. Man muß instinktiv wissen, wenn die Chancen gegen einen stehen. Man muß seine Schlachten und seine Schlachtfelder sorgfältig aussuchen. Man möchte sich nicht freiwillig als Opfer anbieten. Du hast die Wahl.

Und es gibt eigentlich keinen Grund, das alles als Kampf anzusehen.

ÜBER POTENTIAL: Der alte Spruch »In diesem jungen Mann steckt eine Menge Talent« wird dich lange tragen. Aber schließlich muß er sich bewahrheiten. Talent erschöpft sich – und es kann plötzlich verschwunden sein.

ÜBER ZAHNÄRZTE: Ich bin normalerweise nicht schmerzempfindlich. Ich habe eine hohe Toleranz. Aber ich habe bei gleich welcher Art von zahnärztlicher Behandlung Schmerzen niemals für eine Option gehalten. Schmerz war immer eine Begleiterscheinung. Eine selbstverständliche Annahme. Schmerzen? Natürlich hat man Schmerzen bei einer Wurzelbehandlung. Ich hatte niemals eine Zahnbehandlung ohne Schmerzen – bis ich vor kurzem eine Erleuchtung hatte, die eine der wichtigsten klinischen Entdeckungen unserer Zeit sein wird.

Ich habe keine Angst vor dem Zahnarzt. Die Zahnarztpraxis ist nur ein Ort, an den ich nicht freiwillig gehen würde. Man freut sich nicht auf eine Wurzelkanalfüllung. Die pressen dir diesen Gummi auf den Mund. Du kannst nicht mit dem Zahnarzt reden. Du kannst nicht sagen: »Was zum Teufel machen Sie da?« Eines meiner Probleme ist, daß ich mir dessen, was er tut, zu bewußt bin. Ich bin quasi sein Kritiker, während er arbeitet. Ich mache den klassischen Fehler dummer Leute: Ich glaube, daß ich mehr weiß als der Zahnarzt.

Ich möchte so wenig Schmerzen spüren wie möglich. Mein Zahnarzt ist ein halbgebildeter Quacksalber, kein schlechter Zahnarzt, aber ein Einfaltspinsel. Er gibt mir keine Schmerztabletten. Er gibt mir auch ungern (Lach-) Gas. Ich hab von dem Gas auch nicht viel, obwohl der erste oder zweite Zug ganz schön sein kann.

Es zeigt sich, daß Musik das beste Mittel gegen Schmerzen ist. Nicht einfach Musik, sondern Musik auf voller Lautstärke. Ich hatte seit den siebziger Jahren keine Kopfhörer benutzt, aber vor kurzem hörte ich Musik in einer Lautstärke, die ich davor nicht gekannt hatte. Ich hatte einen kleinen CD-Walkman. Ich kam endlich darauf, daß man ihn auf höchste Lautstärke hochfahren konnte. Ich benutzte diesen Discman zum ersten Mal richtig. Bumm. Plötzlich hatte ich mein eigenes Studio, meine eigenen Lautsprecher.

Ich hatte ein normales Quantum Whiskey intus. Aber ich würde nicht sagen, daß der Whiskey ein Faktor war. Ein anderer war das Gras, das ich gern versucht hätte. Als ich schließlich zu dem Zahnarzt sagte:»Verdammt, dein Zeug ist Mist. Ich geh jetzt raus und rauche im Auto ein wenig Gras«, erwiderte er:»Kann man machen.« Er ist ganz bestimmt kein verfluchter Jesusfreak. Jetzt sagen Sie:»Natürlich hättest du dich selbst medikamentieren sollen. Das hättest du schon die ganze Zeit tun können.«

Also, unbedingt selbst medikamentieren. Und ich glaubte, nach dem Zahnarzt Schmerztabletten zu brauchen. Höhö.

Ich kam kaum in den Zahnarztstuhl hinein. Ich war so high wie vier Hunde. Ich hatte gute Laune. So benebelt war es schwer, in den Stuhl zu kommen. Ich hatte das Gefühl, Herr der Welt zu sein. Ich hatte meine Sonnenbrille auf. Ich hatte den CD-Spieler im Schoß. Ich hatte einen kräftigen Schuß Chivas Regal und Eis in Reichweite auf meiner linken Seite.

Nichts von all dem, was man normalerweise wahrnimmt – weder prüfendes Gefummel noch den Baumwollpfropfen im Mund noch den Schmerz der Injektion –, war in dem Augenblick, als ich die Musik andrehte, mehr wichtig. Bei voller Lautstärke kann man die Musik nicht ignorieren. Sie ist lauter und intensiver als der Schmerz. Und als der Zahnarzt dann zum Bohrer griff – was man normalerweise spürt, selbst wenn es nicht in jedem Fall schmerzt ... nichts.

Halleluja! Ich war so aufgeregt über meine Entdeckung, daß ich versuchte, sie dem Zahnarzt zu erzählen, während ich im Stuhl lag. Aber ich hatte diesen Gummi auf dem Maul. Also setzte ich die verfluchten Kopfhörer wieder auf.

ÜBER EX-PRÄSIDENTEN: »Mr. President« ist die richtige Formel, um einen ehemaligen Präsidenten anzusprechen. Ich nenne aber einen davon auch Jimmy. Selbstverständlich muß man einige von ihnen anders anreden. Am besten mit »Du Schwein«.

ÜBER HUMOR: Humor ist wichtig. Ich kenne nichts wichtigeres. Die Leute müssen nicht notwendigerweise laut lachen, aber sie sollten lächeln. Ich bin der Meinung, wenn ich mit jemand zusammen lachen kann oder ihn dazu bringe, mit mir zu lachen, dann schafft das eine unmittelbare Beziehung. Das muß ich mir nicht aufschreiben oder auswendiglernen, wenn ich ausgehe. Es ist eine Gewohnheit, eine Überlebenstechnik.

Seine Feinde einmal zum Lachen zu bringen, ist kein großartiger Trick. Aber sie zweimal, dreimal, auch gegen ihr besseres Wissen zum Lachen zu bringen, das macht sie aufmerksam.

Das ist so, wie wenn man in der Öffentlichkeit eine Waffe abfeuert. Der erste Schuß erregt keine Aufmerksamkeit bei den Leuten. Zum Teufel, ich bemerke auch keinen vereinzelnen Schuß, wenn er nicht gerade vor meinem Fenster abgefeuert wird. Aber der zweite Schuß erregt jedermanns Aufmerksamkeit.

ÜBER MODE: Wenn es um Kleidung geht, dann ist es einfacher, über die dunkle Seite des amerikanischen Traums in einem Clownskostüm zu reden als in einem Predigergewand. Aber sich mit Sinn für Humor zu kleiden hat seine Nachteile. Ich habe ein mit Fischködern bedrucktes Hemd – kleine silberne Köderfischchen. Manchmal, wenn ich das anhabe, dann kratze ich mich an den Rippen und fühle dieses schuppige Scheißzeug. Jesus, was für ein Schock. Ich bin es gewöhnt, daß mir bizarres Zeug nicht steht – was zum Teufel ist das? –, aber nicht die Schuppen?

Ich mag Sonnenbrillen, aber ich trage selten ganz dunkle Gläser. Wenn die Leute meine Augen durch die Gläser sehen können, ist das meinem Gefühl nach komfortabler. Ich möchte nicht, daß meine Kostümierung für mich oder andere zum Problem wird.

Ich trage Chucks zusammen mit einem Tuxedo. Ist das eine Provokation? Manchmal ziehe ich ohne besonderen Grund einen Blazer an. Die haben gute Taschen. Es ist angenehm und bequem.

Ich mag meine Jacke, die »Jacke der vielen Farben« genannt wird und die ich in den frühen siebziger Jahren bei Abercrombie & Fitch gekauft habe. Manchmal wünsche ich mir, ich hätte auch die Hose dazu gekauft. Es ist ein Jagdanzug, eine Art Vorläufer zu diesen leuchtend orangenen Anzügen. Es ist eine sehr gut gemachte Jacke – sie hat eine ausfaltbare Tasche. Diese Tasche ist wasserdicht, mit Plastik ausgelegt – man kann eine Ente schießen und sie in die Tasche stopfen. Man kann aber auch Eis für Drinks darin befördern. Und es läuft kein Blut heraus. Irgendwo im Inneren befinden sich Schlaufen für Schrotpatronen.

Ich habe immer die bestmögliche Qualität gekauft, geschenkt bekommen oder gestohlen. Scheiße, es spart einen Haufen Geld, wenn man nicht jedes Jahr neue Hemden kaufen muß. Eine Schußwaffe trage ich immer in einem Schulterhalfter. Und deshalb braucht man etwas weiter geschnittene Jacken. Es gibt Zeiten, da zeigt man seine Waffe besser nicht herum, eigentlich die meiste Zeit, genau genommen. Außer man befindet sich mit Leuten draußen, um zu schießen. Wenn man allerdings etwas tut, wo auch andere Leute Waffen tragen, sollte man sie lieber nicht offen zeigen.

ÜBER TEXTILFREIES SCHWIMMEN: Totale Dunkelheit und keine Kleider an, das ist die einzige Art zu schwimmen. Schwimmen in Kleidern kommt mir fast obszön vor.

ÜBER ÜBERLEBEN: Die richtigen Freunde auszusuchen, ist eine Sache auf Leben und Tod. Aber man sieht es halt nur in der Retrospektive richtig. Ich habe das immer für mein größtes Talent gehalten – gute Freunde zu erkennen und zu behalten.

Man sollte dabei gut aufpassen, denn jeder Fehler in dieser Hinsicht kann tödlich sein. Man braucht Freunde, die es bringen. Man sollte sich immer nach guten Freunden umschauen, denn die machen das spätere Leben sehr viel angenehmer.

Aufs Ganze gesehen ist es nicht so wichtig, wie erfolgreich man im Leben ist, sondern das Leben, das man sich ausgesucht hat, zu überstehen.

ÜBER PERSPEKTIVE: Ich bin zu alt, um eingebildet zu sein oder Starallüren zu haben. Ich muß nichts mehr beweisen. Es macht schon Spaß zuzuschauen, statt den Feind dort draußen persönlich herauszufordern, einfach die Vorgänge zu genießen. Ich kann das alles endlich objektiv betrachten. Nicht »Wer ist der Freak da?«, sondern »Wer bin ich?« Ich bin an einen Punkt gekommen, wo es heißt, nimm es oder laß es. Wie auch immer ich mich entwickelt haben mag, es ist offensichtlich okay. Was soll's also, wenn die Wertung gegen mich läuft? Ich war lange Zeit auf dem Schlachtfeld. Und vermutlich werde ich es immer sein – das ist einfach meine Natur.

Hunter S. Thompson

»Er war ein Genie, das die Literatur so
veränderte wie Marlon Brando die
Schauspielerei, so wichtig für uns wie
Bob Dylan und die Rolling Stones.«
Johnny Depp

978-3-453-67604-6

978-3-453-40853-1

Leseproben unter: **www.heyne-hardcore.de**   **HEYNE ‹**

Aus der Reihe Critica Diabolis

21. *Hannah Arendt,* Nach Auschwitz, 13,- Euro
45. *Bittermann (Hg.),* Serbien muß sterbien, 14.- Euro
55. *Wolfgang Pohrt,* Theorie des Gebrauchswerts, 17.- Euro
65. *Guy Debord,* Gesellschaft des Spektakels, 20.- Euro
68. *Wolfgang Pohrt,* Brothers in Crime, 16.- Euro
112. *Fanny Müller,* Für Katastrophen ist man nie zu alt, 13.- Euro
116. *Vincent Kaufmann,* Guy Debord – Biographie, 28.- Euro
119. *Wolfgang Pohrt,* FAQ, 14.- Euro
125. *Kinky Friedman,* Ballettratten in der Vandam Street, 14.- Euro
127. *Klaus Bittermann,* Wie Walser einmal Deutschland verlassen wollte, 13.-
129. *Robert Kurz,* Das Weltkapital, 18.- Euro
130. *Kinky Friedman,* Der glückliche Flieger, 14.- Euro
131. *Paul Perry,* Angst und Schrecken. Hunter S. Thompson-Biographie, 18.-
135. *Ralf Sotscheck,* Der gläserne Trinker, 13.- Euro
138. *Kinky Friedman,* Tanz auf dem Regenbogen, 14.- Euro
139. *Hunter S. Thompson,* Hey Rube, 10.- Euro
145. *Kinky Friedman,* Katze, Kind und Katastrophen, 14.- Euro
153. *Fanny Müller,* Auf Dauer seh ich keine Zukunft, 16.- Euro
154. *Nick Tosches,* Hellfire. Die Jerry Lee Lewis-Story, 16.- Euro
155. *Ralf Sotscheck,* Nichts gegen Engländer, 13.- Euro
156. *Hans Zippert,* Die 55 beliebtesten Krankheiten der Deutschen, 14.- Euro
160. *Hunter S. Thomspon,* Die große Haifischjagd, 19.80 Euro
162. *Lester Bangs,* Psychotische Reaktionen und heiße Luft, 19.80 Euro
163. *Antonio Negri, Raf V. Scelsi,* Goodbye Mr. Socialism, 16.- Euro
164. *Ralf Sotscheck,* Nichts gegen Iren, 13.- Euro
165. *Wiglaf Droste,* Im Sparadies der Friseure, Sprachkritik, 12.- Euro
166. *Timothy Brook,* Vermeers Hut. Der Beginn der Globalisierung, 18.- Euro
167. *Zippert,* Was macht eigentlich dieser Zippert den ganzen Tag, 14.- Euro
171. *Harry Rowohlt, Ralf Sotscheck,* In Schlucken-zwei-Spechte, 15.- Euro
173. *einzlkind,* Harold, Toller Roman, 16.- Euro
174. *Wolfgang Pohrt,* Gewalt und Politik, Ausgewählte Schriften, 22.- Euro
176. *Heiko Werning,* Mein wunderbarer Wedding, 14.- Euro
177. *Wiglaf Droste,* Auf sie mit Idyll, 14.- Euro
178. *Kinky Friedman,* Zehn kleine New Yorker, 15.- Euro
179. *Christian Y. Schmidt,* Zum ersten Mal tot, 14.- Euro
180. *Jane Bussmann,* Von Hollywood nach Uganda, 20.- Euro
181. *Ralph Rumney,* Der Konsul. Autobiographisches Gespräch, 16.- Euro
182. *Sue Townsend,* Adrian Mole. Die schweren Jahre nach 39, 18.- Euro
183. *James Lever,* Ich, Cheeta. Die Autobiographie, Roman, 18.- Euro
184. *Guy Debord,* Ausgewählte Briefe. 1957-1994, 28.- Euro
185. *Klaus Bittermann,* The Crazy Never Die, 16.- Euro
186. *Hans Zippert,* Aus dem Leben eines plötzlichen Herztoten, 14.- Euro
187. *Fritz Eckenga,* Alle Zeitfenster auf Kippe, 14.- Euro
188. *Ralf Sotscheck,* Irland. Tückische Insel, 14.- Euro
189. *Hunter S. Thompson,* The Kingdom of Gonzo, Interviews, 18.- Euro
190. *Klaus Bittermann,* Möbel zu Hause, aber kein Geld für Alkohol, 14.- Euro
191. *Jim Dawson,* Die Geschichte von Motherfucker, 16.- Euro

http://www.edition-tiamat.de